D1753183

Handball Faszination

COPRESS

Vlado Stenzel

HANDBALL FASZINATION

Ein Copress-Buch von Rolf Heggen

Fragen an Vlado Stenzel – und seine Antworten:

„Warum bevorzugen Sie so große Spieler?"

Weil es leichter ist, große Spieler beweglich zu machen, als kleine Spieler wachsen zu lassen.

„Warum darf man bei Ihrem Training nicht immer zugucken?"

Eine Striptease-Tänzerin läßt sich bei der Generalprobe ja auch nicht zugucken, weil es sonst später keine reizvollen Überraschungen mehr gibt.

„Was ist das beste Training für einen Torwart?"

Eine schlechte Verteidigung.

„Warum pfeifen die Schiedsrichter oft so falsch?"

Weil sie zu Hause niemanden nach ihrer Pfeife tanzen lassen können.

„Warum haben Sie in München nicht den Münchener Böbel eingesetzt?"

Weil ich den Zuschauern andere Spieler aus der Bundesliga zeigen wollte. Den Böbel kannten sie ja schon.

„Warum haben Sie einen Bauch?"

Weil überall in der Welt die Portionen auf die Großen abgestimmt sind.

Inhaltsverzeichnis

Der Magier und das Märchen   7

VLADO STENZEL:
Vom Olympiasieg zur Weltmeisterschaft   15

INTERNATIONALE PRESSESTIMMEN:
„Der deutsche Sieg – ein Sieg für den Handballsport"   70

Die 16 Spieler der deutschen Weltmeister-Mannschaft   72

VLADO STENZEL:
Das Geheimnis meines Erfolges   73

WAS ANDERE ÜBER STENZEL SAGEN:
„Ein Meister der Gruppendynamik"   81

EINE SPORTART ZIEHT UM:
Vom Laufspiel auf dem Feld zum Kampfspiel in der Halle   85

HANDBALL OST GEGEN HANDBALL WEST:
Deutsch-deutsche Konfrontation zwischen den Toren   92

NR. 1 IM HANDBALL: DER TORWART
Was er zu halten und auszuhalten hat   102

DIE FELDSPIELER:
Mal jagen, mal gejagt werden   108

Frauen im Handball   117

Schiedsrichter müssen sein – aber müssen sie wirklich so sein?   120

VLADO STENZEL ÜBER SCHIEDSRICHTER:
Gefahr für Null Komma Null   121

Die verflixte Sieben   130

Die Regeln des Handballspiels   131

Die Zeichensprache des Schiedsrichters   141

Impressum

Dieses Buch erscheint im Copress-Verlag
Münchner Buchgewerbehaus GmbH
Schellingstraße 39-43, 8000 München 40

Redaktion und Gesamtgestaltung:
Karl-Heinz Huba

Einbandgestaltung und graphische Beratung:
Manfred Neußl

Fotos von:
dpa, FMS, Alfred Harder, Fred Joch,
Herbert Mehrens, Horst Müller, Nordbild,
Christoph Prümmer, Norbert Rzepka,
Sven Simon, Dieter Schirg,
Klaus Weingärtner, Werek.

Copyright 1978 by Copress-Verlag
Münchner Buchgewerbehaus GmbH
Alle Rechte vorbehalten
Wiedergabe nur mit ausdrücklicher
Genehmigung durch den Verlag.

Gesamtherstellung:
Münchner Buchgewerbehaus GmbH
Printed in Germany

ISBN 3-7679-0131-5

Der Magier und das Märchen

In Odense, dem Geburtsort des dänischen Märchendichters Hans-Christian Andersen, ist eine neue, wundersame Geschichte entstanden. Andersens Mär vom häßlichen Entlein, das sich später zum stolzen Schwan mauserte, erhielt eine neue Version. „Es war einmal", so könnte das moderne Märchen beginnen, „eine Handballmannschaft, die keiner so richtig gern hatte. Bis dann eines Tages ein Zauberer aus fernen Landen kam und aus dem unansehnlichen, ungeliebten Kind einen schönen, strahlenden Jüngling machte, den alle in ihr Herz schlossen." Ende der Geschichte.

Das Rührstück fand wirklich statt, begann am 26. Januar 1978 in Odense und endete am 5. Februar 1978 in Kopenhagen. Millionen Menschen verfolgten die Fortsetzungs-Geschichte in sechs Teilen am Fernsehapparat. Wer war nicht stolz auf die jungen deutschen Handballspieler, die sich so tapfer schlugen, die Weltmeister wurden und ihr großes Glück selbst kaum fassen konnten? Nur einer gab sich ganz gefaßt. Na, wer wohl? Der Zauberer natürlich. Jener Magier, der vom Balkan nach Deutschland kam und Erfolge, um die man sich hier vierzig Jahre vergeblich bemüht hatte, wie aus dem Hut zauberte.

Über Vlado Stenzel, den jugoslawischen Handballtrainer der deutschen Nationalmannschaft, ist in jenen Tagen so viel gesagt und geschrieben worden, daß die üblichen Lobpreisungen bald nicht mehr ausreichten. Daher die Zuflucht ins wunderbare Reich der Märchen. Rein rational läßt sich das alles auch nicht mehr erklären, was der kleine Mann mit seinem großen Fanatismus schon alles erreicht hat. Aus Ministerrunde (Maihofer) wurde ihm „Genialität" zugestanden. Experten sprechen vom „alten Fuchs", deutsche Fans drückten ihm in Kopenhagen eine goldene Pappkrone aufs schüttere Haupt. So schnell sind heute Könige gekürt, jedenfalls im Reich des Sports.

Stenzel, ebenso einzigartig wie eigensinnig, hat dabei nicht nur Freunde im Deutschen Handball-Bund. Die Spieler nehmen seine autoritäre Art, seine spontane, oft ausfällige Kritik, sein hartes Training wie bittere Medizin: Sie schmeckt nicht, aber sie hilft. Vermutlich könnte sich kein deutscher Trainer eine solch rüde Art im Umgang mit deutschen Spielern erlauben, ohne einen Aufstand der Athleten zu riskieren. Doch dem Jugoslawen grollt keiner. Faszination und Fanatismus greifen über. Der Erfolg heiligt die Mittel.

Trainern geht es dabei kaum anders als großen Feldherren: Man braucht Fortune, um sich erfolgreich durchzuschlagen. Und Stenzel hat dieses unerklärliche Geschick, selbst mit Fehlern noch Triumphe zu feiern. Lustig, listig und lässig läßt er sich über seine Erfolge aus: „Handball ist mein Leben." Und er lebt nicht schlecht damit. Bescheidenheit war noch nie seine Zier. Der erfolgreichste Handballtrainer der Welt dürfte auch der am besten bezahlte sein. Heute könnte es sich der Deutsche Handball-Bund jedenfalls nicht mehr erlauben, wie noch vor dem Reinfall bei der Weltmeisterschaft in der DDR, Stenzel wegen überhöhter Forderungen abzulehnen. Der kleine Kroate ist spätestens mit dem Finalsieg der deutschen Mannschaft über die Sowjetunion bei der WM in Dänemark einer der mächtigsten Männer im deutschen Sport geworden. Stenzel weiß das und wird die Gunst der Sternstunde von Kopenhagen gewiß noch nutzen. Vielen werden die Zauberkräfte dieses „Teufelskerls" allmählich unheimlich.

Die Tatsachen sprechen für sich: In drei Jahren hatte Vlado Stenzel mit der deutschen Nationalmannschaft mehr erreicht als alle seine Vorgänger gemeinsam. Stenzel führte das Team nach dem absoluten Tiefpunkt des neunten Ranges bei der Weltmeisterschaft 1974 in der DDR konsequent in die Spitzengruppe des internationalen Handballs. Unter Stenzel sorgte die Nationalmannschaft für die vorolympische Sensation von 1976, als in der Qualifikation für Montreal der zweimalige WM-Zweite DDR ausgeschaltet wurde. Unter Stenzel gab es die bisher beste olympische Placierung für den DHB (4. Rang), unter Stenzel gewann 1977 zum ersten Male ein westdeutsches Team ein großes internationales Turnier (Laibach), unter Stenzel wurde 1978 erstmals seit langer, langer Zeit wieder das Finale einer Weltmeisterschaft erreicht – und gewonnen. Stenzel ist und bleibt ein Glücksfall für den Deutschen Handball-Bund. Wer wollte das bezweifeln?

„Die deutsche Mannschaft ist mein Denkmal", sagt der Mann, der 1972 in München Jugoslawien bei der olympischen Handball-Premiere immerhin zum Olympiasieg führte. Danach aber hielt es den quirligen

Kritische Augen am Spielfeldrand: Neben Vlado Stenzel beobachten gespannt Männerspielwart Heinz Jacobsen und Nationalspieler Arno Ehret den Verlauf des Spiels. Die Lage scheint ernst zu sein.

Trainer nicht mehr länger daheim.

Deutschland, so hatte er spätestens in München erkannt, geht im Handball über alles. „Die Deutschen haben die besten Spieler der Welt", meinte Stenzel. Was ihnen aber noch fehlte: Der beste Trainer der Welt.

„Der erste Olympiasieger im Hallenhandball muß einfach Jugoslawien heißen", war während der Olympischen Spiele in München in der „Frankfurter Allgemeinen Zeitung" zu lesen, „Hallenhandball darf ab sofort als eine Balkan-Spezialität gelten." Wenige Tage später waren die Jugoslawen tatsächlich Olympiasieger in einer Sportart, die man zwanzig Jahre zuvor zwischen Belgrad und Zagreb allenfalls dem Namen nach kannte. „Die Jugoslawen haben mit ihrem temperamentvollen Spiel dieser Sportart aus einer Sackgasse herausgeholfen. Sie haben ein Spiel neu belebt, das in Brutalität zu erstarren schien. Die olympische Existenzberechtigung von Hallenhandball wurde von keinem anderen Team so eindrucksvoll nachgewiesen", hieß es damals in dem „FAZ"-Kommentar.

Und dann kam da ein kleiner, quicklebendiger Jugoslawe mit lichtem Haar zur Pressekonferenz, schob den Dolmetscher beiseite und stellte sich vor: „Vlado Stenzel, Trainer des Olympiasiegers." Die vornehmlich deutschen Journalisten spitzten erst die Ohren, dann die Bleistifte. Was folgte, war eine Stegreif-Analyse des olympischen Turniers, deren Trefflichkeit nicht einmal durch sprachliche Schwierigkeiten beeinflußt wurde. Unter den Zuhörern auch der deutsche Bundestrainer Werner Vick mit versteinertem Gesicht. Die Deutschen, Erfinder und weltweite Lehrmeister des Handballspiels, hatten ihre Lektion von den Lehrlingen vom Balkan schon einige Tage vorher erhalten: 15:24, und das war noch schmeichelhaft gewesen.

Man kann nicht sagen, daß Vlado Stenzel in der Stunde seines olympischen Triumphes unmäßig bescheiden gewesen wäre; der kleine Mann liebt durchaus die großen Worte. Und an seiner Bereitschaft, aus dem ungleich größeren Handball-Reservoir in Deutschland ähnliche Erfolge herauszuholen wie in Jugoslawien, war keinen Moment zu zweifeln. Stenzel wußte, wo in seinem Beruf das meiste Geld zu verdienen ist. Allein in der Bundesrepublik hat das Handball-Handwerk goldenen Boden, auch ohne entsprechende olympische Medaillen. Doch das Paradies schloß seine Tore. Der Teufelskerl aus Zagreb, der die internationale Handball-Hierarchie so respektlos auf den Kopf gestellt hatte, war den deutschen Funktionären vermutlich etwas unheimlich. Man wollte keinen Zauberlehrling. Man wollte lieber weiterwursteln.

Statt des Magiers holte man lieber einen Magister als neuen Bundestrainer, den allseits beliebten Berliner Professor Horst Käsler. Zwei Jahre später, bei der Weltmeisterschaft in der DDR, folgte dem olympischen Reinfall von München das Debakel von Karl-Marx-Stadt: Die Nationalmannschaft der Bundesrepublik erreichte nicht einmal die Endrunde der letzten Acht.

Zur selben Zeit hatte auch Stenzel seinen ersten Tiefschlag zu über-

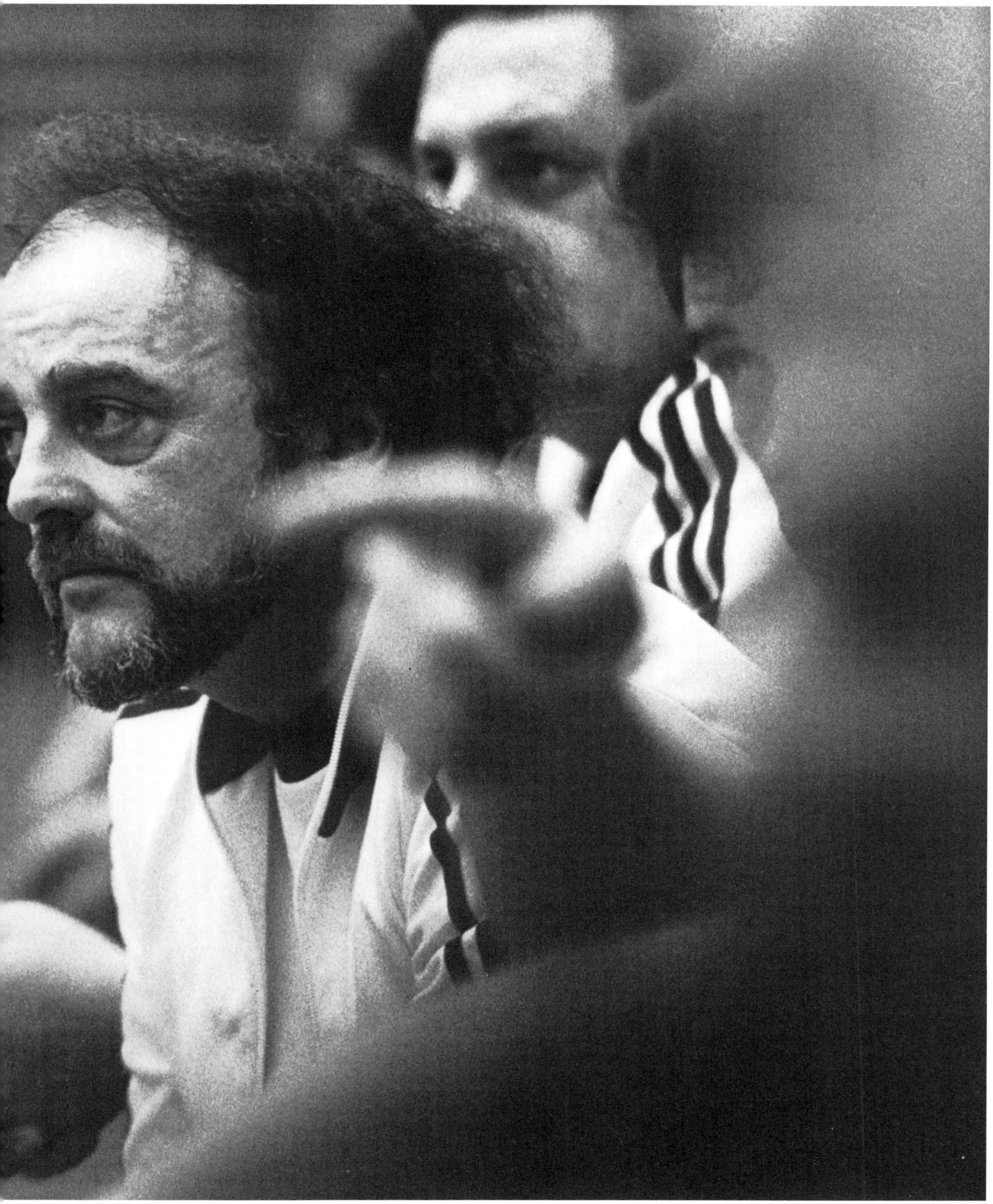

„Dein Einsatz, Jo!" Stenzel schickt Joachim Deckarm ins Gefecht.

winden. Der Mann, der in Jugoslawien bereits mit 18 Jahren Nationalspieler gewesen war, mit 28 die Prüfung als „Handballtrainer 1. Grades" an der Fakultät für Physische Kultur der Universität Zagreb mit Auszeichnung bestanden hatte, mit 38 Trainer des Olympiasiegers war, mußte als Vereinstrainer von Phönix Essen erkennen: Die Verhältnisse in der Bundesrepublik, sie sind nicht so, jedenfalls nicht so wie in Jugoslawien. Vlado Stenzel, der daheim in drei Jahren drei verschiedene Clubs zur Landesmeisterschaft geführt hatte, war im „goldenen Westen" trotz seiner olympischen Goldmedaille gescheitert. Die Spieler in Essen fühlten sich schikaniert und meuterten.

Im Vergleich zu Stenzels Anforderungen hatten sie zuvor kaum mehr als Trimm-Übungen absolviert. Die Verbands-Herren fühlten sich bestätigt: Der kleine Radikale paßt nicht in den großen behäbigen DHB. Aber über den Scherben von Essen und den Trümmern von Karl-Marx-Stadt fand man schließlich doch zusammen; die Not überbrückte die Gegensätze. Dem (west-)deutschen Handball konnte ohnehin nur noch eine Radikalkur helfen.

Dem stets kompromißbereiten und verbindlichen Horst Käsler folgte der stets kompromißlose und verbissene Vlado Stenzel. Er fegte wie ein Derwisch durch sein neues Reich, räumte gründlich auf, jagte die Stars von gestern davon und begann systematisch mit der Suche nach den Nationalspielern von morgen. Er testete und experimentierte, probte und übte, holte Spieler in das Nationalteam, deren Namen selbst

Experten unbekannt waren, hatte den Mut zum Risiko und auch zur Niederlage, blickte weder links noch rechts, sondern starr auf sein Ziel: Olympiateilnahme Montreal. Vierzig, fünfzig Spieler wurden gewogen und für zu leicht befunden.

„Der Neuaufbau der Nationalmannschaft verläuft stockender, als vielfach erwartet", kommentierte im Mai 1975 der Handball-Experte des Sport-Informationsdienstes. „Unnütze Niederlagen wie unlängst gegen die Schweiz und die Auslosung von Vize-Weltmeister DDR als Olympia-Qualifikationsgegner mehren die Skepsis um den anvisierten Aufstieg aus der Zweitklassigkeit", hieß es weiter in diesem Kommentar. Doch Stenzel ließ sich durch nichts von seinem Weg abbringen.

„Solange in der Bundesrepublik nicht mehr als dreimal wöchentlich trainiert wird, kommt es immer wieder zu solchen Leistungsabfällen innerhalb eines Turniers", meinte der Jugoslawe nach der ersten Niederlage einer deutschen Handball-Nationalmannschaft gegen die Schweiz überhaupt. „Die Leute sehen immer nur Ergebnisse und sagen: ‚Was, wir haben gegen die Schweiz verloren? Schäm dich, Stenzel!' Was sie aber nicht sehen, ist die Müdigkeit nach vier Spielen. Mit Training wie für Trimmsportler kann man keine konditionsstarke Nationalmannschaft bauen."

Und Stenzel ging seinen Weg weiter, ohne Rücksicht auf Funktionäre, Vereins-Trainer oder Spieler. Vom Olympiateam von München blieb schließlich keiner mehr. Der Dortmunder Heiner Möller und der Gummersbacher Klaus Westebbe waren die letzten, die unter Stenzels hartem Kommando die Segel strichen. „Bei mir können nur die in der Nationalmannschaft spielen, die sich unterordnen können", begründete Stenzel seine Radikalkur. „In Jugoslawien habe ich den vielleicht besten Spieler der Welt, Zagmestar, eliminiert, weil er sich nicht in das Team einfügen konnte."

Aber Stenzel verschreckte nicht alle. Es blieb ein harter Kern von zwanzig jungen, leistungswilligen Spielern, die zwar mitunter stöhnten und klagten, insgesamt aber sich dem kleinen Diktator auf dem Handballfeld unterordneten. Horst Spengler aus Hüttenberg, der als einziger aus diesem Kreis bereits unter Vick und Käsler trainiert hatte: „Das war ein leises Säuseln gegen den Orkan, den Stenzel entfachte."

Doch trotz aller Härte und Kompromißlosigkeit hat Stenzel Erfolg bei jenen Spielern, die konsequent zur Höchstleistung bereit sind. „Stenzel versteht es wie kein anderer, die jungen Spieler zu begeistern", erklärt der Göppinger Werner Fischer, einer von fünfzig, die aus dem Kader frühzeitig wieder ausscheiden mußten. „Zwar kam es mir zum Beispiel am Anfang etwas lächerlich vor, daß wir beim Trainingsbeginn geordnet in einer Reihe stehen sollten, aber das war wie vieles andere wohl nur neu und ungewohnt. Eine straffe Kasernierung jedenfalls gab es nicht", erläutert der Hauptschullehrer weiter, „dem einzelnen blieb im Tagesablauf der Lehrgänge genügend Zeit für private Dinge oder auch für ein Bier am Abend."

Stenzel selbst ist kein Kostverächter. Der Bauch verrät den guten Esser und Trinker. Auch er unterscheidet genau zwischen „Dienst und Schnaps". So bestellte er seine Nationalspieler bereits am Neujahrstag wieder zum Lehrgang. „Von mir aus können sie betrunken aus dem Zug klettern, aber am nächsten Morgen will ich sie alle fit und ausgeschlafen in der Halle erleben."

Keine fünfzehn Monate hatte Stenzel Zeit, bevor dann am 20. Dezember 1975 in der Münchener Olympiahalle die große Stunde schlug: 17:14-Sieg im ersten Qualifikationsspiel gegen die DDR. Zehntausend Zuschauer in der seit Wochen ausverkauften Halle waren außer Rand und Band; Experten sprachen von „Sensationen" und „Wundern". Das Wort vom „Hexenmeister" machte die Runde.

Zehn Wochen später schließlich hielt die (geteilte) deutsche Handball-Nation vor den Fernsehschirmen den Atem an, als in dem vielleicht hektischsten und aufregendsten Spiel, das die Handball-Welt je erlebte, Stenzel und seine Schützlinge trotz einer 8:11-Niederlage in Karl-Marx-Stadt das olympische Klassenziel erreichten. In derselben Halle hatte der Deutsche Handball-Bund der Bundesrepublik zwei Jahre zuvor bei der Weltmeisterschaft sein bis dahin größtes Debakel erlitten. Und ohne die Trümmer von Karl-Marx-Stadt '74 wäre der Triumph von Karl-Marx-Stadt '76 nie möglich gewesen, weil die Notwendigkeit zur Radikalkur im DHB sonst wieder nicht erkannt worden wäre. Unbequeme Männer wie Stenzel holt man nicht, wenn man noch andere Wege sieht.

"Seht her, ich bin der Größte." Begeisterung um Vlado Stenzel in der Münchener Olympiahalle nach dem Sieg der bundesdeutschen Mannschaft über die DDR.

Der Jugoslawe hatte mit der kaum für möglich gehaltenen Qualifikation für Montreal sein Soll praktisch schon erfüllt. Doch Stenzel wäre nicht Stenzel, wenn der Erfolg ihn nicht noch mehr anspornen würde. Die Folge: Stenzel verschärfte das Training. Im Endspurt vor Montreal wurden zuletzt in München unter anderem an vier Abenden jeweils zwei Spiele hintereinander bestritten. Stenzel verlangte doppelten Einsatz in jeder Beziehung: „Je mehr die Nationalspieler heute noch schwitzen, desto weniger Schweiß werden sie in Montreal verlieren."

Der Jugoslawe lehrte die Deutschen das Arbeiten. Für den einstigen Lehrmeister in Sachen Handball eine bittere, aber notwendige Lektion.

Der Jugoslawe hat es den Funktionären im Deutschen Handball-Bund wohl nie ganz verziehen, daß er mit seiner Bewerbung für den Posten des Bundestrainers zunächst einmal abgeblitzt war. Er zahlte es ihnen auf seine Weise heim: mit Erfolgen, die seine Position in diesem großen, aber nicht gerade starken Verband so sehr festigten, daß Stenzel bald praktisch bestimmen konnte, wohin der deutsche Handball rollte. Mancher Funktionär, mancher Trainer in Diensten des DHB mag bei Stenzels selbstbewußter, oft auch selbstherrlicher Art mit den Zähnen geknirscht oder die Hände zu Fäusten geballt haben, doch die Fäuste blieben in den Taschen.

„Vorwärts mit Vlado", hieß in der Illustrierten „Stern" die Schlagzeile zu einem Bericht über den „Wunderdoktor" des einst so kranken deutschen Handballs. Bald war der Jugoslawe mit dem wirren Haar bekannter als jeder andere Handballtrainer in Deutschland, wohl auch bekannter als jeder deutsche Spieler. Stenzel hat nichts dagegen. Von seinen Kollegen im Fußball hatte er gelernt, daß Klappern zum Handwerk gehört. So hält er seine Spieler vor Journalisten zurück, erteilt ihnen mitunter sogar striktes Redeverbot und produziert dafür sich selbst: „Fragen Sie mich. Ich weiß alles."

Stenzel weiß auch wirklich alles. Am liebsten diktiert er die Schlagzeilen gleich wörtlich in den Notizblock: „Schreiben Sie…" Und markige Sprüche, so hat er erfahren, kommen immer gut an, zumindest in der Boulevardpresse. Warum seine Mannschaft so hart spiele, wurde er gefragt. „Weil Handball kein Basketball ist." Ob seine Mannschaft die Erfolge nicht hauptsächlich den tüchtigen Torhütern Hofmann, Rauer und Niemeyer verdanke? „Handball ist eben ein Spiel mit dem Torwart", lautet die Antwort. Und für das Weltmeisterschafts-Finale Sowjetunion gegen Deutschland in Kopenhagen, so „verriet" Stenzel am Abend zuvor, gebe es natürlich zwei Favoriten: „Den Olympiasieger Sowjetunion und den neuen Weltmeister."

Nicht immer aber ist der temperamentvolle Kroate zu solchen Späßen aufgelegt. Wer seine gesammelten Handball-Weisheiten nicht kommentarlos übernimmt, bringt ihn in Rage. Wenn allzu billige Erklärungen für dies oder jenes angezweifelt werden, sieht er rot. Denn: „Ich habe so viele Erfolge, daß ich gar keine Ausreden nötig habe." Basta.

Stenzel war selbst nie ein großer

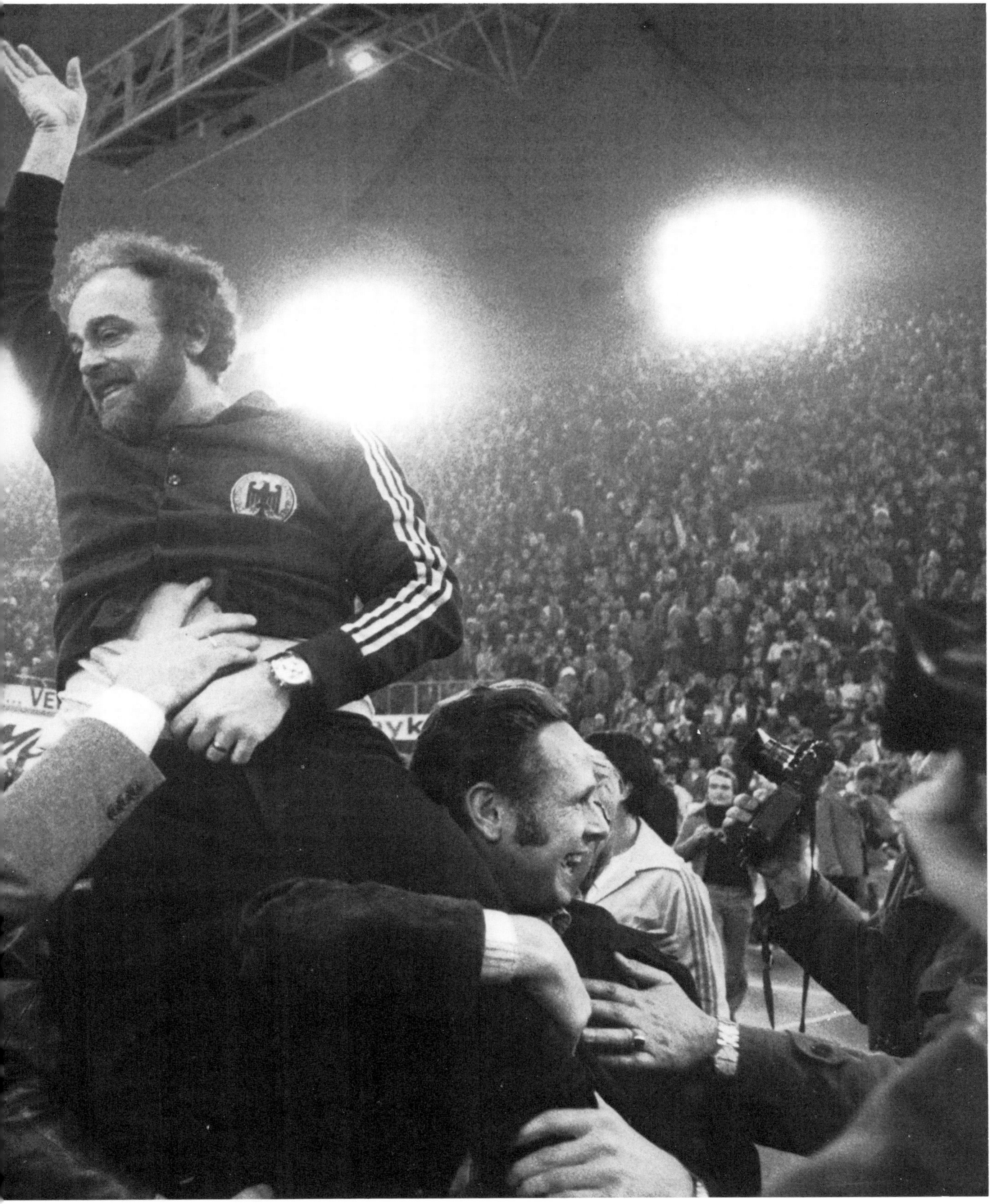

Spieler. Dafür fehlte es ihm schon allein an der nötigen Länge. Mit 1,70 Meter dürfte er einer der Kleinsten gewesen sein, die je im Tor einer Nationalmannschaft standen. Vor 25 Jahren war er beim ersten Hallenländerspiel in der Geschichte des jugoslawischen Handballs mit von der Partie. Sein Verein Provomajska Zagreb wurde der erste jugoslawische Hallenhandballmeister überhaupt. Und mit der jugoslawischen Nationalmannschaft wurde er auch der erste Olympiasieger im Hallenhandball.

Der Mann der ersten Stunde hatte bald erkannt, daß er für eine große Karriere als Spieler zu klein geraten war. Also wurde er Trainer, schon mit 26. Wie 1974 in Deutschland kam er auch 1967 in Jugoslawien nur deshalb zum Amt des Nationaltrainers, weil die jugoslawischen Spieler kurz zuvor bei der Weltmeisterschaft in Schweden im Viertelfinale gegen Dänemark ausgeschieden waren. Eine Niederlage gegen Dänemark beim Weltturnier 1974 in der DDR war auch der Anfang vom Ende des damaligen Bundestrainers Horst Käsler gewesen.

Stenzel hatte also schon in seiner Heimat gelernt, aus der Not eine Tugend zu machen. Mit Stenzel erklommen die jugoslawischen Handballspieler die olympische Höhe der Goldmedaille von München, ohne Stenzel rutschten sie in Montreal wieder auf Rang fünf zurück, gerade einen Platz hinter Stenzels neuer Mannschaft.

Die Erfolge des engagierten Trainers Stenzel sprechen also wirklich für sich. Mit bewundernswerter Konsequenz ist es ihm in Deutschland gelungen, in drei Jahren aus einer desolaten, überalterten Nationalmannschaft, in der die Stars mehr gegen- als miteinander spielten, eine verschworene, kampfstarke und leistungswillige Truppe zu machen, der als jüngstem Team bei der Weltmeisterschaft in Dänemark schon der ganz große Wurf gelang.

Nachdem Stenzel in den Jahren des Studierens, Probierens und Experimentierens stets auch den Mut zur Niederlage hatte, blieb die deutsche Mannschaft in jener Saison als einziges Team ungeschlagen.

Stenzel gilt auch unter den Nationalspielern als ein Phänomen, dessen Wirkung mit rationalen Dingen kaum zu erklären ist. Stenzel hat den Ruf eines „Besessenen", der von morgens bis abends nur an den Handball denkt, über Handball spricht, für Handball lebt. „Warum lassen die sich das alles eigentlich gefallen?", mag man sich wundern, wenn Stenzel seine Spieler anschreit, ihnen Redeverbot mit Journalisten erteilt, ihnen beim Mittagessen das Dessert entzieht oder sie abends eine Stunde früher als üblich ins Bett schickt, als habe er kleine, dumme Jungs vor sich. Nicht jeder Spieler nimmt das so gelassen hin wie die routinierten Spengler, Deckarm, Brand, Klühspies oder Hofmann, die den „harten Kern" der Nationalmannschaft bilden. Doch alle ordnen sich schließlich ein, akzeptieren auch das härteste Training, weil mit Stenzel der Erfolg gekommen ist. Als Trainer sind Stenzels Qualitäten unumstritten.

Vor der Auswechselbank gebärdet sich der Jugoslawe mitunter wie ein Wilder. In den beiden WM-Zitterspielen gegen die DDR (14:14) und Rumänien (17:17), in denen die Qualifikation für das Finale ständig am seidenen Faden hing, kam er gerade noch mit einem blauen Auge davon. „Jetzt hören die Spieler wenigstens wieder besser zu", meinte Stenzel später, als sich der erste Schrecken gelegt hatte. Das „Denkmal", das sich der Jugoslawe mit dem deutschen Team bauen möchte, war jedenfalls kräftig ins Wanken geraten. „Aber bis jetzt", so Stenzel nach dem Finale in Kopenhagen, „ist ja ohnehin erst der Sockel fertig."

Vlado Stenzel:
Vom Olympiasieg zur Weltmeisterschaft

Der Erfolg hat viele Väter, sagt man. Nach großen Siegen fehlt es auch nicht an großen Sprüchen. Aber wer hat mir den schnellen Triumph mit der deutschen Nationalmannschaft wirklich von Anfang an zugetraut? Wer – außer mir?

Ich frage das ganz ohne Verbitterung, auch ohne Selbstgefälligkeit. Denn ein Trainer, der nicht felsenfest von sich selbst überzeugt ist, sollte sich lieber einen anderen Beruf suchen. Und ich war mir sicher, daß ich in Deutschland denselben Erfolg haben würde wie zuvor in Jugoslawien, ja sogar haben mußte. Alles andere wäre unlogisch gewesen. Deutschland ist im Handball schließlich das Paradies auf Erden. Nirgends sonst hat der Handball eine so große Tradition, nirgends ist das Spiel so fest verwurzelt in unzähligen Vereinen auf dem Lande.

Die Deutschen gelten als Erfinder des Handballspiels. Im Feldhandball waren sie für Jahrzehnte die Lehrmeister der ganzen Welt, da sollten sie im Hallenhandball plötzlich aus der Rolle des Lehrlings nicht mehr herauskommen?

Als ich 1972 in München bei den Spielen der Deutschen das Spiel der Deutschen mit der jugoslawischen Nationalmannschaft gewann, da habe ich mich zum erstenmal gewundert, daß im Team der Bundesrepublik so vieles falsch gemacht wurde. Der VfL Gummersbach galt damals schon als eine der besten Vereins-Mannschaften der Welt, doch die Nationalmannschaft war wie ein Struwwelpeter: Häßlich, ungezogen und dumm.

Mein Urgroßvater war Deutscher und ich habe die Deutschen immer besonders bewundert, weil sie so fleißig, ordentlich und tüchtig sind. Was die Deutschen machen, das machen sie gut, hieß es bei uns zu Hause. Vielleicht bin ich deshalb auch Handballspieler geworden. Als Torwart war es mir im Fußball viel zu langweilig. Ich wollte immer was zu tun haben, stets meine Fähigkeiten beweisen können. Doch in manchen Fußballspielen mußte ich nicht einen einzigen richtigen Ball halten. Das war nichts für mich, so alle halbe Stunde mal einzugreifen.

Da bin ich mit 15 vom Fußball- ins Handballtor gewechselt. Die Tore waren damals im Feldhandball zwar dieselben wie im Fußball, doch was gab es da für einen tüchtigen Torwart alles zu tun! Und die Arbeit im Tor wurde noch interessanter, als die Mannschaften, die Spielfelder und die Tore kleiner wurden, als aus dem Feldhandball allmählich Hallenhandball wurde. In Jugoslawien haben wir zuerst noch Hallenhandball im Freien gespielt, auf dem Kleinfeld. Mit 17 machte ich mein erstes richtiges Hallenspiel. Ich war begeistert. Seitdem hat mich der Handball ganz in seinen Bann gezogen.

Als Jugoslawien das erste Hallenhandball-Länderspiel überhaupt bestritt, war ich mit dabei. Da war ich gerade 18 geworden. Doch für einen wirklich großen Torwart war ich mit 1,70 einfach nicht groß genug. Dann mußte ich zum Militär. In der Offiziers-Schule war Handball nahezu unbekannt. Ich habe erst mal einen Ball besorgt und dann eine Mannschaft gegründet. Mit Leuten, die zuvor noch nie Handball gespielt hatten, kamen wir in der serbischen Meisterschaft auf den vierten Platz. Das war mein erster großer Erfolg als Trainer.

Da war ich gerade 20. Und es war mir klar, daß man mit 1,70 auf jeden Fall ein großer Trainer werden kann. Zwar habe ich nach dem Abitur in Zagreb noch vier Jahre als Chemo-Techniker gearbeitet, doch meine ganze Konzentration galt dem Handball. An der Fakultät für Physische Kultur der Universität Zagreb legte ich die Prüfung als „Handballtrainer 1. Grades" ab. Ich hätte noch Geld dazugezahlt, um einen Verein trainieren zu dürfen. „Was kostest du?", wollten die Vereinsfunktionäre damals wissen. „Gar nichts", habe ich gesagt, „nichts, solange ich keinen Erfolg habe." Damals war ich der billigste Handballtrainer der Welt, heute bin ich der teuerste.

Der Erfolg ließ in Jugoslawien nicht lange auf sich warten. Mit Medvescak Zagreb führte ich 1965 die erste jugoslawische Mannschaft in ein Europacup-Finale, das in Lyon gegen Dinamo Bukarest mit 11:13 verloren wurde. Aus einem Dorfverein wie RK Crvenka, der gegen den Abstieg kämpfte, machte ich in zwei Jahren einen Meister. Und als die jugoslawische Nationalmannschaft bei der Weltmeisterschaft 1967 in Schweden im Viertelfinale an Dänemark scheiterte, da bot man mir auch das Amt des Nationaltrainers an. Drei Jahre später wurde Jugoslawien Dritter bei der Weltmeisterschaft in Frankreich, gewann 1971 nicht weniger als fünf internationale Turniere und holte 1972 in München die Goldmedaille.

Die Deutschen machten große Augen. Ob ich nicht in Deutschland

15

auch eine solche Nationalmannschaft aufbauen könne wie in Jugoslawien, wurde ich auf der Pressekonferenz nach dem olympischen Endspiel gefragt. Ich hätte lügen müssen, um nicht mit „ja" zu antworten. Allein in Hessen gab es damals so viele Handballspieler wie in ganz Jugoslawien. Und Jugoslawien ist kein Ostblock-Land, so wie es im Sport immer wieder behauptet wird. In Jugoslawien sind die Voraussetzungen für den Leistungssport bei weitem nicht so gut wie etwa in der DDR oder in der Sowjetunion. Alle Spieler, die 1972 Olympiasieger wurden, waren echte Amateure. Viele mußten von morgens bis abends hart arbeiten, bevor sie zum Training kamen. Und da wurde dann wieder hart gearbeitet.

Für mich stand damals schon fest: Die Deutschen können wieder Lehrmeister des Handballs werden, wenn man es nur richtig anpackt. Und das wollte ich beweisen. Am 10. Januar schrieb ich einen Brief an Handball-Präsident Bernhard Thiele, der noch in München Kontakt mit mir aufgenommen hatte: „Ich will dafür sorgen, was Sie schon lange mit vollem Recht erwarten und wünschen: Ein vollständiges Primat des deutschen Handballs in Europa und der Welt."

Aber ich mußte erkennen: So schnell schießen die Preußen nicht. Der Deutsche Handball-Bund zögerte und zauderte, geradeso wie seine Spieler vor den gegnerischen Toren beim olympischen Turnier. Es gab tausend Wenn und Aber, Gespräche wurden geführt, Briefe geschrieben, Versprechungen gemacht. Meine Verpflichtung durch den DHB schien aber nur noch eine Frage der Zeit. In vielen deutschen Zeitungen wurde ich schon als der künftige Bundestrainer angekündigt. Nach dem olympischen Reinfall von München, den der langjährige Bundestrainer Werner Vick nicht hatte verhindern können, sollte für die Weltmeisterschaft 1974 in der DDR mit neuen Männern ein neuer Erfolg vorbereitet werden. Dazu hatte man schon den Berliner Professor Horst Käsler gewonnen. Am 3. Januar 1973 schrieb mir DHB-Präsident Thiele nach Rijeka: „... sind wir im Augenblick noch nicht in der Lage, in der Trainerangelegenheit eine endgültige Entscheidung zu treffen. Realisierbar aber wäre nach dem bisherigen Ergebnis unserer Überprüfung ein langfristiger Vertrag mit einem monatlichen Bruttogehalt von circa 4500,— DM, die Bereitstellung eines Darlehens für die Anschaffung eines Autos, wobei die Rückzahlung mit dem späteren Kilometergeld verrechnet werden könnte, sowie unsere Bemühungen, Ihnen bei der Wohnungsfrage weitgehend behilflich zu sein. Wir hoffen sehr, Ihnen nach dem 20. Januar 1973 eine endgültige Nachricht geben zu können."

Und tatsächlich kam dann auch am 22. Januar eine – wie ich glaubte – erfreuliche Nachricht aus Dortmund, wo der Deutsche Handball-Bund seine Geschäftsstelle hat. „Wie Ihnen bekannt ist, hat sich der Vorstand des Deutschen Handball-Bundes in seiner Sitzung am 19./20. 1. 1973 nochmals eingehend mit der Trainerangelegenheit beschäftigt. Auf der Basis der bisherigen Gespräche kam dieses Gremium zu dem Ergebnis, die Verhandlungen mit Ihnen weiterzuführen, mit dem Ziel, eine Verpflichtung als hauptamtlicher Trainer für den DHB zu erreichen. In dem Vertrag wird verankert, daß nur mit vorheriger Genehmigung des DHB eine Nebentätigkeit möglich ist, die zeitlich so begrenzt sein muß, daß DHB-Interessen nicht berührt werden. Die Laufzeit des Vertrages ist zunächst bis nach der Hallenhandball-Weltmeisterschaft 1974 vorgesehen, das heißt, es kann von beiden Seiten bis 31. März 1974 zum 30. Juni 1974 gekündigt werden. Wird der Vertrag nicht innerhalb dieser Zeit gekündigt, verlängert er sich stillschweigend jeweils um ein weiteres Jahr. Es sind umfangreiche Bemühungen angestellt worden, die noch ausstehende Ablösesumme von 47 600,— DM aufzubringen. Die Verhandlungen konnten leider in diesem Punkt noch nicht abgeschlossen werden, so daß wir Sie freundlich bitten müssen, sich in dieser Frage noch einige Tage zu gedulden. Eventuell werden wir Sie über den Ausgang unserer weiteren Verhandlungen fernmündlich informieren. Vorab haben wir die Bitte an Sie, unsere Vertragsvorstellungen zu prüfen und uns Ihre Stellungnahme umgehend zuzuleiten."

Danach war ich eigentlich sehr zuversichtlich. In Rijeka wurden die Koffer gepackt: Auf nach Deutschland. Frau und Kinder lernten fleißig deutsch. Doch dann kam, wie ein Blitz aus heiterem Himmel, die Absage: „Unter Würdigung aller Gesichtspunkte hat der Vorstand schließlich beschlossen, die Verhandlungen mit Ihnen über eine Beschäftigung als Bundestrainer im gegenwärtigen Zeitpunkt nicht mehr weiterzuführen. Sie dürfen versichert sein, daß die Verantwortlichen im Deutschen Handball-Bund alle Aspekte Ihrer eventuellen Verpflichtung sorgfältig beleuchtet haben, und wir hoffen, daß Sie unter Berücksichtigung dieser Tatsache für unsere Entscheidung Verständnis aufbringen. Wir möchten es abschließend nicht versäumen, Ihnen für die Zukunft, vor allem in sportlicher Hinsicht, viel Erfolg zu wünschen", schrieb mir Bernhard Thiele am 19. Februar 1973.

Ich verstand die Welt nicht mehr. Andere wohl auch nicht. „Der Sinneswandel des Deutschen Handball-Bundes ist unverständlich", schrieb der Düsseldorfer Sport-Informationsdienst, die größte Nachrichtenagentur im Sport. Voller Zuversicht nämlich hatte DHB-Rechtswart Eberhard Sawade am Wochenende in Luxemburg verlauten lassen, daß nach Wochen härtesten Grabenkrieges im zerstrittenen Verband nun einer Verpflichtung des jugoslawischen Erfolgstrainers Vlado Stenzel nichts mehr im Wege stände, nachdem Stenzel seine finanziellen Forderungen auf ein vernünftiges Maß zurückgeschraubt habe. Stenzel hatte kurz zuvor auf Übernahme einer 48 000-DM-Hypothek verzichtet und damit dem DHB die Entscheidung leicht gemacht, zumal DHB-Präsident Thiele schon Ende des vergangenen Jahres ‚nichts gegen Stenzels Verpflichtung hätte, wenn diese Hypothek nicht wäre'.

„Doch auch Stenzels letztes Zugeständnis nutzte nichts mehr. Anstelle der von Sawade bei einem Rundumtelefongespräch eruierten 4:2-Mehrheit für den Jugoslawen entschied sich der DHB-Vorstand über Nacht mit 4:2 gegen ihn. Wer kann sich das Umkippen einzelner Vorstandsmitglieder während weniger Stunden des letzten Wochenendes erklären? Unklar dürfte dabei insbesondere die Haltung des Vorsitzenden der Technischen Kommission im Deutschen Handball-Bund, Heiner Hofmann (Karlsruhe), bleiben, der zwar – wie im DHB-Kommuniqué zu lesen – nach wie vor hauptamtliche Trainer will, Stenzel aber ablehnte, weil er bei diesem ‚die Gewähr für eine reibungslose Tätigkeit nicht gegeben' sah. Herbert Kranz aus Dietzenbach-Steinberg, Ex-TK-Vorsitzender und brachliegendes Allround-Talent des DHB: „Ich weiß nicht, was die Technische Kommission überhaupt will. Die war gegen Werner Vick, die wollte Horst Käsler nicht. Und jetzt ist sie auch noch gegen Stenzel. Die müssen wohl einen Trainer gebacken bekommen!'

„In der Tat muß die Haltung dieses Gremiums erstaunen. Denn Stenzel hatte noch in den letzten Tagen dem DHB einen Vorschlag präsentiert, der wohl der Weisheit letzter Schluß in bezug auf eine vernünftige Zukunftsplanung innerhalb des Verbandes war. Um ja allen Spekulationen über eine Interessenkollision zwischen ihm und Käsler (die beide nie wollten) aus dem Wege zu gehen, wollte Stenzel sich in erster Linie um jene Spieler kümmern, die für die Olympischen Spiele 1976 in Montreal in Betracht kommen, während Käsler nach wie vor für den A-Kader zuständig sein sollte. Stenzel wollte nach jugoslawischem Modell eine junge Truppe von jetzt 20- bis 22jährigen betreuen, während Käsler mit Spielern wie Schmidt, Munck und anderen die Weltmeisterschaftsmannschaft führen sollte.

„Ungeachtet der Tatsache, daß man mit Stenzel wohl einen der besten Handballtrainer des Kontinents hat ziehen lassen, will man sich beim DHB nun um andere hauptamtliche Trainer bemühen. Wozu? Um Käsler zu entlasten? Dann hätte man Stenzel nehmen sollen! Um auf ein Ausscheiden des nebenamtlich wirkenden Berliner Didaktik-Professors vorbereitet zu sein? Dann hätte man Stenzel nehmen sollen. Um den deutschen Handball wieder konkurrenzfähig zu machen? Dann hätte man Stenzel nehmen sollen..." Soweit der Kommentar des Düsseldorfer Sport-Informationsdienstes.

Wie gesagt: Selbst Experten staunten, und auch Laien wunderten sich. Aber was nutzte mir das schon? Das Tor zum Handball-Paradies schien mir verschlossen. Die Deutschen wollten mich nicht. Aber ich war zu stolz, wieder kleinmütig nach Jugoslawien zurückzukehren, nachdem ich schon so vielen von meinen Zukunftsplänen im Lande meiner Großväter erzählt hatte. Ich wollte nach Deutschland. Und was ich mir erst mal in den Kopf gesetzt habe, das kriegt niemand mehr heraus.

Vor allem für meine Frau Mila war das alles sehr schwer. Sie konnte die Absage am wenigsten verstehen. Es gab viele Tränen. „Komm wieder mit nach Hause", bat sie mich, „hier in Deutschland werden wir nicht glücklich." Daniel, unser jüngster Sohn, war damals gerade drei Monate alt, Wanda (15), Slatko (10) und Helene (3) wollten ebenfalls noch

Jugoslawien, hier mit Lazarevic (Nr. 11), auf dem Sprung zur ersten Goldmedaille in der Geschichte des Hallenhandballs. Im Münchener Olympiafinale konnte auch das Team der CSSR den Siegeszug der Mannschaft von Vlado Stenzel nicht stoppen.

versorgt sein. Und dann ein arbeitsloser Vater im fernen Deutschland!

Aber als Sportler weiß ich: Man kann nicht immer gewinnen. Man muß auch Niederlagen verkraften können, wenn man Erfolg haben will. Ich war dem Deutschen Handball-Bund nicht mal böse. Ich wußte, daß sich die verantwortlichen Männer alles sehr lange und sorgfältig überlegt hatten. Sie wollten gewiß das Beste für den deutschen Handball. Vielleicht konnten sie nicht glauben, daß ein Jugoslawe den Deutschen wirklich beibringen kann, wie man richtig Handball spielt.

Immerhin hielten auch einige zu mir. Herbert Kranz zum Beispiel half mir über die ersten schwierigen Tage hinweg, besorgte mir bei der Firma Volvo ein Auto, damit ich in Deutschland besser auf Arbeitssuche gehen konnte. Und ich war mir sicher: Als Vereins- oder Verbandstrainer müßte in solch einem großen Land doch Platz sein. Meine Frau Mila tröstete ich mit einem Scherz: Notfalls baue ich auf Tahiti ein Handballteam auf.

Wie in Jugoslawien mußte ich auch in Deutschland wieder klein anfangen, um meine großen Ziele zu erreichen. Angebote gab es viele. Doch die meisten genügten nicht, um eine sechsköpfige Familie zu ernähren. Da bot mir nach einigen Wochen der Bundesligaclub SC Phönix Essen mit einem Vier-Jahres-Vertrag und einer Sportlehrer-Stelle an einer Essener Schule jene Chance, die mir der Deutsche Handball-Bund nicht geben wollte. Mit großer Energie habe ich mich dann in die Aufgabe gestürzt, aus dem Essener Team eine der besten deutschen Mannschaften zu machen. Doch bald schon mußte ich erkennen, daß einige Spieler und ich nicht dasselbe Ziel hatten. Für einige war Handball nur eine Art Hobbysport. Während ich bereit war, ganz für die Mannschaft zu leben, dachten viele Phönix-Spieler nur an sich. Sie drückten sich, wann und wo sie nur konnten. Das Training mit einigen dieser faulen Spieler war wirklich eine Strafe Gottes.

Eine so schlechte sportliche Einstellung hatte ich in meiner bis dahin dreizehnjährigen Laufbahn als Trainer noch nie erlebt. Wer deutscher Meister oder Nationalspieler werden will, muß schließlich etwas dafür tun. Selbst das größte Talent kann sich im Handball nicht durchsetzen, wenn zur Veranlagung nicht das notwendige Training kommt. Mit einmal Trainieren pro Woche aber, so wie es manche Phönix-Spieler am liebsten wollten, kommt man nicht vorwärts. Ich bin kein Schleifer, doch ich bin dafür, daß mindestens dreimal in der Woche voll gearbeitet wird, besser noch vier- oder fünfmal, wenn man wirklich den Anspruch erheben will, ein echter Leistungssportler zu sein. Und es hat bestimmt nichts mit Ostblock-Methoden zu tun, wenn ich im Training Schweiß sehen will. Die Deutschen haben dafür ein gutes Sprichwort: Ohne Fleiß kein Preis. Man könnte auch sagen: Ohne Schweiß kein Preis.

Als in Essen die erste Saison mehr schlecht als recht zu Ende ging und ich für das nächste Jahr vier, fünf neue leistungswillige Spieler zum SC Phönix holen wollte, bekamen einige von den alten satten Stars Angst um ihren Platz in der Mannschaft. Ich merkte, daß hinter meinem Rücken gemeutert wurde. Schließlich gewannen die faulen Spieler sogar die Oberhand und erpreßten den Vereinsvorstand: Entweder Stenzel oder wir. Da der Vorstand fürchtete, am Ende der Saison ohne Mannschaft dazustehen, sollte ich gehen. Die Begründung: Besser eine Mannschaft ohne Trainer als ein Trainer ohne Mannschaft.

In Essen hat mich dann auch nichts mehr gehalten. In diesem Verein waren vorher schon zwei andere Trainer vorzeitig gescheitert, weil sie nicht vernünftig arbeiten konnten, erst der Rumäne Petre Ivanescu, dann Helmut Duell, der ehemalige Torwart in der deutschen Nationalmannschaft. Was mich aber am meisten in dieser unglücklichen Zeit traf, das war der Tod von Karl-Heinz Solbach, dem sehr aktiven Abteilungsleiter Handball beim SC Phönix und Betreuer der Bundesliga-Mannschaft. Solbach war mein Freund gewesen. Vom ganzen Ärger zwischen einigen Spielern und mir hatte er zwar gewußt, doch das bittere Ende erfuhr er nicht mehr.

Die erste Saison in Deutschland war für mich also nicht gerade rosig. Mit Phönix Essen mußte ich mich nun noch über finanzielle Dinge rumstreiten, ebenso wie mein Vorgänger Helmut Duell, der ebenfalls noch Geld vom Verein zu bekommen hatte, als ich mein Amt antrat. Das war eine wirklich verpfuschte Saison gewesen, rein sportlich jedenfalls. Daneben habe ich aber auch viel gelernt: Über die Verhältnisse im deutschen Handball, über die Einstellung zum Leistungssport, über das Verhalten von Funktionären, über die Mentalität von Spielern, über den Umgang mit Journalisten und über Reaktionen in der Öffentlichkeit. Das erste Jahr war ein echtes Lehrjahr für mich. Vielleicht war es doch gar nicht so schlecht gewesen, gleich am Anfang solch schwierige Verhältnisse wie in Essen vorzufinden. Alles hat sein Gutes; man muß es nur richtig erkennen.

Und außerdem war diese Saison nicht nur für mich wenig erfreulich verlaufen. Bundestrainer Professor Käsler und der Deutsche Handball-Bund standen nämlich nach der Weltmeisterschaft im März 1974 in der DDR vor den Trümmern einer Nationalmannschaft. Neunter Platz! So schlecht hatten die Deutschen in einem Weltturnier noch nie abgeschnitten. Die Kritik an Käsler, vorher von vielen Journalisten schon recht heftig geübt, wurde nun auch für den Deutschen Handball-Bund unüberhörbar. Allen war klar: Ein Nachfolger muß her. Aber wer?

Wieder begann das große Rätselraten, wieder wurde ich ins Gespräch gebracht. Aber es gab auch andere Namen. Helmut Duell zum Beispiel, meinen Vorgänger beim SC Phönix Essen. Auch von anderen ausländischen Kandidaten wurde gesprochen, von meinem Landsmann Vucinic oder von dem Tschechoslowaken Bedrich König, der einst mit Dukla Prag weltberühmt geworden war.

Ich habe mich aus dem ganzen Gerangel völlig rausgehalten. Der Deutsche Handball-Bund wußte, daß ich bereit war, Bundestrainer zu werden, und das mußte genügen. So war ich auch nicht sonderlich enttäuscht, als ich aus den Zeitungen erfuhr, daß der damals 32 Jahre alte Helmut Duell Nachfolger des zurückgetretenen Horst Käsler werden sollte.

Dann wurde ich wieder, wie ein Jahr zuvor, völlig überrascht, als sich der Deutsche Handball-Bund schließlich doch für mich entschied. Und diesmal endgültig. Ich hatte eigentlich kaum noch damit gerechnet und mich deshalb schon nach einem neuen Verein umgesehen. Beim Turnverein Schalksmühle, der gerade in die Regionalliga aufgestiegen war, schien man ehrgeizig genug, auch einen ehrgeizigen Trainer verkraften zu können. Die junge Mannschaft machte einen sehr guten Eindruck. Da ich aber insgeheim immer noch mit dem Amt des Bundestrainers liebäugelte und eine endgültige Entscheidung des DHB ja noch nicht gefallen war, beschränkte ich mich in Schalksmühle von Anfang an auf eine Art Beratertätigkeit. Warum sollte es Helmut Duell in seinem Glauben, der neue Bundestrainer zu werden, besser gehen als mir im Jahr zuvor? Ich hatte da schließlich schon eine gewisse Erfahrung. Und tatsächlich: Am 19. August 1974, fast ein halbes Jahr nach der Weltmeisterschafts-Pleite in der DDR, gab der DHB folgende Erklärung heraus.

,,Der Deutsche Handball-Bund hat Vlado Stenzel als neuen Bundestrainer verpflichtet. Er wird ab 1. September 1974 insbesondere die Betreuung der A-Nationalmannschaft übernehmen. Diese Entscheidung traf der Vorstand des DHB am Wochenende einmütig auf einhellige Empfehlung der Technischen Kommission des DHB. Der Vertrag wird in den nächsten Tagen unterzeichnet und soll zunächst bis 1976 laufen. Vlado Stenzel wird neben seiner Tätigkeit als Bundestrainer weiter dem TV Schalksmühle als Berater zur Verfügung stehen. Zwischen dem DHB, dem TV Schalksmühle und Vlado Stenzel besteht jedoch Einigkeit darüber, daß alle DHB-Termine Vorrang haben."

Es war viel von Einigkeit, Einhelligkeit und Einmütigkeit in dieser Erklärung die Rede. Und darauf baute ich. Denn im deutschen Handball mußte man nun endlich zusammenhalten, wenn man wirklich schnell wieder aus dem Schlamassel heraus wollte. Eine gute Handball-Mannschaft muß wachsen, braucht viel Geduld und Pflege, bis man die ersten Früchte ernten kann. Doch die Zeit drängte von der ersten Minute an.

Nach dem Reinfall bei der Weltmeisterschaft war ein halbes Jahr schon verschenkt worden. Aus den Restbeständen der alten Nationalmannschaft war nicht mehr viel zu retten. Zum Glück hatte ich als Trainer von Phönix Essen in der vorangegangenen Saison schon einen gewissen Überblick über die besten Spieler in Deutschland gewonnen. Und ich wußte damals schon, daß nicht gerade die beste Mannschaft zur Weltmeisterschaft in die DDR geschickt worden war.

Übrigens war das Nationalteam der Bundesrepublik in der DDR über denselben Gegner gestolpert, der auch 1967 bei der Weltmeisterschaft in Schweden den Jugoslawen zum Verhängnis geworden war: Dänemark. So hatte ich praktisch meine Berufung zum Nationaltrainer in Jugoslawien und dann in Deutschland jeweils den Dänen zu verdanken. Seitdem ist mir Dänemark ganz besonders sympathisch. Auf Dänemark konnte ich mich verlassen. Das sollte sich dann auch bei der Weltmeisterschaft 1978 in Dänemark zeigen. Aber so weit sind wir noch lange nicht. Damals, 1974, gab es noch ganz andere Sorgen.

Ich mußte also ganz von vorne anfangen. Das war andererseits auch ganz gut. Denn ich wollte eine Mannschaft ohne Stars aufbauen, eine Mannschaft, für die Teamwork kein Fremdwort mehr war. In den Jahren davor hatte der Deutsche Handball-Bund mit Herbert Lübking, Bernd Munck und Hans-Günter Schmidt zwar Stars, aber keine richtige Mannschaft gehabt. Für mich war von Anfang an klar, daß zum Beispiel für den Gummersbacher ,,Hansi" Schmidt in einem neuen jungen Team, das vor allem auch menschlich zusammenpassen sollte, kein Platz mehr sein konnte. Das gab gleich am Anfang eine Menge Aufregung und Ärger, doch ich bin es gewohnt, mich durchzusetzen und stets meinen Weg zu gehen.

Als Schmidt noch für den DHB spielte, da war die Nationalmannschaft doch eine Art ,,VfL Deutschland" gewesen. Alles mußte sich nach Hansi richten, das gesamte Angriffsspiel war auf ihn zugeschnitten, gerade so wie beim VfL Gummersbach. Traf Schmidt, dann konnten die Deutschen sicher jeden Gegner schlagen; traf er nicht, dann konnte aber auch jedes Spiel verloren werden. Die Gefahr eines solch dominierenden Spielers liegt auf der Hand: Wird er ausgeschaltet, ist auch die gesamte Mannschaft ausgeschaltet. Und da die Abwehrspieler immer besser wurden, bekam Schmidt auch immer größere Schwierigkeiten. Außerdem war er bereits in die Jahre gekommen. Auch ein Ausnahmespieler wie er kann sich nicht über alles hinwegsetzen. Man muß lernen, rechtzeitig seine Grenzen zu erkennen. Auch die Rumänen und ihr großer Star Gheorghe Gruia kamen daran nicht vorbei.

Für mich stand also fest: Die deutsche Nationalmannschaft von morgen muß ohne die Stars von gestern auskommen. Aus der Konkursmasse des Aufgebots für die Weltmeisterschaft 1974 blieben nur vier Spieler übrig: Heiner Möller, der neue Mannschaftskapitän, Klaus Westebbe, Horst Spengler und Joachim Deckarm. Trotz des wenig ruhmvollen Abschieds in der DDR waren das die „Glorreichen Vier" für mich gewesen. Zwei Außenspieler (Möller und Deckarm) und zwei Kreisläufer (Spengler und Westebbe) können aber nichts machen, wenn es im Rückraum der Mannschaft nicht stimmt. Das ist genau wie im Fußball: Ohne gute Mittelfeldspieler sind die Stürmer nur noch die Hälfte wert.

Bei meinem ersten Lehrgang Mitte September 1974 in der Dortmunder Westfalenhalle mußte ich mir erst mal einen genauen Überblick verschaffen. Was bietet sich an? Und vor allem wollte ich allen klarmachen, daß ab sofort ein neuer Wind im Deutschen Handball-Bund weht. Die Nationalspieler sollten wieder stolz sein, für Deutschland spielen zu dürfen, sie sollten Schwung, Einsatz und Begeisterung mitbringen. Denn ohne den absoluten Willen zur Leistung geht es im Spitzensport nicht.

Der erste Eindruck in Dortmund war vielversprechend. Ich glaube, es hat allen Spaß gemacht, auch wenn sie gleich hart rangenommen wurden. Viele Übungsmethoden kannten die Spieler noch nicht. Sie merkten gleich am ersten Tag, daß sie wirklich dazulernen konnten. Auch beim nächsten Lehrgang in Saarbrücken war ich durchaus zufrieden, wenn auch nicht alle der 24 eingeladenen Spieler meinen Anforderungen gerecht wurden. Aber dafür waren diese Tage ja da: Erst sichten, dann siegen.

Die Zeit bis zum ersten großen internationalen Auftritt war verdammt knapp. Ich war gerade drei Wochen Bundestrainer, da begann auch schon in Kattowitz das traditionelle Ostsee-Pokal-Turnier. Nach den Weltmeisterschaften und den Olympischen Spielen ist dieses Turnier eine der bedeutendsten internationalen Veranstaltungen im Hallenhandball. Und prompt berichteten einige Zeitungen von „der ersten großen Bewährungsprobe für den neuen Bundestrainer". Davon konnte natürlich gar keine Rede sein. Ich bin Trainer und kein Wunderdoktor. Kein Mensch kann in drei Wochen aus einem todkranken Patienten einen Kraftprotz machen.

Andere schrieben: „Das Turnier in Kattowitz kommt viel zu früh." Auch das war falsch. Mir kam das Turnier mit so schweren Gegnern wie die DDR, Polen, UdSSR und Schweden gerade recht. Probieren geht über Studieren, heißt es, und das gilt auch für den Sport. Es gibt kein besseres Training als den Wettkampf. Und natürlich war das Ganze für mich nichts anderes als ein Test. Die einzelnen Ergebnisse waren mir egal. Von einigen Journalisten wurde das auch klar erkannt. So schrieb die „FAZ" wenige Tage vor dem ersten Spiel in Kattowitz:

„Nun soll Stenzel das gestrandete Schiff wieder flottmachen. Absagen von Weltklassespielern wie dem Gummersbacher Torwart Klaus Kater und dem Göppinger Peter Bucher erleichtern dem Jugoslawen die Arbeit bestimmt nicht. Gleich zehn Spieler sind völlig neu im Kreis der Nationalmannschaft. Die längst überfällige Radikalkur, zu der sich Vick und Käsler einst nicht entscheiden konnten, scheint Stenzel nun unbekümmert zu wagen. Auf dem Weg zum ersten Zwischenziel im Neuaufbau des westdeutschen Hallenhandballs, der Qualifikation für das olympische Turnier 1976 in Montreal, wirft Stenzel den Ballast, den seine Vorgänger stets mit sich herumschleppten, endlich über Bord. Mut gehört dazu, nicht zuletzt auch der Mut zur Niederlage."

In der westlichen Gesellschaft braucht man wirklich diesen Mut. Denn alles guckt nur auf die Ergebnisse. Es kommt aber nicht darauf an, wie oft man siegt, sondern wann man siegt. Vor der Weltmeisterschaft 1970 in Frankreich zum Beispiel waren die Deutschen monatelang ungeschlagen, besiegten in der Vorrunde sogar den Titelverteidiger

Da mag sich die Abwehr recken und strecken, Nationalspieler Busch (Nr. 13) nutzt seine Körpergröße und seine Sprungkraft entschlossen zum Torwurf. Brand (links) und Spengler haben die Aktion vorbereitet.

Rumänien und fühlten sich wohl schon selbst als neuer Weltmeister. Schmidt und Lübking wollten zudem Torschützenkönig werden. Doch als es dann wirklich darauf ankam, im Viertelfinalspiel gegen die DDR, gab es die erste Niederlage seit langem. Da halfen all die schönen Siege nichts mehr.

Eine Mannschaft, das habe ich schon gesagt, muß wachsen. Und in dieser Zeit des Wachstums können Siege sogar gefährlicher als Niederlagen sein. Siege können blenden. Da fühlt sich dann schon so mancher junge Spund als der Größte, wenn er mal bei einem Erfolg über den Weltmeister dabei war. Und prompt läßt er in seinem Ehrgeiz nach, arbeitet nicht mehr hart genug an sich selbst und bleibt in seiner Entwicklung stehen. Stillstand im Sport aber, das ist wie ein Friedhof. Da kann man die Hoffnung auf weitere Erfolge gleich zu Grabe tragen.

Mir war es also recht, daß den jungen Spielern in Kattowitz sofort ein scharfer Wind um die Ohren wehte. Natürlich hätten wir auch erst mal gegen Luxemburg oder Liechtenstein spielen können. Aber was hätte das schon gebracht? Solche Spiele sind gut für die Statistik, sonst aber für gar nichts. Und was hatten wir in Kattowitz schon groß zu verlieren? Schlechter als ein halbes Jahr zuvor bei der Weltmeisterschaft in der DDR konnte es gar nicht werden. Und um meinen Ruf als „Erfolgstrainer" war mir auch nicht bange.

„Ausgerechnet DDR", stöhnten viele, als wir gleich im ersten Spiel auf die „anderen Deutschen" trafen. Aber auch das war mir egal. Und den jungen Spielern wohl auch. Das hat mich besonders gefreut. Hasenfüße haben im harten Hallenhandball nichts zu suchen. Obwohl die meisten zum erstenmal die Nationalhymne auf dem Spielfeld hörten, waren sie weniger nervös als die routinierten DDR-Spieler. Denn der zweimalige WM-Zweite DDR mußte einfach gewinnen gegen eine Auswahl, die seit der letzten Weltmeisterschaft als zweitklassig galt. Manchem DDR-Spieler stand da der kalte Schweiß auf der Stirn. Und genauso sollte es sein: Die anderen müssen vor uns zittern, nicht wir vor denen.

Eine halbe Stunde war die Partie dann völlig offen, meine Spieler hatten die ersten Lektionen der Abwehrarbeit schon gut gelernt. Am Ende wurde mein erstes Länderspiel für den Deutschen Handball-Bund zwar mit 11:14 verloren, doch für mich war das damals schon ein Sieg. „Es war schon überraschend, wie keß die jungen Spieler auftrumpften", meinte mein Kollege Heinz Seiler aus der DDR später. Und ich war mir sicher: Das sollte nicht die letzte Überraschung sein.

Die nächste ließ keine 24 Stunden auf sich warten: 19:18-Sieg über den WM-Vierten Polen in Polen. Wenn man bedenkt, daß der Heimvorteil im Hallenhandball durchaus mit drei, vier Toren zu verrechnen ist, dann bekam dieses Ergebnis noch einen ganz anderen Wert. „Wo hast du diese Spieler her", wollte Jiri Vicha, Trainer der Tschechoslowakei und einst einer der besten Torhüter der Welt, von mir wissen, „die meisten kenne ich ja gar nicht." Dabei war Vicha immer schon ein her-

23

vorragender Kenner des deutschen Handballs. „Ich wußte, daß du eines Tages Erfolg haben würdest", meinte Anatoli Jewtuschenko, der Trainer der Russen, „aber daß es so schnell geht, hätte ich nie gedacht."

Auch meine Spieler hätten das nie gedacht. Am Abend vorher hatte ich jeden einzelnen gefragt: „Glaubst du, daß wir gegen Polen gewinnen?" Mehr als die Hälfte antwortete mit „nein". Da habe ich ein furchtbares Donnerwetter vor versammelter Mannschaft losgelassen: „Wie könnt ihr gewinnen, wenn ihr nicht mal daran glaubt? Wir siegen, ist das klar?" Die meisten nickten nur stumm. Richtig geglaubt hat es wohl keiner. Aber das Donnerwetter half. Psychologie im Leistungssport ist oft wichtiger als alles andere.

Erfolg und Mißerfolg liegen aber manchmal dicht beieinander. Und ein Sieg kann, wie gesagt, auch gefährlich sein. Das sollten wir schon im nächsten Spiel gegen die Russen erfahren. Da erlebten meine Spieler dreißig Minuten, die sie wohl nie vergessen werden. Das war wie ein Weltuntergang, als uns die Russen auseinandernahmen, daß wir fast die Ohren verloren. Am bittern Ende hieß es 13:21. Aber was soll's? So etwas gibt es nur alle Jubeljahre einmal, daß dem Gegner alles und einem selbst gar nichts gelingt. Im Handball hat man dann schnell mit acht, zehn Toren Unterschied verloren. Das war mir auch schon mit der jugoslawischen Mannschaft vor der Weltmeisterschaft 1970 in Frankreich passiert, da verloren wir ebenfalls mit acht Toren Unterschied. Doch ein solches Ergebnis hat es später nie mehr gegeben.

Ich habe dann in Kattowitz auch nicht viel zu dem Debakel gesagt. Was hätte ich meinen Jungs auch erzählen sollen? Daß sie das Handballspielen erlernen sollen? Daß sie die Sportart wechseln müssen? Daß sie nie mehr in die Nationalmannschaft kommen? Jeder, der das Spiel erlebt hatte, wußte, wie blöde wir uns angestellt hatten. So ein Blackout gibt es immer mal. Vielleicht war das sogar ganz gut so. Die Jungs sollten einen Tag nach dem großen Sieg über die Polen ruhig am eigenen Leibe erfahren, daß die Bäume nicht in den Himmel wachsen. Also: Schwamm drüber. Das Turnier ging weiter. Und für uns sogar noch erfolgreich. Das polnische B-Team, das gegen die Russen nur 14:15 verloren hatte, wurde von uns 20:18 geschlagen, und am Ende gab es sogar einen 21:13-Sieg über die Schweden, die schon seit zehn Jahren nicht mehr so hoch gegen die Westdeutschen verloren hatten.

Ich habe das Turnier von Kattowitz hier so ausführlich geschildert, weil es für mich nicht nur das erste, sondern auch eins der wichtigsten in Diensten des Deutschen Handball-Bundes war. Nach Kattowitz hatte ich endgültig keine Zweifel mehr: In der Bundesrepublik gibt es die besten Handballspieler der Welt. Man muß sie nur finden und richtig zusammenbauen. Damals haben noch einige gelächelt. „Der spuckt große Worte", hieß es. Ich wollte dafür sorgen, daß aus dem gewissen Lächeln ein Staunen würde. Die vielen Kleingläubigen sollten den Mund nicht mehr zukriegen.

Einige konnten dann auch nicht verstehen, daß ich vier Wochen später zum Vier-Länder-Turnier in der Schweiz ein völlig neues Aufgebot nominierte. Doch ich wollte möglichst alle Spieler, die mir aufgefallen waren, im Wettkampf testen. Und das waren immerhin rund fünfzig. Da hieß es testen, testen, testen. Nach den Aussagen und Tips der Bundesliga-Trainer stellte ich für die Schweiz ein Team zusammen. Die Ergebnisse schienen dann viele Pessimisten zu befriedigen: Jetzt geht's wieder bergab. 12:17 gegen Ungarn und 15:18 gegen Island sind natürlich keine Resultate, die beeindrucken können, nicht einmal der 15:13-Sieg über den Gastgeber Schweiz. Doch wen interessieren schon solche Ergebnisse in solch unbedeutenden Turnieren? Ich hatte jedenfalls gesehen, was ich sehen wollte. Spieler wie Hofmann, Rauer und Boczkowski spielten sich dort in die Nationalmannschaft.

Aller guten Dinge sind drei. Der dritte Test mit je zwei Länderspielen gegen Rumänien und Dänemark innerhalb von vier Tagen, dazu noch die Reisestrapazen zwischen Bukarest, Ploesti, Odense und Kiel, sollte mir vier Wochen später bei der Suche nach der Mannschaft von morgen die erste Vorentscheidung bringen: Auf wen kannst du für die Olympia-Qualifikation bauen?

Neben einer knappen (18:20) und einer hohen (14:22) Niederlage brachte uns der Blitztrip nach Rumänien vor allem die Erkenntnis, daß man nur mit Disziplin im Handball Erfolg haben kann. Weil fast die gesamte Mannschaft den von mir festgelegten Zapfenstreich um ein paar Minuten überschritt, bestrafte ich Mannschaftskapitän Heiner Möller. Der Kaptän soll sich für die Disziplin in seinem Team mitverantwortlich fühlen. Das gab zwar auch einige Aufregung, doch schließlich hatten die disziplinarischen Maßnahmen Erfolg. In Odense (13:11) und Kiel (18:12) konnten die Spieler ihre ganzen Energien gegen einen völlig verängstigten „Angstgegner" der Deutschen, gegen die Dänen, austoben. Wer am Abend an der Hotelbar weniger auf die Pauke haut, kann am nächsten Tag auf dem Spielfeld um so kräftiger zuschlagen. Das hat nichts damit zu tun, daß ich nicht Freude und Frohsinn zu schätzen wüßte. Im Gegenteil. Aber alles zu seiner Zeit.

Und für uns, für mich, für den deutschen Handball blieb die Zeit weiter kostbar. Der DHB hatte schon zuviel verschenkt davon, ohne es sich leisten zu können. Also mußte ich jetzt versuchen, im Eiltempo das Versäumte nachzuholen. „Der Stenzel legt ein unheimliches Tempo vor", meinte Friedel Bäcker, der Vorsitzende der Technischen Kommission im Deutschen Handball-Bund, und einige schüttelten wohl auch den Kopf, als ich die Spieler schon am Neujahrstag 1975 ins Trainingslager nach Dortmund bestellte. So früh im Jahr hat in Deutschland wohl noch nie ein Lehrgang begonnen. Einige kamen ganz schön verkatert an. Aber das war mir egal. Am 2. Januar begann für sie ein „Jahr der Arbeit", das sie so schnell nicht vergessen sollten.

Schon am 4. und 5. Januar standen die ersten beiden Länderspiele auf dem Programm. Nach drei tollen Trainingstagen waren die Leistungen gegen Schweden in Minden und Neumünster allerdings nicht mehr so toll. Das erste Spiel wurde 15:12 gewonnen, das zweite mit 14:16 verloren. „Das fängt ja gut an", hieß es prompt in einem Zeitungs-Kommentar. Doch gerade die Niederlage brachte mir eine wichtige Erkenntnis: Heiner Brand vom VfL Gummersbach könnte der neue Abwehrchef der deutschen Nationalmannschaft werden. In seinem zehnten Länderspiel zeigte der Gummersbacher zum ersten Mal ganz deutlich, was alles in ihm steckt.

Drei Tage später benannte ich dann jene sechzehn Spieler, mit denen ich das erste große Ziel erreichen wollte, die Qualifikation für die Olympischen Spiele 1976 in Montreal. Den Gummersbacher Kreisspieler Klaus Westebbe, den ich spielerisch nicht so stark einschätzte wie etwa Horst Spengler, stufte ich dabei als Ersatzmann ein. Westebbe konnte das nicht verstehen, reagierte sehr aggressiv und mußte deshalb leider ganz gestrichen werden. Denn in einer neuen, begeisterungsfähigen Mannschaft konnte ich keine unzufriedenen, aufsässigen Spieler gebrauchen.

Das Wehgeschrei klingt mir heute noch in den Ohren. Dummerweise erschienen die Namen der sechzehn Spieler schon in der Presse, bevor die Verantwortlichen des DHB davon erfuhren. Wieder großes Geschrei. Der DHB distanzierte sich sogar in einer Presseerklärung von meinem Aufgebot, weil Vorstand und Technische Kommission vorher nicht informiert worden seien. Aber über Spieleraufgebote kann man nicht debattieren wie über Spesen oder Regeln. Da muß einer die Verantwortung tragen, und zwar der Trainer. Mein Kollege Helmut Schön mußte damals auch nicht erst nachfragen, ob er nun diesen oder jenen Spieler in die Fußball-Nationalelf berufen solle.

Die Wogen glätteten sich schnell wieder. Für Streitereien war auch gar keine Zeit. Die nächsten beiden Länderspiele gegen Polen in Hannover (10:9) und Kiel (14:18) brachten uns Anfang Februar wieder einen Sieg und eine Niederlage und mir die zweite wichtige Erkenntnis: Torwart Manfred Hofmann vom TV Großwallstadt hat den Sprung in die Weltklasse geschafft.

So hatte ich mir den Aufbau der neuen deutschen Nationalmannschaft auch vorgestellt: Stein auf Stein, heute dies, morgen das. Auch beim Vier-Länder-Turnier in Dänemark Ende Februar, Anfang März gab es weitere erfreuliche Fortschritte. Mit Hahn, Klühspies, Möller und Böckling fehlten mir gleich vier wichtige Spieler. Der damals 21 Jahre alte Joachim Deckarm vom VfL Gummersbach wurde dadurch zum jüngsten Mannschaftskapitän, den es wohl je im internationalen Handball gegeben hat.

Mein alter jugoslawischer Freund Iwan Snoj, Teamkapitän der Jugoslawen, ließ sich von einigen Spielern erst mal die Namen buchstabieren. „Ich glaube, die muß ich mir merken", meinte Snoj ein gutes Jahr vor den Olympischen Spielen in Montreal. Er konnte damals noch nicht wissen, wie recht er damit behalten sollte.

Richard Boczkowski zum Beispiel, der als Westebbe-Nachfolger zuvor mehr belächelt als beachtet worden

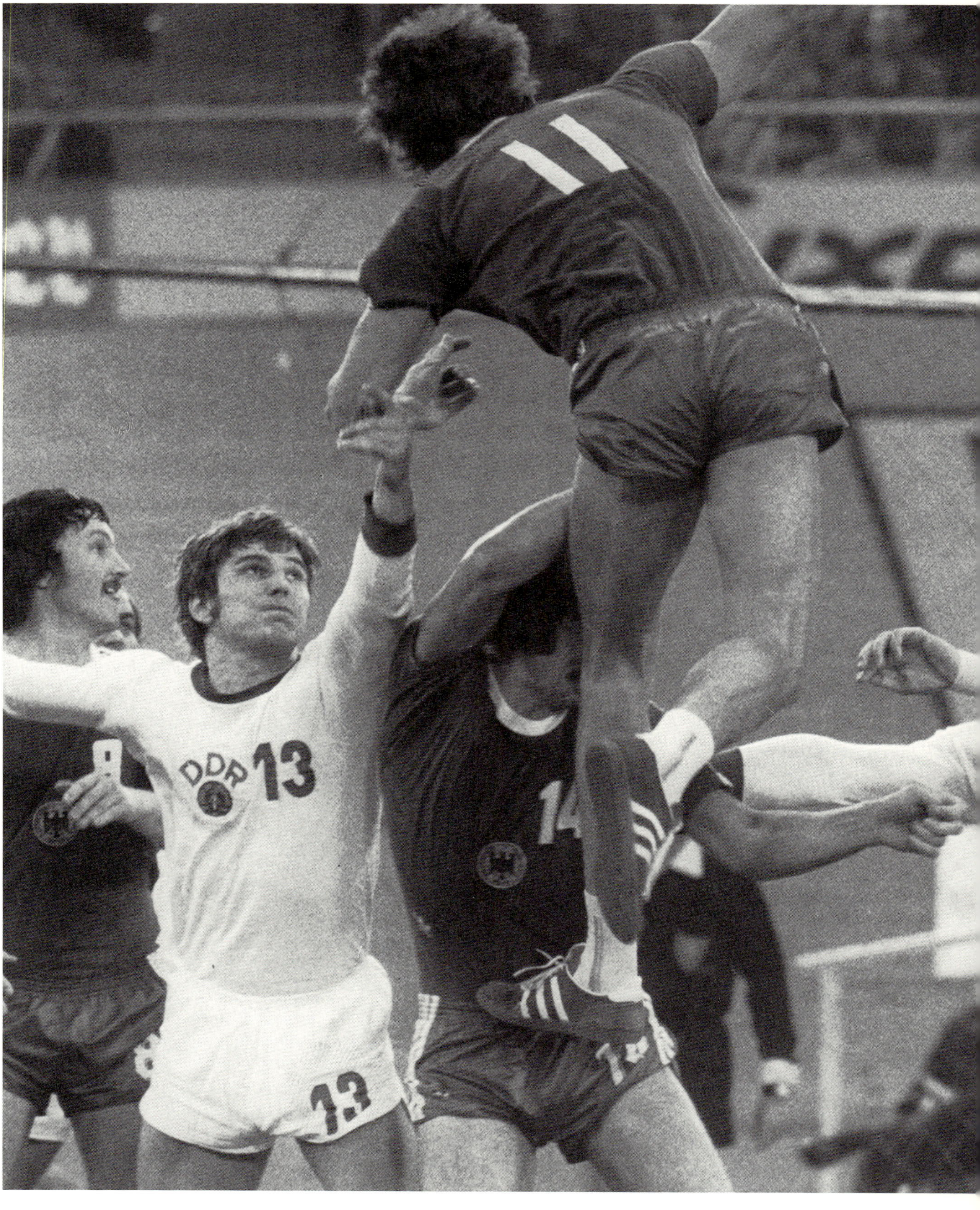
DDR 13

Joachim Deckarm war im olympischen Qualifikationsspiel gegen die DDR in München einfach nicht zu halten. Der frühere Zehnkämpfer beweist hier eindrucksvoll seine athletischen Qualitäten.

war, überzeugte alle seine Kritiker mit hervorragenden Leistungen. Auch Männerspielwart Heinz Jacobsen erklärte damals den Presse-Leuten: „Die Aufbauarbeit zahlt sich langsam aus. Die Spieler, die Vlado Stenzel testete und über die man lachte, weil niemand sie kannte, haben ihre Reifeprüfung bestanden."

Zwar gab es in Odense und Aarhus gegen die olympischen Finalisten von 1972, Jugoslawien (17:20) und die Tschechoslowakei (12:17), jeweils Niederlagen, doch konnten wir die Dänen in Fredericia hoch mit 20:14 schlagen. Wie schon gesagt: die Dänen waren für mich immer besonders angenehm.

Alles lief wie geplant. Die Aufwertung des deutschen Handballs spornte auch die jungen, noch unbekannten Spieler an, ihre Scheu vor großen Namen zu vergessen. Keck und keß gingen sie ihren Weg: Was kostet die Handball-Welt? Genauso sollte es sein.

Aber man soll den Tag nicht vor dem Abend loben. Mitten in die allgemeine Hochstimmung platzten zwei schlechte Nachrichten. Ausgerechnet Mannschaftskapitän Heiner Möller ließ die Mannschaft im Stich, ausgerechnet jener Spieler, auf den ich am meisten gehofft hatte, ausgerechnet er, der mein Vertrauter gewesen war, mein verlängerter Arm auf dem Spielfeld. Mit 95 Länderspielen war er der einzige im Team gewesen, der schon große internationale Erfahrung hatte. Alle anderen brachten es nicht einmal zusammen auf so viele Länderspiele. Heiner Möller hätte der neue deutsche Rekord-Nationalspieler werden können. Doch alles machte er kaputt mit seinem Entschluß, vom Bundesliga-Verein TuS Dortmund-Wellinghofen zum Regionalliga-Club TuS Nettelstedt zu wechseln. Ich war tief enttäuscht.

Möller wußte, daß er mit diesem Wechsel das Kapitel Nationalmannschaft beendete. Ich hatte keinen Zweifel daran gelassen, daß Nationalspieler nur aus erstklassigen Clubs kommen sollen, weil sie in den unteren Klassen nicht genügend gefordert werden. Schon Werner Vick hatte einst Rekord-Nationalspieler Herbert Lübking aus der Nationalmannschaft verbannt, als dieser von Grün-Weiß Dankersen ebenfalls nach Nettelstedt gewechselt war. Wenn ein Spieler von sich aus den Weg in die zweite Klasse sucht, dann stimmt etwas nicht mit seiner sportlichen Einstellung, welche Gründe auch immer er gehabt haben mag. Heiner Möller sprach später von privaten Gründen, von beruflicher Absicherung und vielen anderen Dingen. Doch da war das Thema für mich schon erledigt. Natürlich hatten und haben auch Spieler aus unterklassigen Vereinen Chancen, in die Nationalmannschaft zu kommen, aber nur, wenn sie den normalen Weg von unten nach oben gehen und nicht umgekehrt.

Mir blieb auch gar nicht viel Zeit, mich lange über Möllers Vertrauensbruch zu ärgern. Die nächste Aufsehen erregende Nachricht folgte auf dem Fuß: In der Olympia-Qualifikation für Montreal wurden uns die DDR und Belgien als Gegner zugelost.

Über Belgien brauchte man kein Wort zu verlieren. Die Belgier waren im internationalen Handball noch

Abc-Schützen, auch wenn mein Landsmann Rogonavic als belgischer Nationaltrainer schon einiges erreicht hatte. Und was sollte man noch groß zur DDR sagen? Da wußte wohl jeder, was die Stunde geschlagen hatte. „Ausgerechnet DDR", klagten viele, „schlimmer hätte es gar nicht kommen können."

Doch ich fand das alles überhaupt nicht schlimm. Denn ich kannte das Team der DDR unheimlich gut, wußte alles über die technischen und psychologischen Probleme der DDR-Spieler, wußte, daß sie mehr Angst haben würden als wir, weil sie ja gewinnen mußten, wir aber nur gewinnen konnten. Mit einem Sieg könnten wir auf Anhieb groß herauskommen und damit einen Komplex im gesamten bundesdeutschen Sport gegenüber der DDR abbauen helfen. Ich mußte dies „nur" noch meinen Spielern plausibel machen, die durch das Los echt geschockt waren.

Dieses unglückselige Los war die späte Quittung für das schlechte Abschneiden der bundesdeutschen Mannschaft bei der Weltmeisterschaft 1974 in der DDR. Denn das Team der DDR war für die olympische Auslosung in der ersten Gruppe gesetzt worden, die Mannschaft der Bundesrepublik aber nicht. So war es klar, daß auf jeden Fall eine der besten acht Mannschaften des letzten Weltturniers der Gegner in der Qualifikation werden würde. Die jungen Spieler von heute mußten mit der Hypothek der Stars von gestern fertigwerden.

Als wir wenige Tage später zum Fünf-Länder-Turnier nach Alicante flogen, hatten wir genügend Gesprächsstoff: Möllers Wechsel und immer wieder Thema Nr. 1: Olympia und die DDR. Die ersten begannen zu zweifeln, ob sich der ganze Aufwand überhaupt lohne. Es war verdammt schwer, die Jungs auf andere Gedanken zu bringen.

Das kann ja heiter werden, dachte ich schon im Flugzeug, als ich manche Spieler so reden hörte. Und ich sollte recht behalten. Das Turnier in Alicante ging völlig in die Binsen. Meine Spieler wirkten wie gelähmt, spielten unkonzentriert und waren kaum wiederzuerkennen. Das begann gleich im ersten Turnierspiel gegen die Spanier. Nach zehn Siegen in zehn Länderspielen gegen Spanien mußten sich die Deutschen erstmals mit einem Unentschieden (18:18) begnügen. „Olympia ade", schrieb ein Journalist. Insgeheim dachten wohl auch einige Spieler so. Man kann aber nicht heute gewinnen, wenn man Angst vor morgen hat.

Im zweiten Spiel gegen Holland gelang dann wenigstens ein hoher Sieg (23:16), und in der dritten Begegnung erreichten wir gegen den Turniersieger Polen immerhin ein Unentschieden (13:13). Doch das dicke Ende sollte noch kommen: 16:17-Niederlage gegen die Schweiz. Seit 1938 war das im 21. Länderspiel die erste deutsche Niederlage überhaupt gewesen. Nun fielen fast alle über uns her. „Was, nicht mal mit den Schweizern werdet ihr fertig? Was wollt ihr denn gegen die DDR machen?" In der „FAZ" stand: „Dieser schreckliche Fluch der Erfolglosigkeit in der deutschen Handball-Nationalmannschaft scheint nun auch Stenzel und seine jungen Spieler zu verfolgen."

Natürlich konnte ich niemandem solche Kommentare verübeln. Eine Niederlage gegen die Schweiz, selbst in einem unbedeutenden Test-Turnier, kann nicht gerade als Werbung gelten. Aber ich wußte, was in den Köpfen meiner Spieler herumgespukt hatte: Das Schreckgespenst DDR. Von da an war mir klar, was nun am wichtigsten war: Psychologische Aufrüstung um jeden Preis, Aufklärung über die Stärken und Schwächen der DDR-Spieler bis in die kleinste Einzelheit. Das ist wie in der Kriminalistik. Selbst der scheinbar unbedeutendste Hinweis kann am Ende entscheidend sein. Man muß alles über alle wissen.

Jedes Turnier, jedes Spiel, jedes Training stand ab sofort im Zeichen des deutsch-deutschen Duells. Im Oktober 1975 wäre uns dabei sogar fast der erste Erfolg in einem internationalen Turnier gelungen, als wir in Wien gegen Österreich (15:13) und Holland (18:16) gewannen, gegen Ungarn ein Unentschieden (17:17) erreichten und nur auf Grund der schlechteren Tordifferenz gegenüber den Ungarn Zweiter wurden. Sicher war das Turnier nicht gerade bedeutend, doch in dieser Phase wäre ein erster Platz vor allem aus psychologischen Gründen sehr wichtig für uns gewesen.

Aber ich brauchte zum Glück nicht lange auf die Stärkung des Selbstvertrauens zu warten. Eine Woche später gelang uns in Pilsen ein 20:18-Erfolg über die Mannschaft der Tschechoslowakei. Da spitzte man wohl auch in der DDR die Ohren. Wer die Tschechoslowakei daheim schlagen kann, der muß auf jeden Fall eine überdurchschnittliche Leistung gezeigt haben. Und das war uns in Pilsen wirklich gelungen. Darauf konnte schon mal ein Pils getrunken werden. Wenn auch das zweite Länderspiel gegen die CSSR in Eger knapp mit 18:19 verloren wurde, so änderte das nichts an dem positiven Gesamteindruck. Meine Spieler wußten: Wir sind wieder wer. Und das war wichtig.

Außerdem war uns in Eger durch zwei tschechoslowakische Schiedsrichter übel mitgespielt worden. In der zweiten Halbzeit bin ich aufs Feld gelaufen und habe ihnen gesagt: „Wenn ihr jetzt nicht richtig pfeift, hören wir auf." Meine Spieler habe ich zum Beweis alle auf die Bank geschickt. Die waren alle blitzschnell vom Feld herunter. Und noch einer war blitzschnell. Präsident Thiele machte den tollsten Sprint seit seiner aktiven Zeit von den oberen Plätzen der Tribüne herunter zu mir. „Wir können doch nicht einfach das Spiel abbrechen", beschwor er mich. Natürlich spielten wir weiter. Aber seitdem sitzt Thiele immer in der ersten Reihe.

Am 1. November gerieten dann sogar internationale Experten ins Schwärmen, als wir in Dortmund anläßlich des 50jährigen Jubiläums der Westfalenhalle gegen eine sogenannte Weltauswahl spielten. Spielwitz und Spielfreude feierten Triumphe an diesem Abend. Die Spieler der Weltauswahl, darunter die Gummersbacher Kater, Feldhoff und Schmidt, hatten im Durchschnitt mehr als hundert Länderspiele bestritten. Und jeder wollte natürlich zeigen, was noch alles in ihm steckte. Vielleicht hatte es in der Westfalenhalle zuvor noch nie ein schöneres und technisch besseres Handballspiel gegeben. Da wurde getrickst und gezaubert, daß es eine wahre Freude war.

Leider hatten sich nur 3500 Zuschauer von dieser Handball-Delikatesse anlocken lassen. Die Leute wollen eben Kampf. Doch an diesem Abend wurde getanzt statt gekämpft. Und es war ein Vergnügen, unsere jungen Nationalspieler in diesem erlauchten Reigen der großen Stars aus Rumänien, Jugoslawien, Ungarn, Dänemark und Deutschland wirbeln zu sehen. Zwar wurde das Spiel mit 21:25 verloren, doch am Ende waren alle Sieger. Allen voran der Handball. Bessere Werbung für eine Sportart kann man gar nicht machen. Professor Ion Kunst, Vorsitzender der Trainerkommission im Internationalen Handball-Verband und Betreuer der Weltauswahl, meinte zu unserer Leistung: „Ich bin tief beeindruckt von den vielen guten Spielzügen. Das ist in der Tat ein Team der Zukunft."

Für uns stand die Zukunft allerdings direkt vor der Tür. Das Spiel in Dortmund war für uns ein Feiertag gewesen. Nun wurde es aber ernst, bitterernst. Weltmeister Rumänien war für uns am 7. November in Eppelheim bei Heidelberg und am 9. November in Saarbrücken der letzte Test-Gegner vor dem vorolympischen Ernstfall. Beim 15:15 in Eppelheim konnten wir die erfahrenste und erfolgreichste Mannschaft der Welt immerhin an den Rand einer Niederlage bringen. Vor allem in der Abwehrarbeit zeigten meine Spieler wieder, was sie alles gelernt haben. Für die Rumänen war da kaum ein Durchkommen. Sieben Tore erzielten sie durch Siebenmeter. Die Schiedsrichter konnten wohl nicht glauben, daß wir die Rumänen auch mit korrekten Mitteln in der Abwehr fest im Griff hatten. Und zudem zeigte Torwart Manfred Hofmann wieder ganz deutlich, daß er einer der besten der Welt ist. „Gegen solch einen Torwart spielt auch ein Weltmeister nicht gern", meinte Kollege Nedeff.

Achtundvierzig Stunden später in Saarbrücken verloren wir dann mit 13:17. Zwischen Weltklasseleistungen und Anfängerfehlern gab es da alles zu sehen. Unseren jungen Spielern fehlte einfach die Erfahrung und Routine, um gegen die alten Füchse des vierfachen Weltmeisters anzukommen. Die meisten meiner Spieler hätten schon zwei Jahre zuvor bei der Weltmeisterschaft in der DDR dabei sein müssen, dann wären wir damals schon viel weiter gewesen. Doch mit Deckarm und Spengler waren es nur zwei, die in unserer Mannschaft wenigstens schon eine gewisse Erfahrung hatten. Deckarm und Klühspies hatten bis Saarbrücken auf den Außenpositionen gespielt; doch mir wurde klar, daß sie im Rückraum auf Halblinks und Halbrechts noch mehr zur Geltung kommen könnten. Deshalb entschloß ich mich zur Umstellung, obwohl es nur noch einen Lehrgang vor dem DDR-Spiel gab. In der DDR glaubte man alles von uns zu wissen. Von der Umstellung aber wußte man nichts.

Nedeff, der drei Wochen später mit seiner Mannschaft auch noch

29

Blickpunkt Ball: Deutsche und Polen lieferten sich bei den Olympischen Spielen 1976 in Montreal einen packenden Kampf um die Bronzemedaille. Erst in der Verlängerung mußten sich Deckarm, Spengler (von links) und Co. geschlagen geben.

zwei Länderspiele gegen die DDR bestritt, lobte nach dem Länderspiel von Saarbrücken zwar die Kampfkraft und Einsatzfreude meiner Mannschaft, wünschte uns viel Glück für die Zukunft, doch große Chancen gegen die DDR gab er uns nicht. „Das liegt schon am System", meinte er, „für eine solche Aufgabe müssen alle Vereinsinteressen dem Ziel der Nationalmannschaft untergeordnet werden. Da dürfte es nur noch Lehrgänge und Länderspiele für die Nationalspieler geben." Nedeff wußte, wovon er sprach. Schließlich waren die Rumänen auf diese Weise viermal Weltmeister geworden.

Von solchen Bedingungen konnte ich im Deutschen Handball-Bund natürlich nur träumen. Aber auch so ließ ich mich nicht unterkriegen. Die knappe Zeit mußte eben optimal genutzt werden: Qualität statt Quantität in der Vorbereitung. Im Videorecorder gab es für die Nationalspieler nur ein Programm: DDR. Das Telestudium sollte jedem einzelnen schon vor dem ersten Spiel am 20. Dezember in der Münchener Olympiahalle deutlich machen, was auf ihn zukommen würde.

Das erste Olympia-Qualifikationsspiel gegen die Belgier am 29. November in Eupen war da fast eine Nebenbeschäftigung. Mit 21:10 wurde die Pflichtaufgabe nur einigermaßen zufriedenstellend erledigt. Meine Spieler wollten es aber zu gut machen. Das 27:11 der DDR über die Belgier drei Wochen zuvor sollte übertroffen werden. Als es dann auf dem ungewohnten Steinboden einige Fehlaktionen gab, wurden wir nervös. In der zweiten Halbzeit konnten wir gar nur mit 10:8 gewinnen, nachdem es in den ersten dreißig Minuten noch ein 11:2 gegeben hatte. Uns fehlten auch die Tore von Joachim Deckarm, der sich schon nach 22 Minuten verletzt hatte. Die DDR hatte also sechs Tore im Fernwettkampf mit uns mehr vorgelegt. Es lohnte sich nicht, lange darüber nachzudenken. Mir war es ohnehin ganz recht, wenn sich die DDR-Spieler in jeder Weise als Favoriten fühlten.

Doch so sicher war man sich drüben gar nicht. Man reagierte sehr nervös, als man erfuhr, daß in München auf einem Nadelfilzbelag gespielt würde. „Ein Foul vor dem Anpfiff", hieß es im „Neuen Deutschland", dem Zentralorgan der SED. Wir hätten uns bewußt durch diesen Belag einen unfairen Vorteil verschafft, weil die DDR-Spieler noch nie auf solch einem Boden gespielt hätten. Doch das alles waren nur Spekulationen, Boden-Spekulationen. Die Olympia-Park GmbH hatte für den neuen Boden gesorgt und bei einem Test hatten meine Spieler und ich festgestellt, daß sich auf diesem Belag gut spielen ließ.

Das Theater in der DDR, das Lamentieren und die Vorwürfe kamen mir gerade recht. Nun wußten auch meine Spieler, daß die anderen Angst hatten. Nichts kann die Moral einer Mannschaft mehr heben.

Die Spieler aus Leipzig, Rostock, Magdeburg mögen einiges befürchtet haben, doch was dann wirklich an jenem 20. Dezember auf sie zukam, muß sie arg überrascht haben.

Viele wunderten sich übrigens, daß wir in München und nicht in der größeren Westfalenhalle von Dort-

31

Wachsame Augen: Handballtrainer Vlado Stenzel. Seinem scharfen Blick entgeht kaum etwas, auch wenn es auf dem Spielfeld drunter und drüber geht.

mund spielten. Doch in Dortmund war man zu sehr auf die großen Erfolge des VfL Gummersbach fixiert. Vielleicht hätte man nach Schmidt oder Westebbe gerufen, wenn es bei uns nicht von Anfang an gut gelaufen wäre. Das hätte meine jungen Spieler bestimmt verunsichert. Da wollte ich kein Risiko eingehen. Der DHB stand übrigens voll hinter meinen Überlegungen, auch wenn er in Dortmund wesentlich mehr hätte einnehmen können. Überhaupt bekam ich in allen wichtigen Dingen volle Unterstützung von Präsident Thiele, Spielwart Jacobsen, Geschäftsführer Birkefeld und vielen anderen. Auch die Vereinstrainer halfen feste mit.

Schon Wochen vorher war die Olympiahalle in München ausverkauft gewesen. Statt 10 500 hätte man wohl auch 100 000 Karten absetzen können. In Deutschland war vorolympisches Handball-Fieber ausgebrochen. Die Spannung in der Halle, der Lärm auf den Rängen war fast unerträglich, als wir aus den Kabinen kamen. Die Zuschauer standen wie ein Mann hinter uns. Drei Jahre vorher war ich hier mit meiner jugoslawischen Mannschaft Olympiasieger geworden, doch damals war es im Vergleich zu heute wie in einer Kirche zugegangen.

Die Begeisterung auf den Rängen sprang über auf die Spieler. Da war keine Angst mehr vor dem übermächtigen Gegner DDR. „Wir packen sie", hieß es selbstbewußt. Und vielleicht ist eine deutsche Nationalmannschaft noch nie entschlossener in ein Spiel gegangen als an jenem 20. Dezember.

Fünfzehn Monate lang hatte ich in meinen Spielern das Feuer für die Stunde „X" geschürt. Hier und heute war die Stunde nun gekommen. Und das Feuer brannte lichterloh. Die Zuschauer fachten es noch weiter an. Daß die Auswahl der DDR am Ende „nur" mit drei Toren Unterschied verlor, bewies ihre große Routine. So manche andere Mannschaft wäre an diesem Tag völlig untergegangen. „In der harten und aggressiven Abwehr des Gegners haben meine Spieler einfach die Übersicht verloren", meinte DDR-Kollege Heinz Seiler später.

Die ganze Mannschaft hatte in München phantastisch gekämpft. Sie hätte an diesem Tag jeden Gegner geschlagen. Drei Spieler ragten noch ein bißchen heraus. Zunächst Torwart Manfred Hofmann, der mit seinen phantastischen Reaktionen die DDR-Stürmer verunsicherte, dann Joachim Deckarm, der allein neun Tore erzielte und weder durch Sonderbewachung noch durch Fouls in seinem Tatendrang zu bremsen war, und schließlich Kurt Klühspies, der ebenso wie Jürgen Hahn drei Tore warf. Was Hofmann, Deckarm und Klühspies an diesem Tag boten, war kaum noch zu übertreffen. Selbst als die DDR in der zweiten Halbzeit vier Tore aufholte und 12:11 führte, brach die Kampfmoral unserer Mannschaft nicht zusammen. „Jetzt erst recht", rief ich aufs Feld.

In der DDR reagierte man verblüfft auf dieses Spiel. „Sicher, unsere Spieler wußten, daß ihnen in München kein Spaziergang bevorstand, aber vielleicht waren sie doch über die Konsequenz im Verfolgen des Ziels durch den Gastgeber überrascht", schrieb das Ost-Berliner Fachblatt „Deutsches Sportecho". „Mit bedingungslosem Kampfgeist und vollem Körpereinsatz brachten sich die BRD-Spieler auf die Siegerstraße. Entscheidend für den BRD-Sieg war vor allem die starke Leistung von Joachim Deckarm. Der 1,93 Meter große Spieler aus Gummersbach, der neben Mannschaftskapitän Horst Spengler als einziger aus dem WM-Aufgebot von 1974 übriggeblieben ist, erwies sich mit neun Toren als der treffsicherste Schütze", war im FDJ-Zentralorgan „Junge Welt" zu lesen.

Das „Neue Deutschland" konstatierte: „Die Mannschaft der BRD war in Höchstform. Von unserer konnte man das nicht behaupten." Und allein die „Berliner Zeitung" machte ihren Lesern in Ost-Berlin Mut für das Rückspiel: „Drei Tore sind im Handball kein uneinholbarer Rückstand, zumal am 6. März die DDR-Mannschaft Heimvorteil genießt. In München machte sich ihn der Gegner mit Hilfe von 10 000 Zuschauern zu eigen, die nicht nur verständlicherweise seine Tore begeistert feierten, sondern ihn mit Pfeifkonzerten gegen die Schiedsrichter-Entscheidungen auch zu immer größerer Härte aufstachelten. Das Wachsen an einem starken Gegner ist diesmal ebensowenig gelungen, wie im Dezember schon Bestform zu finden, was ja bereits gegen Ungarn sichtbar geworden war. So bleibt die Hoffnung auf den März, jenen Monat, in dem die DDR schon zweimal Vize-Weltmeister geworden ist."

Überschwenglich wurde der Erfolg bei uns gefeiert. Im Fernsehen war von „Sensationen" und „Wun-

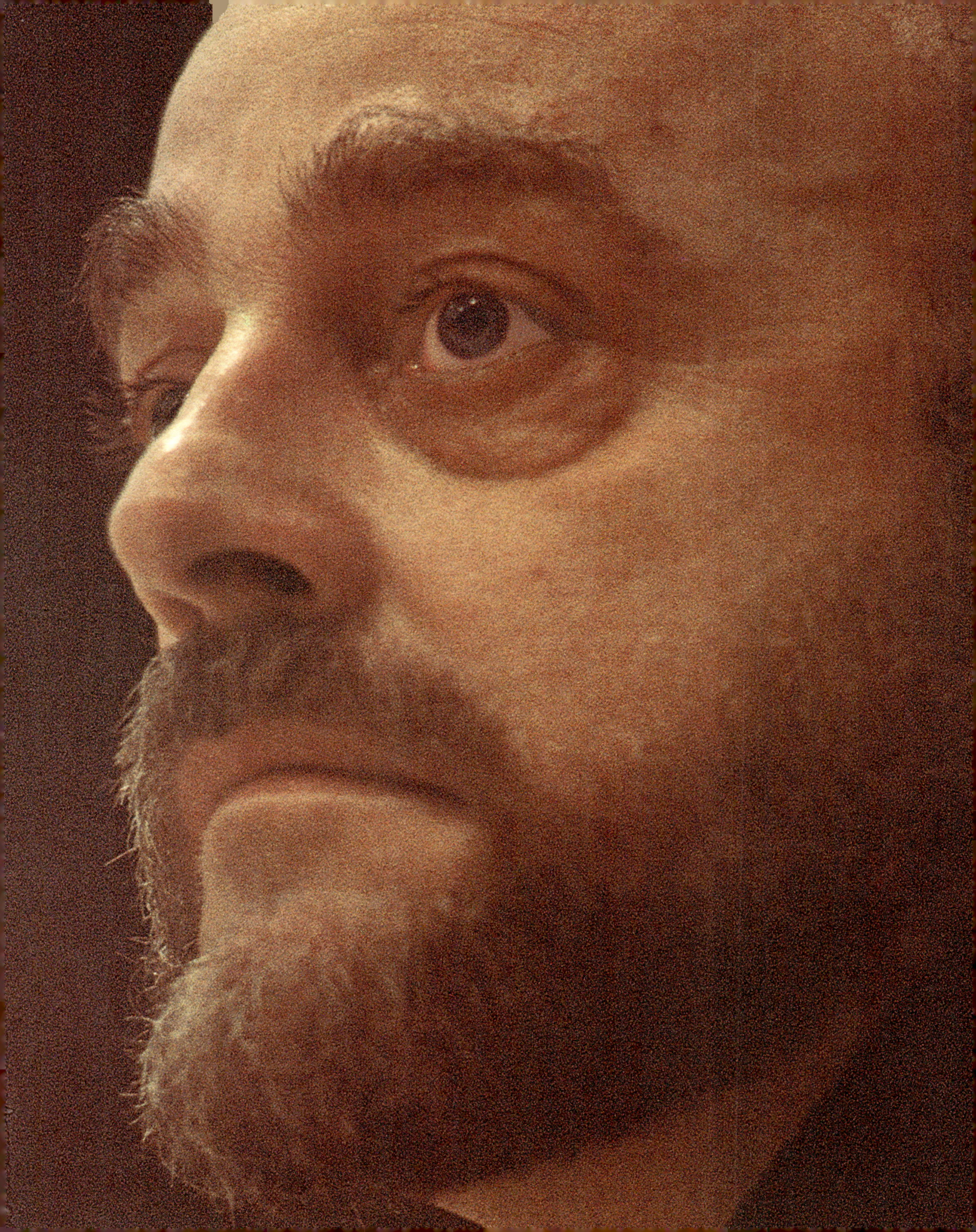

Auf dem Sprung zum Torwurf: Nur selten kommt ein Handballspieler so ungehindert zum „Schuß" wie der Großwallstädter Nationalspieler Kurt Klühspies (links). Meist fallen dem Stürmer ein oder zwei Abwehrspieler in den Wurfarm. Rechts: Arnulf Meffle wird vom TuS Hofweier in die „Mangel" genommen.

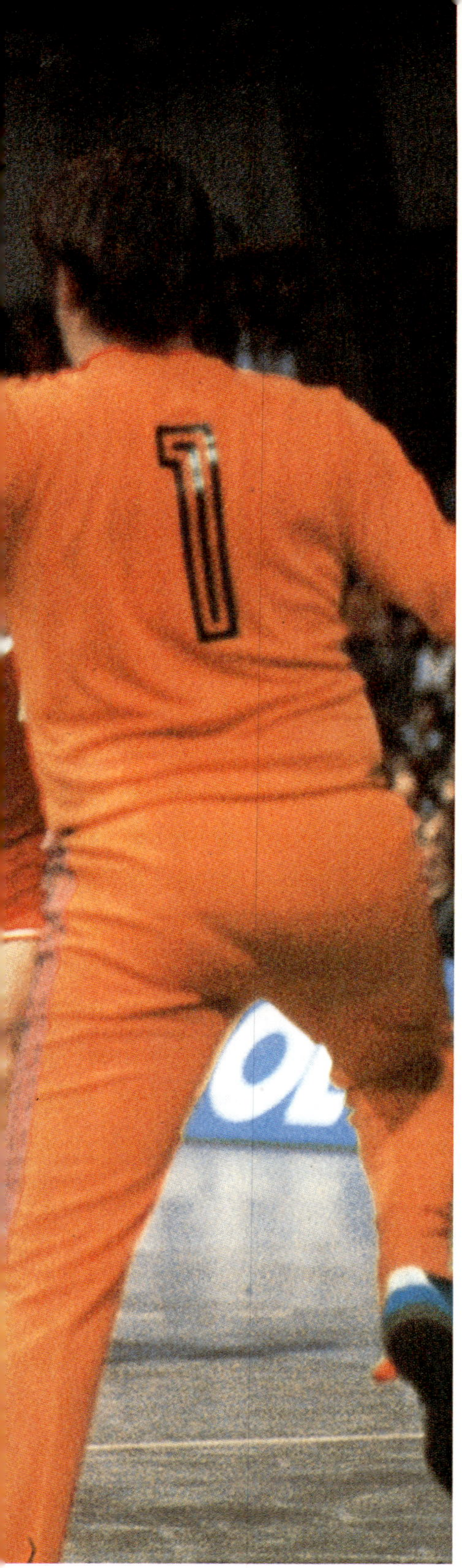
1

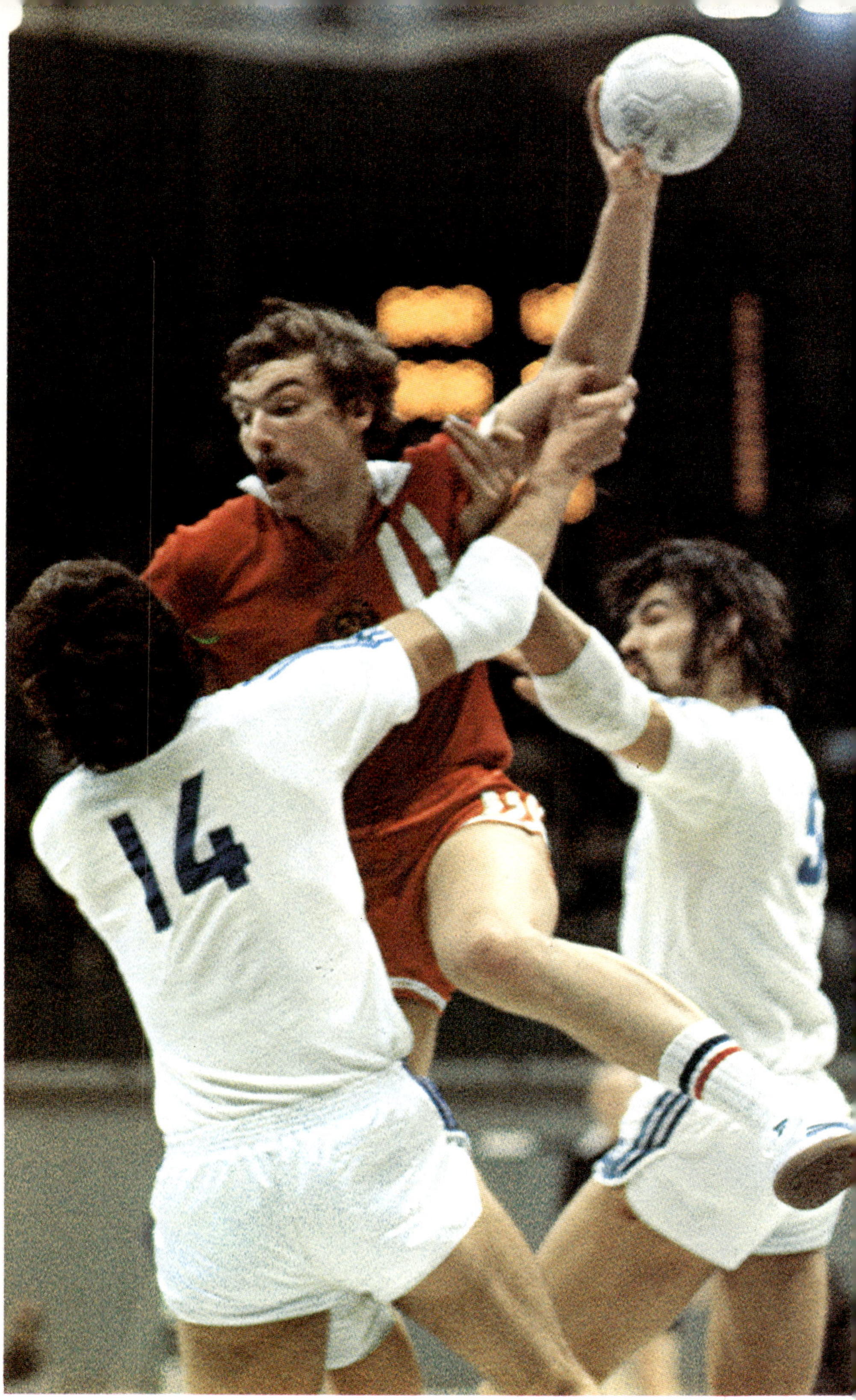
14

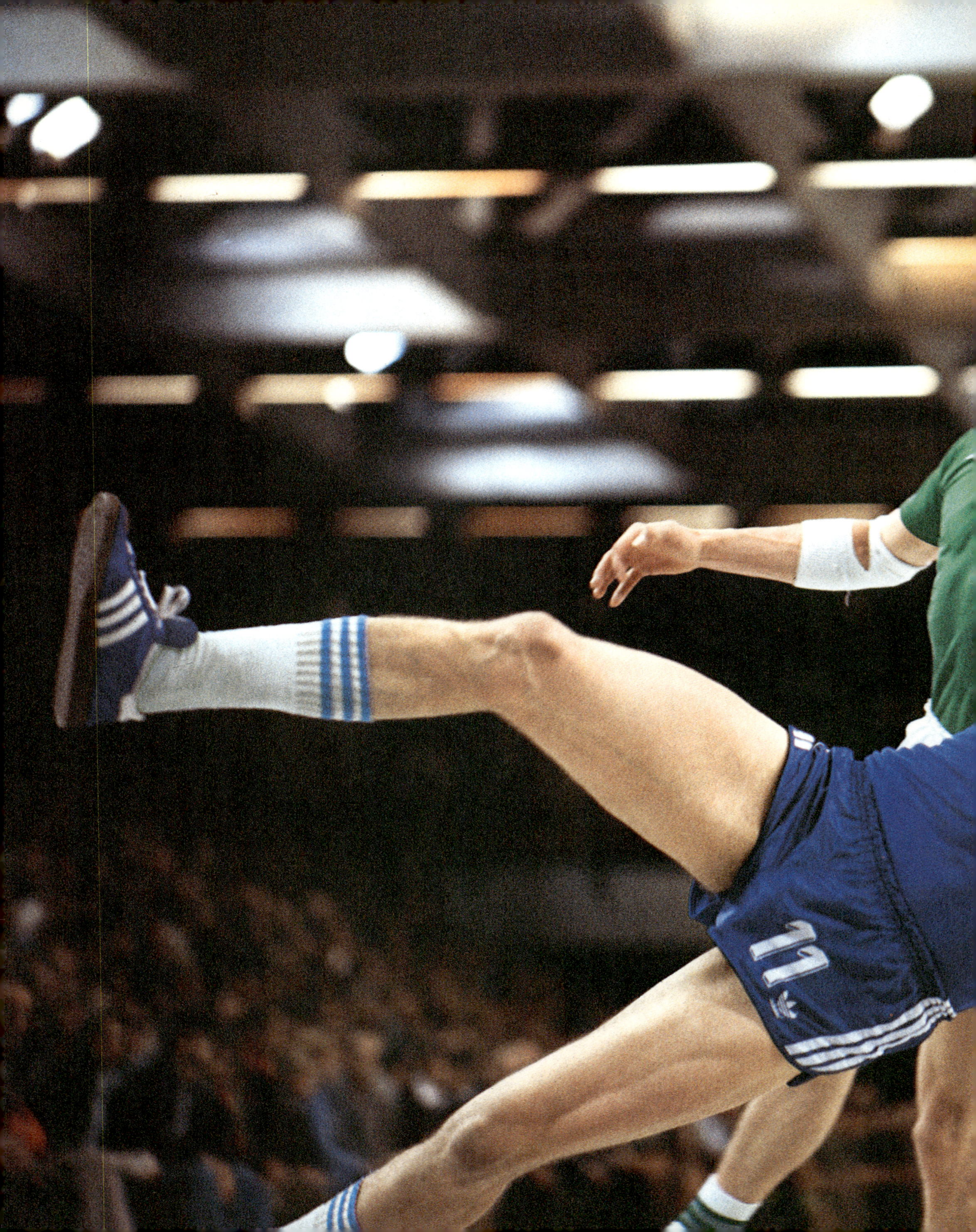
11

Ein Foto fürs Lehrbuch: So wird's gemacht! Selten gelingen so hervorragende Schnappschüsse einer vorbildlichen Abwehraktion. Der Angriff des Abwehrspielers gilt allein dem Ball in der Hand des Stürmers.

Fliegender Einsatz für Deutschland: Horst Spengler, der Kapitän der deutschen Weltmeister-Mannschaft, im Anflug auf das gegnerische Tor. Die Lücke zwischen Torpfosten und Torwart ist nicht sehr groß. Möglichst breit macht sich deshalb auch Manfred Hofmann, die Nr. 1 in deutschen Handballtoren (rechts).

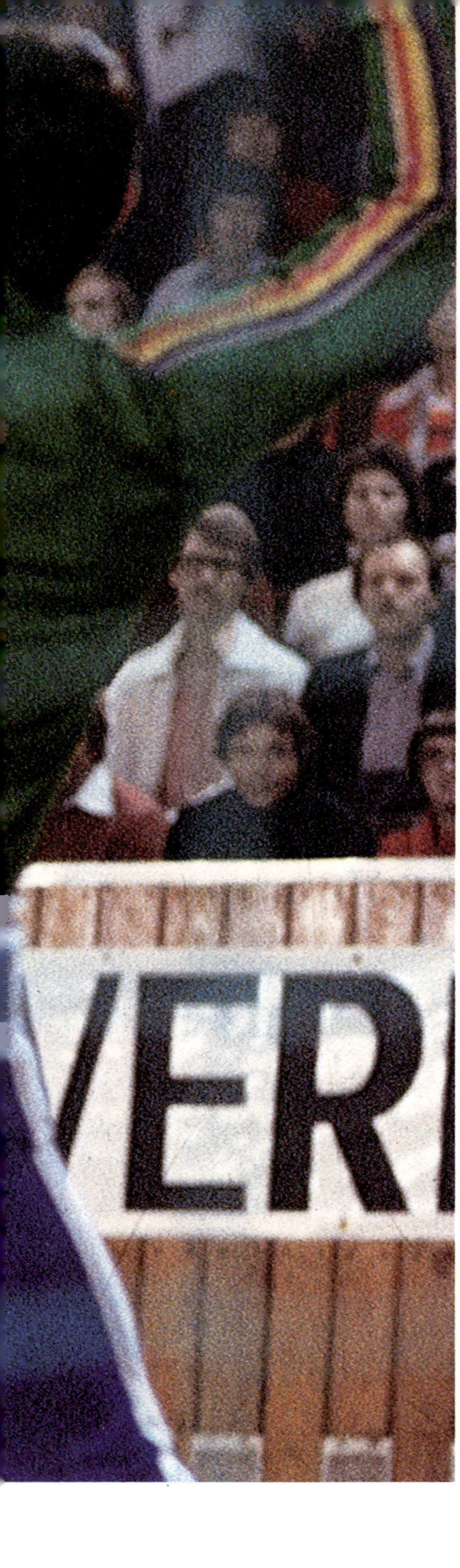

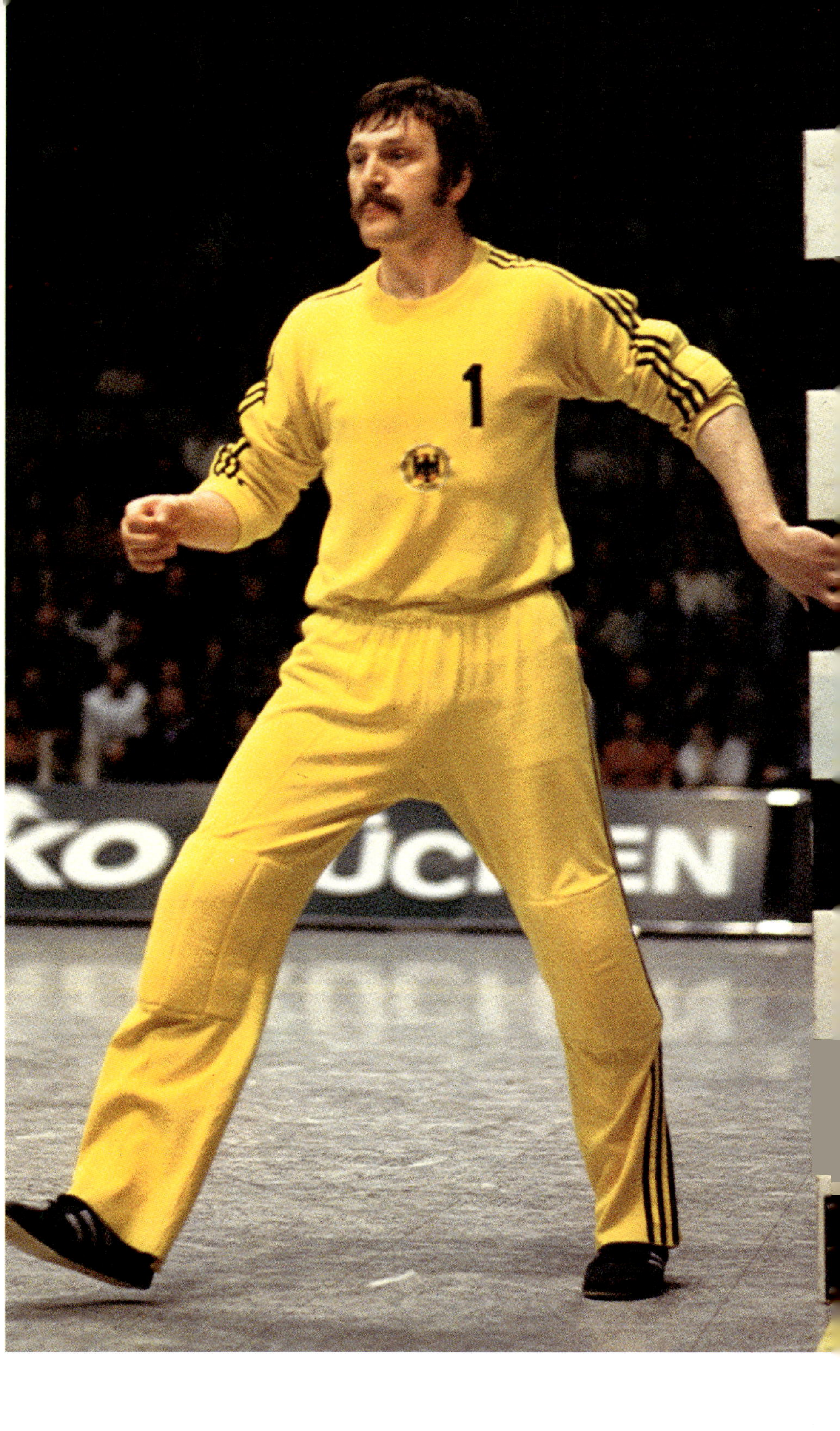

Tummelplatz Westfalenhalle: In Deutschlands größter Handball-Arena feierte der VfL Gummersbach, das erfolgreichste Clubteam der Welt, seine spektakulären Triumphe. Gummersbach, Europapokal und Westfalenhalle verschmolzen fast zu einem Begriff. Mehr als 13 000 Zuschauer verwandeln den gewaltigen Betonbau in Dortmund in einen Hexenkessel, wenn die Gummersbacher sich so energisch durchsetzen wie hier Kreisspieler Klaus Westebbe.

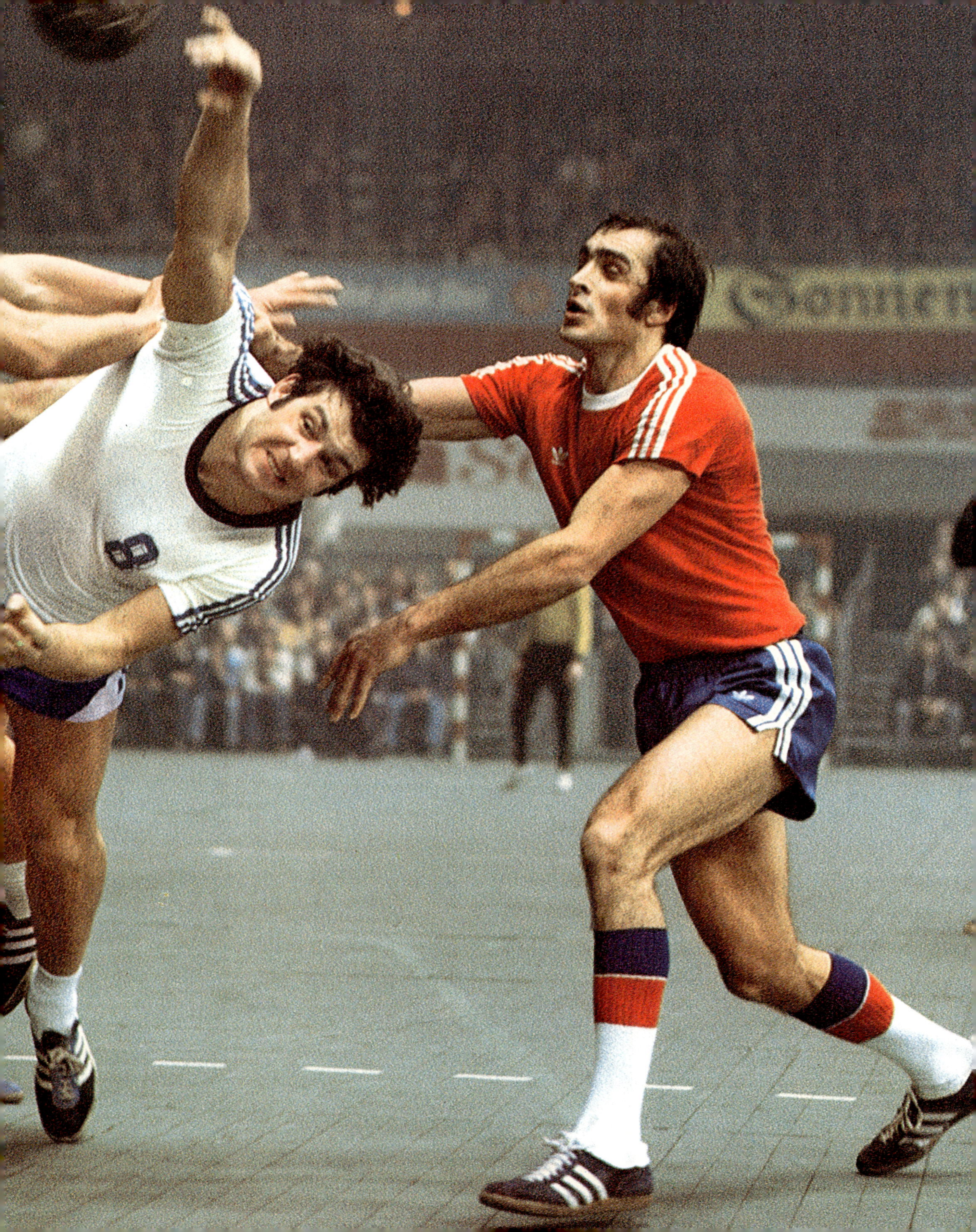

Es geht auch mit Gefühl: Ein polnischer Nationalspieler versucht hier, den deutschen Torwart Rudi Rauer mit einer „Bogenlampe" zu überlisten (links). Den direkten Weg zum Tor sucht dagegen Dieter „Jimmy" Waltke, Stenzels Joker im Kopenhagener WM-Finale gegen die Sowjetunion. Mit drei tollen Toren hintereinander brachte Waltke den Olympiasieger endgültig ins Wanken (rechts).

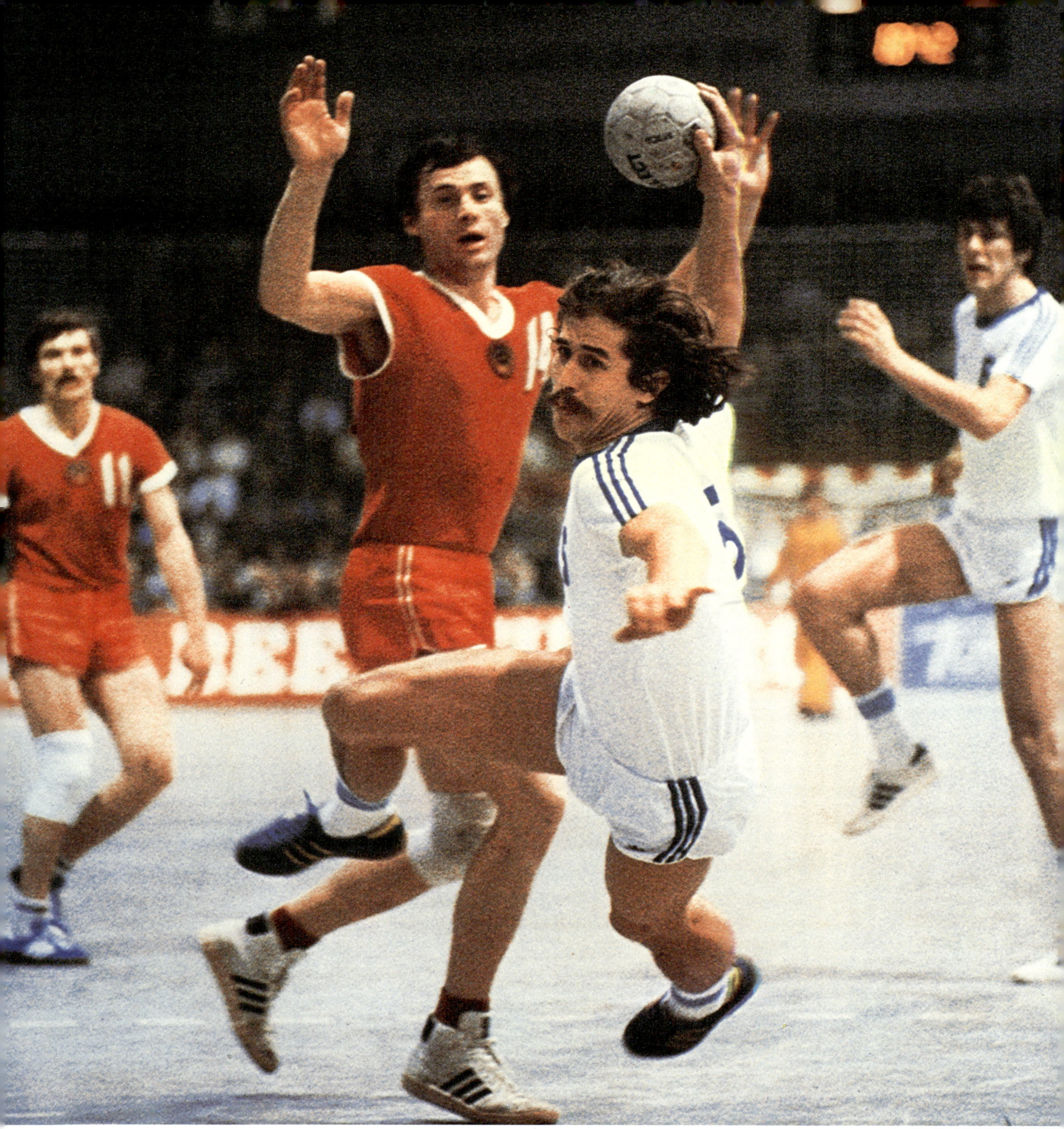

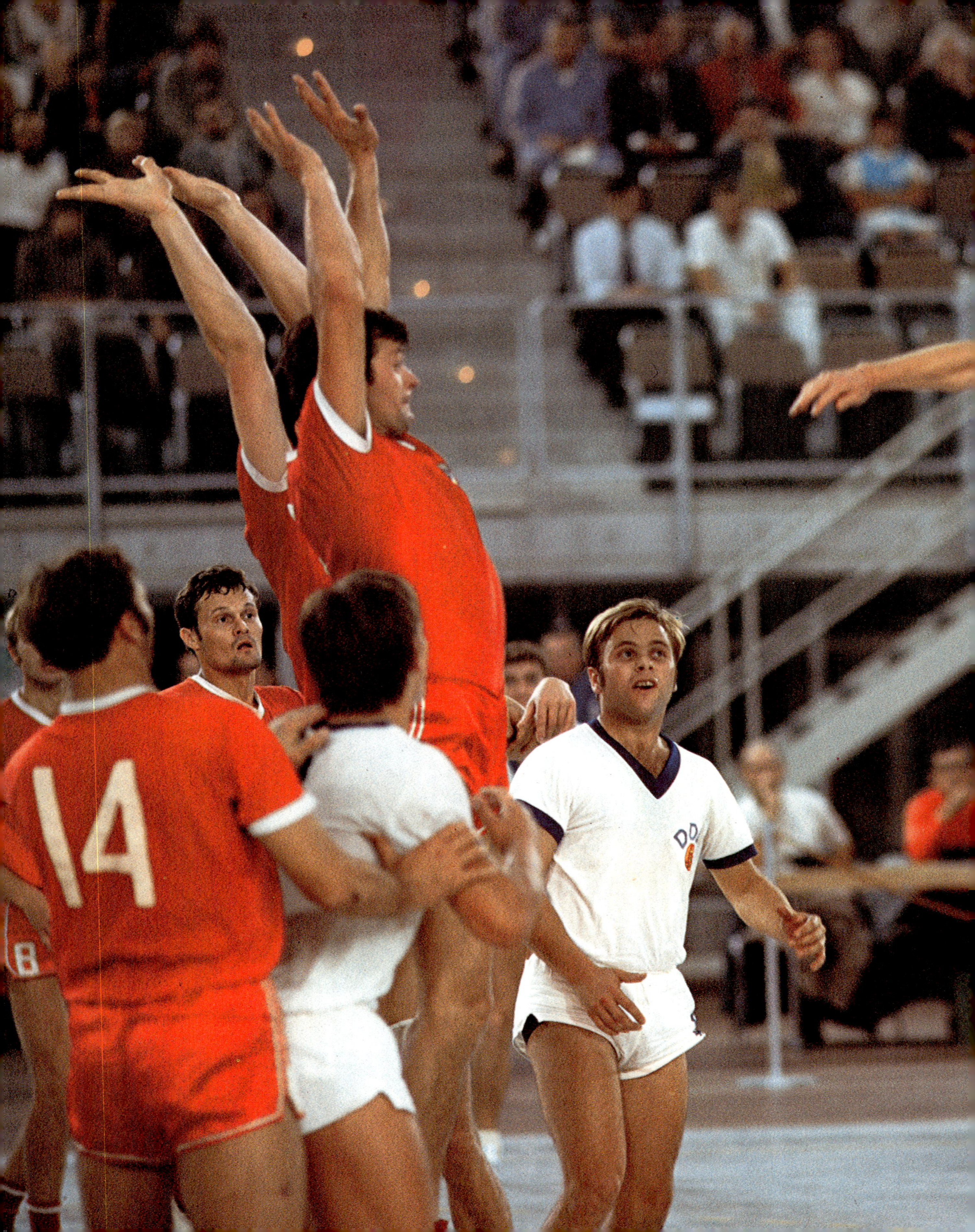
14

Achtung, Alarmstufe eins! Hoch rekken sich die Abwehrspieler des Olympiasiegers Sowjetunion, um den Sprungwurf eines DDR-Spielers abzublokken. Nicht immer ist dabei soviel Platz zwischen Angreifer und Verteidigung. Meist kommt man sich sehr viel näher.

Großer Mann, was nun? Erhard Wunderlich, mit 2,04 Meter stets eine herausragende Erscheinung auf allen Handballfeldern, wird von einem Gegenspieler am Torwurf gehindert. So gefürchtete Rückraum-Schützen wie der Gummersbacher Nationalspieler werden stets besonders hart attackiert.

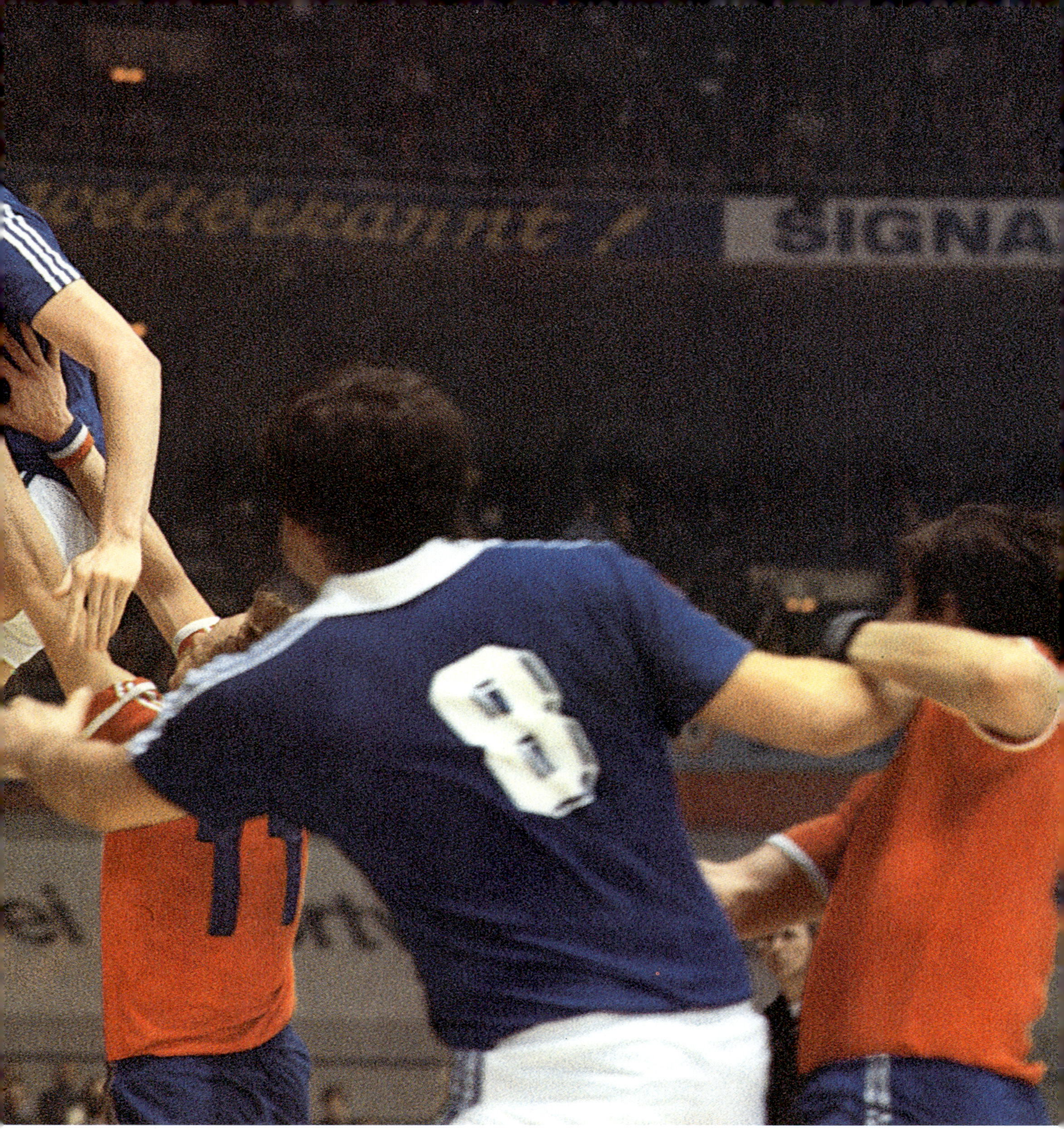

Hoch hinaus will Joachim Deckarm, einer der besten Handballspieler der Welt. Als ehemaliger Zehnkämpfer bringt der vielleicht populärste deutsche Nationalspieler nahezu ideale Voraussetzungen für das immer athletischer werdende Handballspiel mit. Wer zwei Meter im Hochsprung bewältigt, kann auch im Handball groß herauskommen.

dern" die Rede. Doch ich höre so etwas gar nicht so gerne. Wir hatten den Sieg nicht irgendeinem wundersamen Zufall zu verdanken, sondern harter, zielstrebiger Arbeit. Und dieser Erfolg gab meinen Spielern nun vor allem die Kraft, noch härter, noch konsequenter weiter zu arbeiten. Sie spürten: es lohnt sich.

Noch waren wir aber für Montreal nicht qualifiziert, noch stand uns das schwerste Stück Arbeit ja bevor: Das Rückspiel gegen die DDR am 6. März in Karl-Marx-Stadt. Aber wir hatten trotzdem mehr als eine Schlacht gewonnen. Die psychologische Wirkung unseres Sieges war gewiß ebensoviel wert wie die drei Tore Vorsprung. Der gefürchtete Hüne im DDR-Team, der Zwei-Meter-Mann Axel Kählert, war in München durch unsere konzentrierte Abwehrarbeit fast kaltgestellt worden. Drei seiner fünf Treffer erzielte er durch Strafwürfe. Alle DDR-Spieler merkten genau, wie gut wir sie studiert hatten. Und das machte sie unsicher.

Meine Spieler und ich konnten erst mal in Ruhe Weihnachten feiern. Ein schöneres Weihnachtsgeschenk als den Erfolg von München hätten wir uns gar nicht wünschen können. Und an Silvester war unser fester Vorsatz für das neue Jahr ganz klar: Wir fahren nach Montreal.

Den ersten Schritt nach Kanada machten wir schon am 22. Februar 1976 in Eppelheim, als wir das Rückspiel gegen die Belgier mit dem Rekord-Ergebnis von 34:6 (16:3) gewannen. DDR-Trainer Paul Tiedemann auf der Tribüne wurde ganz blaß. Die DDR hatte die Belgier im Rückspiel nämlich „nur" mit 35:18 geschlagen. So kamen wir in der Gesamtwertung der Belgien-Spiele auf ein Plus von fünf Toren gegenüber der DDR. Das war von großer Bedeutung. Denn wenn wir in Karl-Marx-Stadt mit drei Toren Unterschied verlieren sollten, die gesamtdeutsche Handball-Rechnung also unentschieden enden würde, dann entschieden die Ergebnisse gegen die Belgier. Da hatten wir also einen weiteren Trumpf in der Hand.

„Drüben" versuchte man derweil alles, um uns nervös zu machen. Bewußt wurde Karl-Marx-Stadt als Spielort gewählt, weil die bundesdeutsche Mannschaft zwei Jahre zuvor bei der Weltmeisterschaft dort so kläglich versagt hatte. Doch was hatte die Mannschaft von heute noch mit der von damals gemeinsam? So gut wie nichts. Nur Horst Spengler und Joachim Deckarm hatten noch Erinnerungen an Karl-Marx-Stadt '74. Doch auch sie hatten die Vergangenheit bewältigt. Sie ließen sich heute nicht mehr nervös machen.

In den letzten Testspielen gegen süddeutsche Bundesliga-Clubs bat ich die Zuschauer, die Nationalspieler auszupfeifen und niederzuschreien. Mit dieser Publikumsbeschimpfung sollte die Atmosphäre von Karl-Marx-Stadt simuliert werden. Meine Spieler sollten sich schon im Training an eine solche Kulisse gewöhnen.

Wie wichtig diese psychologische Vorbereitung war, sollte sich dann in Karl-Marx-Stadt nur zu deutlich zeigen. Uns schlug ein eisiger Wind entgegen, als wir in die umfunktionierte Eissporthalle kamen. Alles was westdeutsch war, wurde von Anfang an niedergeschrien. Unsere Schlachtenbummler unter den 4500 Zuschauern wirkten ganz verängstigt.

Über dieses Spiel hätte man allein ein Buch schreiben können, am besten einen Kriminalroman. An Spannung, Hektik und Dramatik war die Stunde von Karl-Marx-Stadt bestimmt nicht mehr zu überbieten. Ich hatte im Handball vieles schon erlebt, aber so etwas noch nicht.

Die DDR-Spieler stürzten sich wie wilde Löwen auf uns. Allein unser erster Angriff dauerte fünf Minuten, weil die Ostdeutschen ein Foul nach dem anderen begingen. Doch auch damit konnten sie uns nicht einschüchtern. Ich hatte meine Spieler wohlvorbereitet auf diese ersten Minuten, in denen oft Spiele schon entschieden werden, bevor es die Zuschauer richtig kapiert haben.

Aber nicht nur die erste, sondern auch die letzte Sekunde jenes Handball-Dramas war bereits ein Kapitel für sich. Es waren sogar nur Bruchteile einer Sekunde, die über Jahre entschieden, über eineinhalb Jahre harter Arbeit, über das Ende langer Laufbahnen hundertfacher Nationalspieler, über eine weite und lange Reise zu den Olympischen Spielen in Montreal und über die sportliche Zukunft bis zur nächsten Weltmeisterschaft, zwei Jahre später in Dänemark. Für die Dauer eines Wimpernschlages stand all dies auf der Kippe.

Zwei Spieler, der 27 Jahre alte Hans Engel aus Frankfurt an der Oder und der 28 Jahre alte Manfred Hofmann aus Großwallstadt unweit von Frankfurt am Main, mußten nach insgesamt 120 Minuten Hektik und Dramatik in einer Art Stichkampf, einem Siebenmeter, das deutsch-deutsche Duell entscheiden: „ihr" oder „wir".

Sieben Meter? In der Regel ist der Ball nur zwei, drei Meter in der Luft, bis er entweder den Torwart passiert oder von irgendeinem Körperteil abprallt. Da bleibt keine Zeit für Reaktionen, da bleibt auch kaum noch Zeit für Reflexe.

Was war es also, was in jenem wichtigen Moment alles entschied? Torwart Hofmann nannte es später einen Reflex, das Zucken eines Muskels am rechten Ort zur rechten Zeit. In diesem Fall hing also alles an irgendeiner Faser im linken Bein des 1,90 Meter großen und 90 Kilogramm schweren Torwarts aus Großwallstadt.

Wir wollen uns nicht länger damit aufhalten. Niemand kann etwas dafür: Kein Spieler, kein Trainer, kein Funktionär. Immer wieder gibt es im Leistungssport solch wichtige Winzigkeiten, die Hundertstel- oder sogar Tausendstelsekunden, die Bruchteile eines Torquotienten, den Hauch eines Millimeters; oft werden Welten dadurch getrennt.

Auch in Karl-Marx-Stadt war zwischen Triumph und Tragik keine Grenze mehr zu erkennen. Doch die Schrecksekunde für uns, als Horst Spengler lange nach Ende der regulären Spielzeit in der 65. Minute den letzten Strafwurf an Hans Engel verschuldete, und die Schrecksekunde für die anderen, als der Ball ans Bein des tüchtigen Manfred Hofmann prallte, bilden eben nur ein einziges Kapitel in dieser gesamtdeutschen Geschichte. Bevor unsere Spieler die 8:11-Niederlage als den wichtigsten Sieg in der Geschichte des Deutschen Handball-Bundes feiern konnten, hatte sich schließlich genug anderes ereignet.

Zum Beispiel die letzte Sekunde der ersten Halbzeit, als die reguläre Spielzeit ebenfalls bereits abgelaufen war und unserer Mannschaft durch die beiden ausgezeichneten schwedischen Schiedsrichter Olsson und Nilsson noch ein Freiwurf (wohlgemerkt: kein Siebenmeter-Strafwurf) zugesprochen wurde. Sechs Abwehrspieler und einer der besten Torhüter der Welt bauten sich vor Joachim Deckarm auf, und doch landete der Ball im Netz: ein normalerweise unglaubliches Kunststück. Statt 3:7 nur noch 4:7. Alle vier Treffer hatte Deckarm bis dahin erzielt. Kurz vorher schien eigentlich alles entschieden: 7:2 führte die DDR nach 26 von 60 Minuten und hatte damit ihr sportliches Plansoll, einen Sieg mit vier Toren Unterschied, bereits mehr als erfüllt. Montreal war für die DDR-Spieler greifbar nahe. Drei Minuten vor Spielende war ihnen Kanada dann wieder so weit entrückt, wie für jeden normalen DDR-Bürger auch. Joachim Deckarm erzielte mit einem Strafwurf seinen fünften Treffer: 8:9.

In drei Minuten hätte die DDR nun drei Tore werfen müssen. Normalerweise ein unmögliches Unterfangen. Doch was war in diesem Spiel noch normal? Als unsere Spieler ihren Erfolg bereits feierten, drohte ihnen alles wieder aus der Hand zu gleiten. 58. Minute: Strafwurf für die DDR; Engel erzielt das 8:10. 59. Minute: Strafwurf für die DDR; Engel erzielt das 8:11. 60. Minute: Strafwurf für die DDR; Engel vergibt das 8:12. Ich

Olympischer Jubel in Montreal: Die Russen feiern nach dem Sieg im Endspiel gegen Rumänien ihren ersten großen internationalen Erfolg im Hallenhandball.

hatte in diesen Sekunden ein Gefühl wie vor dem Tod: Jetzt ist alles aus, dachte ich, irgendwas war doch falsch. Bis zu dieser Sekunde hatte ich stets fest an unseren Erfolg geglaubt. Doch der letzte Strafwurf war zu viel. Da bin ich in Sekunden um Jahre gealtert. Als dann der Ball von Hofmanns Bein bis hoch an die Decke sprang, bin ich wie ein Wilder losgerannt und habe den Torwart fast umgebracht. Solche Momente sind schrecklich.

Eine solche Spannung sei wohl nicht mehr zu überbieten, meinte denn auch Staatssekretär Günter Gaus, der Leiter der Ständigen Vertretung der Bundesrepublik Deutschland in der DDR. Selbst der „Kühle aus dem Norden" war da nicht mehr ganz kalt geblieben.

Selten wohl ist in einem Hallenhandballspiel verbissener und verbitterter gekämpft worden. Selten waren Zuschauer fanatisierter als jene gut 4000 ausgesuchten Linientreuen, die alles ausbuhten und niederpfiffen, was westdeutsch war: Klassenkampf auf dem Parkett, Narrenfreiheit für sozialistische Choleriker auf den Rängen. Wie gesagt: Es war kein Spiel, eher ein physischer und psychischer Schlagabtausch.

„Wir haben selbst schuld an dieser Niederlage", meinte DDR-Cheftrainer Heinz Seiler später. „Wir haben uns die Niederlage bereits beim 14:17 in München eingehandelt." Nach 23 Jahren wollte Seiler nun die Betreuung der DDR-Nationalmannschaft abgeben. Zum Abschluß einer der längsten und erfolgreichsten Trainerlaufbahnen der Welt nur noch Verbitterung: Der zweimalige Weltmeisterschaftszweite muß in die Zweitklassigkeit des B-Turniers.

Auf der anderen Seite war nun der deutsche Handball, Sektion West, der genau zwei Jahre zuvor in derselben Halle beim Weltmeisterschaftsturnier mit einer 11:12-Niederlage gegen Dänemark die bitterste Stunde seit eh und je verbucht hatte, nun wirklich wie ein Phönix aus der Asche aufgestiegen. Das Länderspiel Nr. 299, das mit drei Toren Unterschied verloren wurde, ließ alle Fehlwürfe und Fehltritte der Vergangenheit in den Hintergrund treten. Wenn man so will, war der Triumph von Karl-Marx-Stadt '76 ohne die Trümmer von Karl-Marx-Stadt '74 gar nicht denkbar. Denn erst das Debakel brachte den DHB mit einem neuen Konzept ohne Kompromisse auf den olympischen Kurs nach Montreal und gleichzeitig auf den Weg zur Weltmeisterschafts-A-Gruppe in Dänemark. „Auferstanden aus Ruinen...", wie es den Spielern in Karl-Marx-Stadt vor dem Spiel noch in den Ohren geklungen hatte.

Drei Wochen nach dem olympischen Triumph der Eishockey-Spieler in Innsbruck hatte der westdeutsche Sport ein neues kleines Wunder zu verzeichnen, noch dazu auf Kosten der sonst so übermächtigen DDR. „Motivation und Beweis für alle Sportarten, daß wir auch in unserem System mit unseren Mitteln Siege erringen können", meinte Präsident Thiele.

Sehr sachlich und nüchtern wurde in Fernsehen, Rundfunk und Presse der DDR das Ausscheiden der ostdeutschen Spieler in der Hallenhandball-Olympiaqualifikation gegen die westdeutsche Mannschaft kommentiert. Die Enttäuschung kam zwar überall durch, doch letztlich versuchte man, das ganze Ereignis, das an jenem Samstag -zig Millionen in beiden Teilen Deutschlands vor den Fernsehschirmen mehr gefesselt hatte als jeder Kriminalfilm, herunterzuspielen: Eine Qualifikation wurde verloren, nicht mehr und nicht weniger.

Die Suche nach dem „Schuldigen" fand zumindest offiziell nicht statt. Auf direkte Vorwürfe wurde in jedem Kommentar verzichtet, man übte allenfalls pauschale Kritik an spieltechnischen oder -taktischen Mängeln. Die „Nationalzeitung", das offizielle Blatt der „Nationaldemokratischen Partei Deutschlands", nannte das Spiel von Karl-Marx-Stadt das „Nonplusultra an unbändigem Kampfeswillen und zumutbarer Härte, an riesengroßer Hoffnung und grenzenloser Enttäuschung".

Die „Junge Welt" bemängelte, daß bei einigen DDR-Spielern unter der großen Last der Verantwortung und „bei der bissigen BRD-Deckung" der notwendige Zug zum Tor gefehlt habe und daß an diesem Abend nicht alle das bei diesem Gegner notwendige volle Leistungsniveau erreicht hätten. Der Mannschaft der Bundesrepublik wurde vor allem Nervenstärke zugesprochen.

Im Ost-Berliner „Sport-Echo" wurde auf das München-Spiel und die Begegnungen mit den Belgiern hingewiesen: „Die Krönung mißlang, weil wir uns in den Belgien-Spielen und in München in diese Situation hineinmanövriert hatten und am Ende in Karl-Marx-Stadt nicht aus ihr herausfanden, obwohl es genügend Möglichkeiten dafür gab." Deshalb habe sich auf dem Parkett von Karl-Marx-Stadt eine taktische Konstellation widergespiegelt, wie man es deutlicher nicht habe erwarten können: „Die BRD wollte Tore verhindern und Zeit schinden, wir mußten Tore werfen und Zeit sparen."

An untergeordneter Stelle berichtete das „Neue Deutschland" über das für Deutschland an diesem Wochenende gewiß herausragende Sportereignis. „Wenige Minuten nach dem Schlußpfiff gratulierte DDR-Trainer Heinz Seiler bei der internationalen Pressekonferenz dem jugoslawischen BRD-Trainer Vlado Stenzel zur Qualifikation für die Olympischen Spiele in Montreal", schrieb das Blatt. „Es entschied letztlich der größere Eifer im Torewerfen gegen die Belgier...", fuhr die Zeitung fort und meinte, „damit wäre schon alles gesagt". Trotzdem ging der Kommentar weiter: „Daß der Gegner nicht aufsteckte, konnte niemanden verblüffen. Die ‚Schuld' womöglich dem gescheiterten Siebenmeterschützen anlasten zu wollen, würde wenig sportliches Verständnis verraten. Wir würden ihm und seinen Mannschaftskameraden eher bestätigen wollen, daß sie bis zur letzten Sekunde kämpften. Und nach dieser letzten Sekunde nach Mängeln und Fehlern zu forschen, scheint auch nicht sonderlich sinnvoll."

Daheim wurden wir fast schon wie Olympiasieger gefeiert. Immer wieder wurde ich gefragt, was für mich wertvoller sei: Der Olympiasieg mit Jugoslawien oder die Olympiaqualifikation mit Deutschland. Natürlich kann man das eine mit dem anderen nicht vergleichen. Das sind zwei ganz verschiedene Dinge. Die erste olympische Goldmedaille, die 1972 in München im Hallenhandball vergeben wurde, wird immer etwas ganz Besonderes bleiben. Aber auch der schnelle Aufstieg des bundesdeutschen Handballs mit dem Qualifikationssieg über den zweimaligen WM-Zweiten DDR war sicherlich etwas Einmaliges. Rein emotional gesehen gab es bei mir wohl keine großen Unterschiede. Olympiasieg '72 und Olympiaqualifikation '76 haben mich gleichermaßen mitgerissen.

Schon vor dem ersten Spiel beim olympischen Turnier in Montreal hatten wir unser großes Ziel also erreicht: Dabeisein. Zur weiteren Vorbereitung auf Montreal blieben nur noch vier Monate. Doch jetzt brauchte ich keinen Spieler mehr zu motivieren oder psychologisch aufzubauen. Jetzt wußte wirklich jeder, daß wir wieder wer waren. Was ich persönlich bis dahin nicht gewußt hatte: Wieviel Freunde ich in Deutschland doch hatte. Nun verstummten auch die letzten Kritiker, war von „Ostblock-Methoden" keine Rede mehr.

Ich will mich hier nicht lange mit der Vorbereitung auf Montreal aufhalten. Die wichtigste Aufbauphase hatte ich hinter mir, jene Phase, in der es noch auf jede Trainingsstunde, jeden Test und jedes Länderspiel ankam. Jetzt hatten wir immerhin schon ein solides Fundament. Der Stamm der Mannschaft blieb auch in Montreal zusammen. Natürlich wurde hart weitergearbeitet. Wie hart, das bekam vor allem der junge Walter van Oepen aus Schalksmühle zu spüren, der etwa zehn Kilo abtrainieren mußte. Als er nach einem Lehrgang fix und fertig war, meinte Jürgen Hahn aus Leutershausen zu seinem Konkurrenten um denselben Platz im Rückraum: „Walter, du wirst bestimmt 100 Jahre alt." – „Warum?", wollte van Oepen natürlich wissen. Hahn: „Weil du heute schon wie 90 aussiehst."

Für mich war es ein gutes Zeichen, daß ausgerechnet Dänemark unser erster Gegner in Montreal sein würde. An den Dänen hatte sich mein Schicksal als jugoslawischer und später als deutscher Bundestrainer entschieden. Mir persönlich hatten die Dänen immer Glück gebracht. Und das war auch in Montreal nicht anders. Mit dem 18:14-Sieg über Dänemark verlief unser olympischer Start ganz nach Plan. Nun konnten wir den sechsten Rang, der die Qualifikation für die Weltmeisterschaft 1978 in Dänemark brachte, wohl kaum noch verfehlen. Denn die nächsten beiden Spiele brachten uns sogenannte leichte Gegner. Allerdings taten wir uns beim 19:16-Sieg über die flinken Japaner schwerer als erwartet. Keinerlei Mühe hatten wir dagegen beim 26:11 über den olympischen Gastgeber Kanada.

Mit drei Siegen in drei Spielen hatten wir unser olympisches Soll also schon erfüllt. Der sechste Platz war uns sicher. Nun wollten wir aber noch mehr. Doch da kamen uns die Russen und zwei Schiedsrichter dazwischen. Mit 16:18 gab es gegen die Sowjetunion die erste Niederlage im vierten olympischen Spiel, eine sehr ärgerliche, weil vermeidbare Niederlage. Die Russen hatten kurz zuvor 18:20 gegen die Jugoslawen verloren und kämpften nun gegen uns um ihre letzte Medaillenchance. Meine Spieler waren noch nicht clever genug, um mit den russischen Routiniers richtig fertigzuwerden.

Das nächste Spiel war für mich persönlich das schwerste seit vielen Jahren. Olympiasieger Jugoslawien wollte gegen uns im fünften Spiel den fünften Sieg feiern und damit zum zweitenmal das olympische Finale erreichen. Das war schon ein merkwürdiges Gefühl, die eigene Aufbauarbeit nun mit aller Macht selbst zu bekämpfen.

Natürlich kannte ich die Jugoslawen besser als jede andere Mannschaft. Immerhin waren noch einige Spieler dabei, die ich vier Jahre zuvor in München zur Goldmedaille geführt hatte. Doch Sentimentalitäten konnte ich mir in Montreal nicht leisten. Mein Platz war nun auf der deutschen Trainer-Bank, da gehörte ich hin und nur daran wollte ich denken.

Und meine Jungs legten sich ins Zeug, als wollten sie den Jugoslawen ganz besonders beweisen, was sie alles bei mir gelernt hatten. Mitte der zweiten Halbzeit führten wir bereits 17:12. Doch dann bekamen unsere Spieler auf einmal Nerven. Plötzlich wurde ihnen bewußt: Mensch, wir führen ja mit fünf Toren gegen den Olympiasieger. Das darf doch gar nicht wahr sein. Und schon wurde ihnen schwindlig angesichts der hohen Führung. Die Jugoslawen nutzten mit Hilfe der beiden norwegischen Schiedsrichter diese Schwäche: Zehn Siebenmeter gegen uns, aber nur zwei für uns, sechs Strafminuten gegen uns, aber keine gegen die Jugoslawen. Dabei waren die Jugoslawen gewiß nicht weniger hart zur Sache gegangen als wir.

In der letzten Minute führten wir nur noch 18:17. Die Hektik hatte ihren Höhepunkt erreicht. Da endlich: Siebenmeter für uns, 24 Sekunden vor Spielende. Wer soll werfen? Ich bestimme Joachim Deckarm. Doch Jo hat sich von der allgemeinen Nervosität anstecken lassen. Er vergibt. Die Jugoslawen greifen an. Ein Tor noch und sie sind im Finale. Ein Tor noch und wir können um keine Medaille mehr spielen. Doch es fällt kein Tor mehr. Der letzte Angriff der Jugoslawen wird abgewehrt.

Meine Landsleute sind zu Tode betrübt. Ihnen bleibt jetzt nur noch das Spiel um den fünften Platz, die Russen sind im Finale, und die deutsche Mannschaft spielt um den dritten Rang. Allein die Tordifferenz entscheidet über das olympische Glück. Denn die Russen, die Jugoslawen und die Deutschen haben nach den fünf Gruppenspielen alle 8:2 Punkte, die Russen aber die beste und die Jugoslawen die schlechteste Tordifferenz. Die Russen können sich bei uns bedanken. Durch den Erfolg über die Jugoslawen haben wir ihnen das Finale beschert, das sie dann auch prompt mit 19:15 gegen die Rumänen gewinnen.

Die Geduld der Russen, trotz aller internationalen Mißerfolge in den letzten zehn Jahren immer noch an den alten Recken wie Maximow und Klimow festzuhalten, zahlte sich, für alle Experten überraschend, doch noch aus. Die Rumänen hatten es ebenfalls noch mal mit einer Art Veteranenteam versucht, aber Penu, Gatu oder Licu zeigten sich diesmal überfordert. Die Rumänen, die sowohl in München als auch in Montreal als amtierender Weltmeister ins olympische Turnier gegangen waren, konnten sich immerhin damit trösten, ihre Bronzemedaille von '72 vier Jahre später versilbert zu haben.

Kaum zu trösten waren dagegen meine jungen Spieler, die im Spiel um die Bronzemedaille den Polen in der Verlängerung mit 18:21 unterlagen, nachdem sie in den letzten drei Minuten regulärer Spielzeit in einem mitreißenden Endspurt aus einem 14:17-Rückstand noch ein 17:17 gemacht hatten. Doch die sechs Spiele in zwölf Tagen forderten dann ihren Tribut.

Mir war klar, daß die jungen Spieler erst noch lernen mußten, um Medaillen zu spielen. Einige hatten das nicht verkraftet, so nah am olympischen Segen zu sein. Medaillen hatten für 1976 ohnehin noch nicht in der Planung gestanden. Das Erfolgsziel war erst für Moskau 1980 avisiert, mit der Weltmeisterschaft 1978 in Dänemark als Zwischenziel. Doch ich hatte natürlich nichts dagegen, wenn man auf dem Weg zum Erfolg von morgen schon in der Gegenwart gewinnen würde.

,,Jetzt sehen die Spieler wenigstens, daß Stenzels hartes Training nicht umsonst war'', meinte Bundesspielwart Heinz Jacobsen bei einer Pressekonferenz in Montreal sichtlich erleichtert, ,,bei längerer Vorbereitung dieser Art können wir auch wieder ganz nach vorne kommen.'' Ich war ganz seiner Meinung. Aber dann müßte man daheim in den Vereinen vom vielerorts noch üblichen ,,Trimm-Trab'' mit nur zweimal oder dreimal Training pro Woche in denselben Galopp übergehen, den ich mit vierzehn leistungswilligen Spielern in der Vorbereitung auf Montreal vorgelegt hatte.

Mit dem letzten Spiel beim olympischen Turnier in Kanada hatte für mich bereits die Vorbereitung auf die Weltmeisterschaft 1978 in Dänemark begonnen. Wer im Hochleistungssport Erfolge haben will, darf keine Minute verschenken. Nach dem Spiel ist vor dem Spiel, sage ich meinen Spielern immer wieder.

Sicher sollte der Olympiakader von Montreal auch den Stamm für die nächste Weltmeisterschaft bilden, doch in zwei Jahren kann viel passieren. Jeder neue talentierte und leistungswillige Spieler war willkommen. Eine neue Zeit des Testens und Sichtens begann, wenn auch nicht im selben Ausmaß wie unmittelbar nach meinem Amtsantritt.

Nach mehr als hundert Tagen harten Einsatzes für die Olympischen Spiele waren wir es unseren strapazierten Nationalspielern allerdings erst einmal schuldig, Rücksicht auf schulische und berufliche Interessen zu nehmen. Einige Stammspieler bekamen so etwas wie Urlaub vom internationalen Leistungssport, darunter zum Beispiel auch Mannschaftskapitän Horst Spengler.

Doch ich wollte in dieser Zeit des Atemholens natürlich nicht nur Däumchen drehen. Personellen Notstand kann es in einem so großen Verband nicht geben, nur weil ein paar Nationalspieler pausieren. Unter dem Motto ,,Dem Nachwuchs eine Chance'' nutzte ich die Gelegenheit, nahezu ein Dutzend neuer Spieler im harten Test internationaler Treffen auf Herz und Nieren zu prüfen. Siege (wie über Norwegen, 20:13 in Bremen und 18:15 in Hannover) oder Niederlagen (wie gegen die Tschechoslowakei oder Schweden) hatten dabei für mich keine Bedeutung. Die personelle Zwangslage war gut für Tests, aber natürlich schlecht für Ergebnisse.

Mit den sieben ,,Musketieren'' von Montreal (die Torhüter Hofmann und Rauer sowie die fünf Feldspieler Deckarm, Brand, Klühspies, Spengler und Ehret) als Gerüst plante ich konsequent den Neuaufbau für Dänemark. Selbst drei Niederlagen an drei Tagen im November 1976 (erst 13:17 gegen die Tschechoslowakei in Eppelheim, dann 17:18 und 14:19 in Schweden) konnten mich nicht beirren. Mochten da ruhig einige Funktionäre lamentieren, daß ich dem Deutschen Handball-Bund auf diese Weise die ganze schöne Länderspiel-Statistik kaputt mache.

,,Nicht zu Unrecht'', so meinte damals die Deutsche Presse-Agentur, ,,fürchtete der Delegationsleiter des Deutschen Handball-Bundes, Rechtswart Dr. Stegmeier, daß durch Serienniederlagen in als Sichtungstests benutzten offiziellen Länderspielen mit nur noch fünf Olympiateilnehmern das gerade erst wiedergewonnene Image des deutschen Handballs leiden könnte.''

Doch Länderspiele, ob offiziell oder inoffiziell, können kein Selbstzweck mehr sein, sondern nur noch Zwischenstationen auf dem Weg zu den wahren sportlichen Zielen wie Weltmeisterschaften oder Olympischen Spielen. Wenn nicht in diesen privaten Ländertreffen die Gelegenheit zum wirklich harten internationalen Test neuer Spieler genutzt wird, wann dann? Da muß man eben auch den Mut zur Niederlage haben und nicht darauf achten, was nachher in den Zeitungen steht. Ich habe es bereits gesagt: Es kommt nicht darauf an, wie oft man siegt, sondern, wann man siegt.

Nach zwei weiteren Länderspielen in Rumänien (11:19 am 19. November in Bukarest und 14:16 am 20. November in Brasov) nominierte ich meine stärkste Mannschaft erstmals wieder für das traditionelle Ostsee-Pokal-Turnier Mitte Januar 1977 in der DDR.

Parallel dazu lief die Vorbereitung für die Junioren-Weltmeisterschaft. Die besten Junioren sollten nach der WM in Schweden mit in die Senioren-Nationalmannschaft eingebaut werden.

Handfeste Hinweise für die Kräfteverhältnisse im internationalen Hallenhandball lassen sich zwischen Olympischen Spielen und Weltmeisterschaften nur bei wenigen Turnieren sammeln. Zwar dürfte sich ein Jahr nach Montreal und ein Jahr vor Dänemark nichts Grundlegendes an der Großwetterlage in einer Sportart geändert haben, in der von Jahr zu Jahr der Wind aus dem Osten immer stärker wurde, doch muß man sich den rauhen Wind möglichst oft um die Ohren wehen lassen, um wetterfest zu werden. Das gilt vor allem für jene drei Bollwerke des Westens, die sich in den letzten Jahren im Sturm aus dem Osten immer noch einigermaßen behaupten konnten. Gemeint sind neben dem Deutschen Handball-Bund der Bundesrepublik noch die Handballverbände von Schweden und Dänemark. Beim Weltturnier 1974 in der DDR waren es allein die Dänen und bei den Olympischen Spielen in Montreal nur wir gewesen, die als Vertreter des Westens die Endrunde gegen lauter Konkurrenz aus dem Osten erreicht hatten.

Vor gut zwanzig Jahren, als der Handball zu seinem großen Umzug in die Halle ansetzte, als die Deutschen aus Ost und West noch gemeinsam zu Felde zogen und dort auch unbesiegt blieben, waren die Schweden einmal die Welt- und Lehrmeister im Hallenhandball gewesen. Im ersten Spiel des Ostsee-Pokals waren die Schweden in Schwerin unser Gegner. Mit 19:17 konnten wir die erste Kraftprobe für uns entscheiden, auch wenn die Leistungen nicht gerade überragend waren. Die 3000 Zuschauer in Schwerin nahmen uns übrigens ausgesprochen freundlich auf. Kein Vergleich mehr mit dem Fanatismus von Karl-Marx-Stadt ein Jahr zuvor. „Wir hätten heute das DDR-Publikum im Sturm erobern können", erkannte Bernhard Thiele ganz richtig. Aber wir waren noch nicht richtig in Schwung.

Auch beim 18:14-Erfolg über die Junioren-Auswahl der DDR lief noch nicht alles richtig zusammen. Doch im wichtigsten Spiel, dem Treffen mit Olympiasieger Sowjetunion, gelang uns dann die beste Leistung seit Montreal. Das 21:23 (9:12) gegen die starken Russen war für unsere Verhältnisse an diesem Tag soviel wie ein Sieg wert. Die Mehrzahl der 5300 Zuschauer in der seit Wochen ausverkauften Schweriner Sporthalle feierten uns als moralischen Sieger und pfiffen die Russen aus. Trotz einiger Hundertschaften sowjetischer Soldaten auf den Rängen waren die Sympathien unüberhörbar auf unserer Seite. Selbst die beiden DDR-Schiedsrichter Hensel und Rauchfuß hatten einen schweren Stand gegen ihre Landsleute auf den Rängen. Gellende Pfeifkonzerte und Schieberrufe dröhnten durch die Halle, wenn die beiden Unparteiischen die Russen bevorteilten.

Wenn man wußte, wie lange die Russen in dieser Besetzung schon zusammen spielten, und wie umfangreich sie sich allein auf das Ostsee-Pokal-Turnier vorbereitet hatten, dann war das knappe Ergebnis für uns schon mehr wert, als man zu diesem Zeitpunkt erwarten durfte. Es wäre sogar auch vom Ergebnis her ein „richtiger" Sieg für uns möglich gewesen, wenn da nicht im Tor des Olympiasiegers ein Teufelskerl namens Istschenko gestanden hätte, der allein drei Strafwürfe abwehrte und bei zahlreichen weiteren sogenannten todsicheren Torchancen nahezu unglaubliche Reflexe zeigte. Und während es vor dem Tor des russischen Zauberers wie verhext zuging, konnte der sonst so zuverlässige Manfred Hofmann in mehr als zwanzig Minuten nicht einen einzigen Ball abwehren. Dafür zeigte sich dann zum Schluß Rainer Niemeyer aus Dankersen voll auf dem Posten. Doch zweifellos hatte da Istschenko das Spiel für seine Mannschaft schon gerettet. Überragende Torhüter können in solchen Spielen allein für Erfolg oder Mißerfolg verantwortlich werden.

Mein sowjetischer Kollege Jewtuschenko gab später sichtlich erleichtert eine Runde Wodka aus. Der Trinkspruch galt dem Handball schlechthin, der nach seiner Meinung immer so farbig und begeisternd sein sollte wie an jenem Abend: „Da hat sicher jeder Zuschauer sein Vergnügen gehabt."

Das Ostsee-Pokal-Turnier wurde für uns zu einer Kopie des olympischen Turniers von Montreal. In beiden Fällen wurde das entscheidende Gruppenspiel gegen die Sowjetunion etwas unglücklich mit zwei Toren Unterschied verloren, beide Male qualifizierten wir uns für das Spiel um den dritten Platz, beide Male hieß der Gegner Polen, und beide Male verloren wir in der Verlängerung. Also nichts Neues im Handball-Westen?

Natürlich ist ein vierter Rang in einem Turnier, das lediglich den sieben Anliegern eines kleinen Meeres vorbehalten ist, wobei die Norweger 1977 erstmals anstelle der Finnen Gastrecht genossen, weniger wert als dieselbe Placierung bei dem weltweiten olympischen Ereignis. Rumänen, Tschechoslowaken, Jugoslawen und Ungarn bilden schließlich neben den Russen, den Polen, den Deutschen aus Ost und West sowie den Dänen und Schweden den Elitekreis der zehn stärksten Handball-Verbände der Welt. So gesehen war der vierte Rang hinter der DDR, der UdSSR und den Polen für uns schon so etwas wie ein letzter Platz, wenn man davon ausgeht, daß die Vormachtstellung der Bundesrepublik im Westen eigentlich selbstverständlich sein sollte und man sich in internationalen Vergleichen allein nach Osten orientieren kann.

Während das Turnier für die DDR mit einem Triumph endete, einem völlig überraschend hohen 19:13-Sieg über die UdSSR, mußten wir uns im Spiel um den dritten Platz gegen eine neuformierte polnische Mannschaft in der Verlängerung mit 25:26 geschlagen geben. Dabei hatten wir Mitte der zweiten Halbzeit noch mit drei Toren Vorsprung geführt. Plötzlich tauchten ausgerechnet da Fehler auf, wo zuvor unsere Stärken waren: In der Abwehr. Dadurch hatten auch die beiden Torhüter Hofmann und Niemeyer einen schweren Stand. Es war mal wieder eine Niederlage zum Lernen. Und Niederlagen, aus denen man lernt, können schon wieder Siege sein.

„Die Westdeutschen können einfach keine Turniere gewinnen", war in einer Hamburger Zeitung zu lesen.

Wir können keine Turniere gewinnen? Noch im selben Jahr wollten wir es allen Kritikern zeigen. Im Oktober 1977 war es dann soweit. Wir gewannen ohne Punktverlust das Vierländerturnier in Ljubljana. „Was ist das Besondere an diesem Turnier?", hatte ich meine Spieler vorher gefragt. Achselzucken. „Das Besondere ist, daß wir dieses Turnier gewinnen werden", klärte ich sie dann auf. Mit Jugoslawien, der Tschechoslowakei und Dänemark wurden drei renommierte Gegner innerhalb von drei Tagen geschlagen. Es begann mit einem 20:19-Erfolg über die Tschechoslowaken. Dann wurden die Dänen, die zuvor immerhin die Jugoslawen mit 29:27 besiegt hatten, mit 21:17 (11:10) recht sicher geschlagen. Und schließlich

Engpaß in der deutschen Abwehr: Zwischen Kurt Klühspies (links) und Horst Spengler ist auch für einen wendigen rumänischen Nationalspieler kein Durchkommen mehr.

gelang auch Gastgeber Jugoslawien nicht die groß angekündigte Olympia-Revanche. Mit 17:16 (8:9) waren wir wieder um ein Tor besser.

Endlich mal Erster. Das war wirklich wichtig für das Selbstbewußtsein einer so jungen Mannschaft, die erst wenige Monate zuvor durch die besten Juniorenspieler wie Wunderlich, Freisler oder Meffle ergänzt worden war. Das Durchschnittsalter war damit noch weiter gesunken.

Froh und stolz kehrten wir zurück. Doch zwei Länderspiele gegen Island Anfang November in Ludwigshafen und Elsenfeld sollten uns schnell wieder ernüchtern. Beim 18:16 (10:9) in Ludwigshafen wurden wir von einigen Zuschauern sogar ausgepfiffen.

Wenn es gegen Island geht, dann meinen die Leute immer, das sei so ein Gegner wie Liechtenstein oder Luxemburg. Doch Hallenhandball ist in Island eine Art Volkssport. Da wird in vielen Vereinen härter trainiert als in unseren Bundesliga-Clubs. Nicht von ungefähr haben sich auch so renommierte deutsche Vereine wie Dankersen oder Göppingen isländische Spieler als Verstärkung geholt. Und wie stark die Isländer daheim auf ihrer Insel sind, das hatten wir im Vorjahr bei zwei Niederlagen in Reykjavik (14:18 und 8:10) am eigenen Leibe erfahren.

Von einem leichten Spiel konnte also gar keine Rede sein. Trotzdem waren die Leute mit unserem 18:16-Sieg in Ludwigshafen nicht zufrieden. Morgen wird alles besser, hatte ich damals den Journalisten versprochen. Doch 24 Stunden später in Elsenfeld wurde das zweite Länderspiel wegen ständiger Bombendrohungen nach 45 Minuten abgebrochen. Immerhin führten wir zu dieser Zeit mit 17:12.

„Isländer decken den Bluff von Laibach auf", schrieb dann der Düsseldorfer „Sport-Informations-Dienst". Und es wurde spekuliert, daß in Laibach die Jugoslawen und Tschechoslowaken, die für die Weltmeisterschaft in Dänemark als unsere Vorrunden-Gegner ausgelost worden waren, nicht mit vollem Einsatz gespielt hätten, um uns über ihre wahre Stärke zu täuschen. Doch als Trainer erkennt man sehr wohl, ob eine Mannschaft voll spielt oder nicht.

Heinz Jacobsen sprach von einem „Warnschuß zur rechten Zeit". Es sei vielleicht ganz gut gewesen, daß wir noch einmal gemerkt hätten, daß die Bäume nicht in den Himmel wachsen. Aber ein so kritischer Trainer wie ich braucht keine Warnschüsse. Wir wußten sehr wohl, was die Stunde geschlagen hat, vor den Island-Spielen schon und auch nachher.

Auch die nächsten beiden Länderspiele, drei Wochen später in Hamburg und Münster gegen Weltmeister Rumänien (19:19 und 18:18), zeigten mir, daß wir auf dem richtigen Weg waren. Optimisten und Pessimisten kamen da gleichermaßen auf ihre Kosten. In den ersten dreißig Minuten wirbelten wir die Rumänen sowohl in Hamburg (Halbzeitstand 13:9), als auch in Münster (11:9) so vehement durcheinander, daß ihnen Hören und Sehen verging. Arno Ehret aus Hofweier, der schon in Montreal zu den besten Außen-Spielern des olympischen Turniers gezählt hatte, zeigte dabei mit sechs Toren in Hamburg, daß er nach Hofmann, Brand, Deckarm, Klühspies und Spengler ebenfalls ein Weltklassespieler geworden war. Die schnellen Steilangriffe des Linksaußen aus Hofweier rissen die 4000 Zuschauer in der ausverkauften Halle von Hamburg von den Sitzen. Fast jede Torchance wurde schulmäßig herausgespielt. Wir zeigten Handball wie aus dem Lehrbuch.

Solch ein Angriffswirbel kostet natürlich Kraft. In den zweiten dreißig Minuten ging meinen Spielern dann in Hamburg wie in Münster etwas die Luft aus. Müde Spieler machen aber keine Tore. So konnten die Rumänen beide Male im Schlußspurt noch ausgleichen. Daß wir spielerisch auch mit dem vierfachen Weltmeister mithalten konnten, hatten wir nachdrücklich bewiesen. Alles andere war eine Frage der Kondition. Und da wollte ich schon dafür sorgen, daß dies bei der Weltmeisterschaft in Dänemark keine Frage mehr sein würde.

Schon bei den letzten beiden Länderspielen des Jahres, kurz vor Weihnachten in München und Göppingen gegen Polen, hielten die Kräfte länger. Innerhalb von 48 Stunden wurden die Polen mit 19:16 und 29:19 geschlagen. Torwart Hofmann zeigte dabei wieder einmal eine Kostprobe seines großen Könnens. Selbst sein Kollege und Konkurrent Rudi Rauer meinte später: „Besser kann ein Torwart nicht mehr spielen."

Worüber ich mich aber in Göppingen am meisten freute: Die Junioren wurden immer selbstbewußter. Mit sechs Toren war Erhard Wunderlich, der Zwei-Meter-Mann aus Gummersbach, an diesem Abend nicht nur nach Zentimetern der Größte auf dem Feld. Und auch Manfred Freisler aus Großwallstadt schaffte mit vier erfolgreichen Würfen endlich den Durchbruch. Solche Erkenntnisse sind wichtiger als einzelne Ergebnisse.

Trotzdem war auch in München und Göppingen noch eine gewisse Kluft zwischen den Leistungen in der ersten und der zweiten Halbzeit gewesen. Die „FAZ" nannte uns einen „Weltmeister für dreißig Minuten". Na, das war immerhin schon die Hälfte eines Ziels, an das viele gar nicht zu glauben wagten.

Ich habe hier nicht über alle Länderspiele, Testtreffen und Lehrgänge berichtet, auch nicht über die ungezählten Gespräche und Diskussionen mit meinen Spielern. Allein damit könnte ich Bände füllen. Ich habe nur versucht, die für mich wichtigsten Stationen aufzuzeigen, jene Ereignisse, die für bestimmte Ergebnisse später bedeutend waren. So könnte man auch unsere letzten beiden Länderspiele wenige Tage vor Beginn der Weltmeisterschaft Ende Januar 1978 durchaus übergehen. Die Siege über Spanien in Düsseldorf (24:18) und Duisburg (23:19) waren nur ein letztes Training für den WM-Auftakt drei Tage später in Odense. Meine Mannschaft sollte mit frischer Spielpraxis gleich in das erste WM-Treffen gehen. Denn die Deutschen galten bei den früheren Weltmeisterschaften stets als schlechte Starter. So hatte man es mir jedenfalls berichtet. Sie kamen erst nach einigen Spielen richtig in Schwung. Doch da war es dann meistens schon zu spät.

Wir mußten aber in Odense von der ersten Minute an topfit sein. Denn schon im ersten Spiel am 26. Januar stand für uns eine Vorentscheidung auf dem Programm. Ein Sieg über die Tschechoslowakei könnte uns bereits mit einem Bein in die zweite Hauptrunde bringen. Und in einem ungemein harten und dramatischen Spiel gelang uns dann tatsächlich ein 16:13-Erfolg.

Bei etwas mehr Wurfglück wäre der Sieg noch weit höher ausgefallen. Doch manche Spieler wollten es im entscheidenden Moment zu gut machen. Zum Beispiel der Dietzenbacher Claus Hormel, der erst in letzter Minute für den verletzten Nürnberger Peter Stulle ins WM-Aufgebot gekommen war. Hormel scheiterte gleich dreimal bei sogenannten todsicheren Torchancen an dem überragenden CSSR-Torwart Packa.

Sieben verschiedene Spieler erzielten unsere ersten sieben Tore. Dadurch wußten die Tschechoslowaken nie, von welcher Seite ihnen die größte Gefahr drohte. Auf diese Ausgeglichenheit setzte ich auch für die weiteren Spiele. Die Gegner sollten rätseln: Wer wirft die deutschen Tore?

Aber zunächst kamen wir selbst ins Rätseln. Und zwar beim zweiten Spiel gegen die Kanadier in Ringe, einem kleinen Ort dreißig Kilometer südlich von Odense. Trotz unseres hohen 20:10-(7:3)-Sieges konnte ich keineswegs zufrieden sein. Zwei Tage nach dem prächtigen Kampf gegen die Tschechoslowaken waren einige Spieler merkwürdig verkrampft. Wir wollten uns so richtig freispielen und mindestens mit dreizehn Toren Unterschied gewinnen, um im Falle einer Punktgleichheit mit den Jugoslawen die bessere Tordifferenz zu haben. Wie wichtig so etwas sein kann, das hatten wir ja in der Olympiaqualifikation mit der DDR und Belgien sowie beim olympischen Turnier in Montreal erfahren.

Die Jugoslawen hatten die Kanadier zum Auftakt in Odense mit 24:11 geschlagen. Das überbieten wir leicht, dachten wir uns. Doch dann stand es nach einer Viertelstunde erst 2:1. Die Jugoslawen hatten da schon 8:0 gegen die Kanadier geführt. Offensichtlich hatten einige Spieler den Gegner trotz aller Warnungen unterschätzt. Man wollte das ganz lässig mit links machen. Aber dann gab es die ersten Schwierigkeiten, Nervosität kam auf und schließlich klappte nichts mehr richtig.

Es gibt immer wieder solche Tage. 24 Stunden später war der Spuk von Ringe aber schon vergessen. Wieder führte ich die deutsche Mannschaft zu einem triumphalen Sieg über meine Landsleute aus Jugoslawien. Nach unserem deutlichen 18:13-Erfolg spielte das Ergebnis gegen Kanada keine Rolle mehr.

Die Jugoslawen waren mit sehr gemischten Gefühlen in dieses Spiel gegangen. Wir hatten sie schließlich schon in Montreal um jede Medaille gebracht und hatten in ihrem Land ein Turnier gewonnen. Selbst ein so erfahrener Spieler wie der 33 Jahre alte Horvath, den ich einst zum Kapitän der jugoslawischen Nationalmannschaft gemacht hatte, schien völlig zu verkrampfen, als er gegen das neue Team seines alten Trainers anzutreten hatte. Die Jugoslawen wußten eben, daß ich alles von ihnen wußte. Das machte sie unsicher, unruhig, nervös. Sie hatten praktisch schon vor dem Anpfiff verloren. Dabei ging es in diesem Spiel nicht nur um den Sieg in der Vorrunden-Gruppe A, sondern auch schon um die ersten Punkte für die Hauptrunde. Dieses Treffen war also doppelt wichtig für beide. Der Verlierer konnte kaum noch das Endspiel erreichen.

Wie bei unserem Sieg über die Tschechoslowakei kauften wir auch den Jugoslawen mit unserer Kampfkraft von der ersten Minute an den Schneid ab. „Da ist Power drin", meinten jugoslawische Journalisten, die in ihrem Sprachschatz vergeblich nach einem ähnlichen Ausdruck für diese Mischung aus Kraft, Gewalt und Siegeswillen suchten.

Natürlich ging es in diesem Spiel nicht zimperlich zu. Beide Abwehrreihen verteidigten mit aller Härte ihr Tor. Die Jugoslawen aber brachten zusätzlich Brutalität ins Spiel. Mitte der zweiten Halbzeit verloren sie ihren Torjäger Radjenovic durch totalen Platzverweis; die letzten zwölf Minuten mußten sie deshalb mit fünf Feldspielern auskommen. Radjenovic hatte nach einem mißglückten Torwurf unseren Kapitän Horst Spengler mit einem Faustschlag ins Gesicht zu Boden gestreckt – die Nerven hatten nicht mehr mitgespielt.

Auch wir hatten einige kritische Minuten zu überstehen. Als aber in zehn Minuten aus einem 2:4-Rückstand eine 7:4-Führung gemacht wurde, war an unserem Sieg nicht mehr zu zweifeln. Joachim Deckarm,

Um jeden Zentimeter wurde im deutsch-deutschen Qualifikationsspiel für Montreal gekämpft. Busch kommt hier zwar schon zu spät, aber für solche „Fälle" gibt es ja auch noch Torwart Hofmann.

der die ersten vier Tore allein erzielte, riß seine Mannschaftskameraden zu einer tollen Leistungssteigerung mit.

Als sich die Jugoslawen dann immer härter auf Deckarm stürzten, nutzte Rechtsaußen Arnulf Meffle seine große Chance. Meffle, mit 21 Jahren der Jüngste im Team, kam in seinem 14. Länderspiel ganz groß heraus. Immer wieder sprang er in die Kombinationen der Jugoslawen, fing den Ball ab, sprintete über das ganze Feld und ließ dem jugoslawischen Torwart mit placierten Sprungwürfen keine Chance. Mit insgesamt sieben Toren war Meffle neben Torwart Hofmann der Held des Tages. Mein Schachzug, Torwart Hofmann tags zuvor nicht im Spiel gegen Kanada einzusetzen, sondern als Beobachter zum Spiel Jugoslawien – Tschechoslowakei (17:16) zu schicken, hatte sich voll ausgezahlt. Hofmann hatte die Eigenheiten der jugoslawischen Spieler beim Torwurf noch einmal studieren können.

Außer uns waren in den anderen drei Vorrunden-Gruppen nur die Polen ohne Punktverlust über die ersten drei Spiele gekommen. Doch mit Schweden, Japan und Bulgarien hatten die Polen keineswegs so starke Gegner wie wir gehabt. Das Team der DDR hatte trotz einer 10:12-Niederlage gegen Ungarn die zweite Hauptrunde mit 2:0 Punkten erreicht, weil die Ungarn durch eine Niederlage gegen Rumänien (21:22) in der Vorrunde auf der Strecke blieben. Die Rumänen wiederum hatten mit 16:18 gegen die DDR verloren. Und dieses Ergebnis wurde mit in die Hauptrunde genommen.

In Kopenhagen kam es dann am 31. Januar wieder zum deutsch-deutschen Duell. Doch diesmal waren wir – leider – nicht mehr die Außenseiter. Diesmal wurde ein Erfolg fast schon erwartet. Die psychologische Belastung war für uns deshalb stärker als zwei Jahre zuvor in der Olympiaqualifikation. Und in der DDR brannte man natürlich auf Revanche. Mit einem neuen Trainer (Paul Tiedemann für Heinz Seiler) und vielen neuen Spielern sollte die frühere Rangordnung im deutschen Handball wieder hergestellt werden: Ost vor West.

Es ging praktisch schon um das Finale. Der Sieger würde das Endspiel kaum noch verpassen können. Unsere Spieler standen wieder – wie zwei Jahre zuvor in Montreal – dicht vor einem ganz großen Ziel. Und das schien nicht nur die Jüngsten wie Wunderlich, Freisler oder Meffle zu lähmen, sondern auch einen so erfahrenen Mann wie Manfred Hofmann. Nach vierzehn Minuten stellte ich dann Rudi Rauer ins Tor, kurz vor der Pause noch einmal Hofmann, und in der zweiten Halbzeit spielte wieder Rauer. Ich war auf der Suche nach einem guten Torwart an diesem Abend. Von der vierten Minute an lagen wir stets im Rückstand, manchmal sogar mit drei Toren Unterschied. Bei Halbzeit stand es 7:9.

Alles schien sich gegen uns verschworen zu haben, einschließlich der beiden dänischen Schiedsrichter Svensson und Carlsson, die peinlich darauf bedacht schienen, nur nicht in den Ruf zu kommen, „westfreundlich" zu sein. Dann vergaben Deckarm und Wunderlich auch noch zwei Siebenmeter. Freisler und Meffle wurden immer nervöser. Es war nicht leicht, die Moral der Mannschaft hochzuhalten.

Aber dann riß Kurt Klühspies das Steuer herum. Mit insgesamt fünf Toren (davon zwei Siebenmeter) gegen den überragenden DDR-Torwart Wieland Schmidt wurde er zum erfolgreichsten Torschützen auf dem Feld. Darauf hatte ich gebaut. Immer wieder andere Spieler mußten sich durchsetzen, wenn es bei diesem oder jenem mal nicht so richtig lief. Vorgestern Deckarm, gestern Meffle, heute Klühspies und morgen vielleicht Wunderlich. Eine Mannschaft, die so flexibel in der Torejagd ist, läßt sich nicht so leicht unterkriegen.

Als die DDR-Spieler nur noch an den Schlußpfiff dachten und ängstlich darauf bedacht waren, ihren immer knapper werdenden Vorsprung zu verteidigen, da gelang Heiner Brand, unserem cleveren Abwehrorganisator, zwei Minuten vor Spielende ein Husarenstück, wie man es nur selten erlebt. Bei einem Freiwurf für die DDR sprang er blitzschnell dazwischen, angelte sich den Ball und stürmte allein auf das DDR-Tor zu. Er sprang so vehement in den Kreis, daß er fast zusammen mit dem Ball ins Tor flog. Wieland Schmidt hatte nicht die Spur einer Chance: 14:14. Und dabei blieb es, trotz aller Hektik und Dramatik in den letzten 100 Sekunden.

Die DDR-Spieler waren völlig mit den Nerven herunter. Wieder hatten sie im entscheidenden Moment gegen uns versagt. Das Unentschieden war für uns wie ein Sieg, für die DDR wie eine Niederlage, weil wir wegen

Im Hallenhandball geht man immer wieder auf Tuchfühlung. DDR-Spieler Klaus Gruner (Nr. 9) packt Horst Spengler am Trikot. Joachim Deckarm versucht derweil sein Glück mit einem Sprungwurf (links). Der Einsatz beim deutschdeutschen WM-Spiel in Dänemark zahlte sich aus. Das 16:16 war für die Bundesrepublik soviel wie ein Sieg wert. Entsprechend groß war die Freude bei den bundesdeutschen Spielern (unten).

der besseren Tordifferenz immer noch vor der DDR lagen. Das Endspiel war weiterhin greifbar nahe. Auf jeden Fall aber hatten wir uns nun schon für das olympische Turnier 1980 in Moskau qualifiziert. Denn die ersten sechs der Weltmeisterschaft bekamen automatisch die olympische Qualifikation. Und der sechste Platz war uns bereits sicher.

Doch wer sprach in Kopenhagen schon von Olympia? Hier und heute ging es um die Weltmeisterschaft. Wir standen mit einem Bein im Endspiel! Aus Deutschland kamen immer mehr Handball-Fans angereist. Auch neue Journalisten kamen. Wir spürten: Jetzt stehen wir voll im Blickpunkt, obwohl zur selben Zeit auch die alpinen Ski-Weltmeisterschaften in Garmisch-Partenkirchen stattfinden. Presseleute versicherten uns, daß wir den Ski-Akrobaten die Show gestohlen hätten.

Aber noch war von Platz eins bis sechs bei dieser Weltmeisterschaft alles möglich. Kein anderer als Titelverteidiger Rumänien, der viermalige Weltmeister, wollte uns auf dem Weg ins Endspiel noch ein Bein stellen. Die Rumänen selbst hatten durch eine 16:17-Niederlage gegen die Jugoslawen zwar schon alle Chancen verspielt, doch für sie ging es am 2. Februar in Helsingör vor allem um die staatliche Förderung im eigenen Land. Sie kämpften bereits mit dem Rücken zur Wand, hatten praktisch nichts mehr zu verlieren und waren so gefährlich wie ein angeschossener Tiger.

Doch der Spielverlauf in Helsingör machte meine Spieler leichtsinnig. Nach einem hervorragenden Start führten wir nach 14 Minuten bereits

Schrei, wenn du kannst. Heiner Brand wird beim Kopenhagener WM-Finale von den Russen in die Mangel genommen. Maximow (Nr. 3) schreckt sogar vor einem Tiefschlag nicht zurück.

7:2. Was sollte nun noch schiefgehen? Auf den Rängen wurde nur noch über die Höhe unseres Sieges diskutiert.

Aber eine so erfahrene Mannschaft wie die der Rumänen hat natürlich nicht über Nacht das Handballspielen verlernt. Angesichts des drohenden Debakels ging es wie ein Ruck durch diese Mannschaft. Penu kam für Munteanu ins Tor. Die Abwehr wurde umgestellt. Immer verbissener, immer härter stürzten sie sich in den Kampf – und holten auf: Tor für Tor. Bei Halbzeit führten wir nur noch 8:6. Nach vierzig Minuten stand es 9:9.

Nun hieß es auch für uns: Kampf um jeden Preis. Jetzt mußte auch Joachim Deckarm, der am Morgen noch mit Grippe im Bett gelegen und nicht am Training teilgenommen hatte, trotz seines Fiebers in das hitzige Gefecht. Und Jo zeigte mit seinen Toren zum 10:9 und 11:9, welch außergewöhnlicher Athlet er ist. Mit einem gesunden Deckarm hätten wir an diesem Abend bestimmt nicht so viele bange Minuten überstehen müssen.

In den letzten Sekunden ging es dann drunter und drüber. Die beiden dänischen Schiedsrichter Rodil und Ohlson verloren die Übersicht, schenkten den Rumänen in letzter Minute einen Strafwurf, den Birtalan zum 17:17 nutzte und pfiffen unseren letzten Angriff neun Sekunden vor Spielende wegen Zeitspiels ab. Es blieb beim 17:17.

Nun kam alles darauf an, wie das Spiel DDR gegen Jugoslawien ausgegangen war. Als wir die Nachricht vom 16:16 in Kalundborg bekamen, flossen bei einigen Spielern Tränen der Freude. Damit waren wir im Finale. Für die DDR blieb nur das Spiel um den dritten Platz.

Eigentlich hatten wir jetzt schon mehr erreicht, als ich selbst geglaubt hatte. Mannschaftskapitän Horst Spengler aber sprach für alle: „Jetzt holen wir auch den Titel." Arno Ehret kam am Abend vor dem Finale zu mir und meinte ganz ernst: „Morgen kann ich wohl nicht spielen." – „Warum nicht?", fragte ich ganz überrascht. Ehret: „Weil ich keinen Waffenschein für meinen Arm habe." So frech waren die Jungs schon. Die Zuversicht war schon fast beängstigend. Immerhin hatte sich Olympiasieger Sowjetunion als unser Finalgegner qualifiziert, und die Russen hatten uns in der Vergangenheit als einzige Mannschaft mehrfach das Fell über die Ohren gezogen. In Montreal hatten sie uns bereits um eine Medaille gebracht. Im Ostsee-Pokal hatten sie uns geschlagen und auch unsere letzte Niederlage vor der WM bescherten uns die Russen: Am 15. März 1977 in Böblingen mit 16:20. Zwei Tage zuvor hatten wir sie in München 18:16 besiegt, ebenso wie am 16. März in Offenburg: 13:11 für uns. Auf die Erfahrung aus diesen drei Spielen in vier Tagen baute ich. Die Russen waren gute „alte Bekannte" für uns.

Für mich gab es für das Finale deshalb zwei Favoriten: Den Olympiasieger Sowjetunion und den neuen Weltmeister. So jedenfalls erzählte ich es augenzwinkernd den Journalisten.

Am Rosensonntag war es dann soweit: Wir wurden wirklich Weltmeister! Als einzige von 16 Mannschaften hatten wir die sechs Spiele bei der Weltmeisterschaft in Dänemark ungeschlagen überstanden und in Kopenhagen das Finale gegen den Olympiasieger Sowjetunion mit 20:19 gewonnen.

Und was für ein Finale! Sechzig Minuten Nonstopspannung, wie sie in dieser konzentrierten Form vermutlich nur Hallenhandball liefern kann. Selbst Tausende von Zuschauern in der überfüllten Sporthalle von Kopenhagen waren am Ende in Schweiß gebadet.

Die sechzig Minuten zwischen Hoffen und Bangen, Jubel und Enttäuschung hatten alle mitgerissen. Die letzten Minuten hielt es kaum noch jemand auf seinem Platz, weder mich und die Spieler auf den Auswechselbänken, noch die 7000 Zuschauer auf ihren Stühlen. Erst der Abpfiff der beiden dänischen Schiedsrichter Svensson und Christensen, der die letzte Chance der Russen zum Ausgleich beendete, löste die kaum noch erträgliche Spannung in der Halle.

Unser Siegestaumel riß selbst die sonst recht kühlen Dänen mit. Die Begeisterung machte Überstunden. Alle 16 Spieler, die ich bei dieser Weltmeisterschaft eingesetzt hatte, fielen übereinander her, wurden von den Fans, die sich durch nichts mehr aufhalten ließen, fast erdrückt. Andere umringten mich, drückten mir eine goldene Pappkrone ins Haar und warfen mich immer wieder in die Luft: Rosensonntag in Kopenhagen.

Wir feierten noch in der Halle mit Sekt und Bier unseren ersten Weltmeistertitel. Trotz der tollen Serie von 17 Länderspielen in dieser Sai-

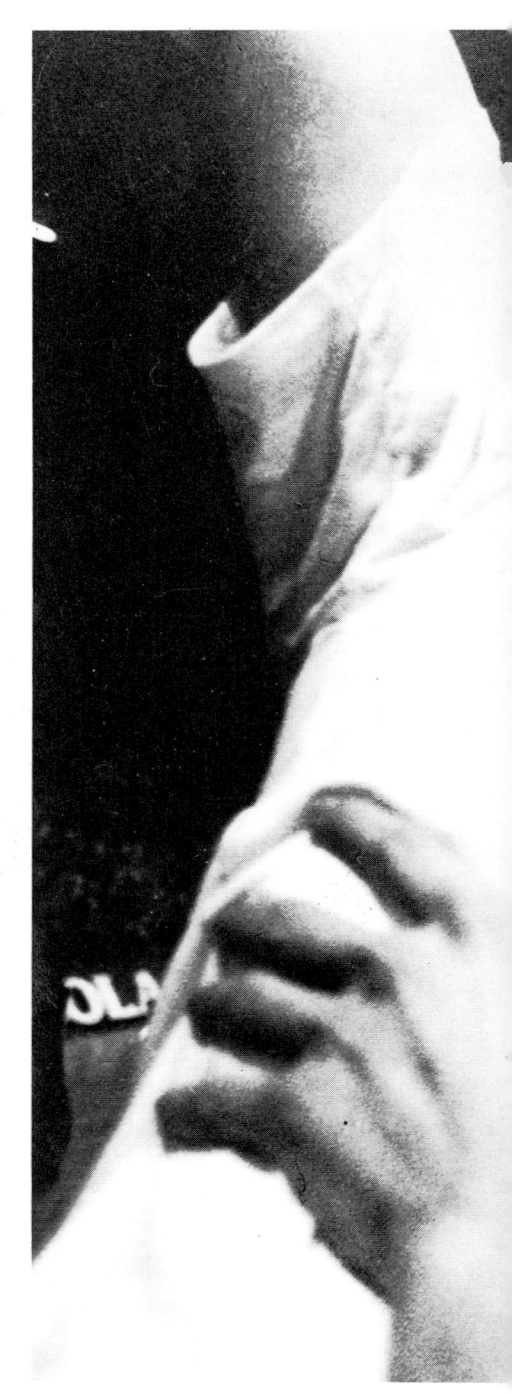

Geschafft: Mannschaftskapitän Horst Spengler und Bundestrainer Vlado Stenzel haben allen Grund zur Freude: Zum erstenmal stellt der Deutsche Handball-Bund der Bundesrepublik den Weltmeister im Hallenhandball.

son ohne Niederlage, was auch eine Art Weltrekord im Handball sein dürfte, hatte doch niemand so recht an einen Finalsieg der jungen deutschen Spieler (23,2 Jahre im Durchschnitt) über das wesentlich ältere und erfahrenere Team des Olympiasiegers glauben wollen. Nach Meinung vieler internationaler Experten waren die Russen eindeutig die Favoriten gewesen. Und das Spiel begann auch entsprechend. Nach acht Minuten führten die Russen bereits mit 3:1, nach 17 Minuten 7:5. Doch von da an wendete sich das Blatt. Mit vier Toren in vier Minuten machten wir aus einem 5:7-Rückstand eine 9:7-Führung. Die Halle stand kopf.

Doch so schnell ließ sich die Garde der Zwei-Meter-Männer in der sowjetischen Abwehr nicht kleinkriegen. Fünf Minuten später (10:10) stand die Partie wieder remis. Gleichstand auch zur Pause (11:11).

Auf den Rängen raufte man sich die Haare, weil eine Flut von Siebenmeter-Strafwürfen über uns hereinbrach. Aber auch damit waren die Kampfkraft und Einsatzfreude in unserem Team nicht zu brechen. Torwart Manfred Hofmann wehrte immerhin drei Strafwürfe ab, während unsere drei Siebenmeter durch Klühspies (einmal allerdings erst im Nachwurf) und Deckarm diesmal zu Toren führten.

Fünf Minuten nach der Pause konnten die Russen dann zum letzten Male unsere Führung ausgleichen (12:12). Danach folgte ein Intermezzo, das selbst Experten aus dem Staunen nicht mehr herauskommen ließ. Gemeint ist der Auftritt des 24 Jahre alten Dieter Waltke, genannt „Jimmy", aus Dankersen. Für Waltke, der zuvor aus Enttäuschung fast schon vorzeitig aus Kopenhagen abgereist wäre, weil er als einziger aller 16 Spieler vor dem Finale dieser WM noch nicht eingesetzt worden war, begann die Weltmeisterschaft in der 39. Minute des Endspiels beim Stand von 13:12. Und „Jimmy" ging zur Sache, daß den Russen Hören und Sehen verging. Schon mit seiner ersten Aktion nach 30 Sekunden erzielte er sein erstes Tor. Fünfzig Sekunden später folgte Tor Nr. 2. Und der dritte Streich gelang drei Minuten später. 16:12 durch drei Waltke-Tore hintereinander eine Viertelstunde vor Spielende. Die Vorentscheidung war gefallen.

Dänische Journalisten ließen sich den Namen buchstabieren. „Warum hat dieser Mann nicht vorher gespielt?" wurde ich gefragt. Ich erzählte ihnen von Taktik und einem Trumpf, den man sich bis zuletzt aufhebt.

Sie haben gut lachen: Erstmals wurde eine Mannschaft der Bundesrepublik Weltmeister im Hallenhandball. Sechzehn Spieler und ein Trainer machten es möglich. Unser Foto zeigt (in der oberen Reihe von links): Erhard Wunderlich, Rainer Niemeyer, Arnulf Meffle, Manfred Hofmann, Claus Hormel, Arno Ehret; (in der unteren Reihe von links): Männerspielwart Heinz Jacobsen, Manfred Freisler, Joachim Deckarm, Mannschaftskapitän Horst Spengler, Heiner Brand, Claus Fey, Gerd Rosendahl, Rudi Rauer, Richard Boczkowski, Dieter Waltke und Bundestrainer Vlado Stenzel.

„Wenn man sich drei Wochen schonen darf, muß man ja genügend Kraftreserven haben", meinte Waltke später augenzwinkernd. „Ich wollte zeigen, was in mir steckt", erklärte der letzte Reservist, „und ich war heute weniger nervös als beim Endspiel um die deutsche Meisterschaft. Vielleicht, weil ich daheim in meinem Verein eine entscheidende Rolle spiele, im Nationalteam aber eben nur der letzte war."

Waltke in der 39. Minute endlich aufs Feld zu schicken, das war genau die richtige Entscheidung im richtigen Augenblick gewesen. Trainer brauchen eben wie Feldherren Fortüne.

Aber mit Waltkes drei tollen Toren war das Finale noch nicht endgültig entschieden, nicht einmal als Mannschaftskapitän Spengler mit einem phantastischen Gegenstoß vier Minuten vor Spielende wieder für vier Tore Vorsprung (20:16) sorgte. Diese hohe Führung wäre uns beinahe noch zum Verhängnis geworden.

Denn so kurz vor dem ganz großen Triumph begannen unseren Spielern die Knie zu zittern. Vier Tore vier Minuten vor Schluß, das muß doch reichen, beschwor man sich gegenseitig. Doch die nachlassende Konzentration breitete sich wie schleichendes Gift in der Mannschaft aus. Jede Minute erzielten die Russen nun ein Tor; nur noch 20:19 und nur knapp zwei Minuten bis zur Weltmeisterschaft! Sie wurden überstanden: Bangend, zitternd bis zur letzten Sekunde. Dann begann in Dänemark der deutsche Karneval.

Endspiele sind zwar immer die Schlußpunkte von Weltmeisterschaften, doch selten sind sie auch Höhepunkte. Das Finale von Kopenhagen aber kann in dieser Beziehung als eine Ausnahme gelten.

Ich war einfach fasziniert von der jüngsten, größten und ehrgeizigsten Mannschaft dieser Weltmeisterschaft. Meinen Spielern war im sechsten Treffen in 12 Tagen noch einmal gelungen, was nach den mühseligen Unentschieden in der Endrunde gegen die DDR (14:14) und Rumänien (17:17) kaum noch für möglich gehalten worden war: Der Aufschwung zu einer der besten Leistungen, die wohl je ein deutsches Hallenhandball-Team zeigte. Nicht einmal gegen die Kanadier hatten wir eine Woche zuvor mehr Tore erzielen können als nun gegen die russischen Bären im Handball-Dreß.

Als man die fünfzig Pfund schwere bronzene Weltmeisterschafts-Trophäe unseren Spielern überreichte, wurde damit eine Mannschaft geehrt, auf die diese Bezeichnung wirklich zutraf. Auch im Finale, in dem wieder sieben Spieler die zwanzig umjubelten Tore erzielt hatten, feierte das Teamwork Triumphe.

Daß ich in Deutschland Erfolge haben würde, war mir von Anfang an klar gewesen, daß es aber so schnell gehen würde, hätte ich auch nicht gedacht. Anfang des Jahres hatte ich versprochen, daß wir in Dänemark besser abschneiden würden als die deutschen Fußball-Nationalspieler einige Monate später bei der Weltmeisterschaft in Argentinien. Da hatten die meisten noch gelächelt. Am Ende lachten wir: Wir, die Mannschaft des Jahres.

Internationale Pressestimmen:

„Der deutsche Sieg – ein Sieg für den Handballsport"

Die europäische Fachpresse schrieb nach der WM '78 einheitlich, Deutschland sei verdient Handball-Weltmeister geworden. In allen Blättern wurde Vlado Stenzel als die entscheidende Persönlichkeit gefeiert. „Er hat junge Spieler blitzschnell nach oben geführt. Mit ihnen kann man besser als mit alten Spielern arbeiten, die schon zuviel erreicht haben", schrieb die größte schwedische Morgenzeitung „Dagens Nyhaeter". Und die in Paris erscheinende Sport-Tageszeitung „L'Equipe" lobte Stenzel: „Er fand die einzige Taktik, um den russischen Koloß zu schlagen."

„Dagens Nyhaeter":
„Der deutsche Sieg war auch ein Sieg für den Handball-Sport. Es hat sich gezeigt, daß man auch spielerisch – ohne große Brutalität – zum Erfolg kommen kann."

„Sydsvenska Dagbladet" (Malmö):
„Welch ein wundervoller Spieler ist doch dieser Waltke! Erst im Finale wurde er eingesetzt und erzielte gleich drei wundervolle Tore und setzte damit die Grundlage zum Sieg der deutschen Mannschaft. Deutschland war klar die bessere Mannschaft im Finale. Einige Hilfe erhielten die Deutschen allerdings auch von den Schiedsrichtern. Sie hätten eigentlich noch mehr Siebenmeter-Strafwürfe gegen sie verhängen müssen. Dennoch gelang es den Deutschen mit ihrer Abwehr, das östliche System zu durchbrechen."

Die jugoslawische Nachrichtenagentur **„Tanjug":**
„Die deutsche Handballmannschaft wurde verdient Weltmeister. Geleitet wurde das deutsche Team von Vlado Stenzel, der seine Mannschaft technisch und taktisch hervorragend einstellte. Man könnte Stenzel ankreiden, daß er oftmals geringschätzige Erklärungen über andere Mannschaften, auch über unser jugoslawisches Team, macht, aber an seiner Arbeit und seiner Fachkenntnis gibt es natürlich nichts zu kritisieren."

„Berlinske Tidende" (Kopenhagen):
„Ein herrlicheres Match als dieses spannende Endspiel hätte man sich nicht wünschen können. Die kampfstarken und routinierten Russen scheiterten an den taktischen Kniffen des deutschen Trainers Vlado Stenzel. Wie die viel kleineren und körperlich schwächeren Deutschen den Sowjets davonliefen, war eine Freude. Zu den Tricks von Stenzel gehörte die Sonderbewachung von Maximow durch Meffle, der dem Russen seinen Killerinstikt nahm. Der gefährliche Außenstürmer Kratschow wurde von Ehret ‚ausradiert'."

„Aktuelt" (Kopenhagen):
„Der deutsche Torwart Hofmann gewann dieses WM-Finale. Es war kein guter Schachzug von Trainer Stenzel, den wahrscheinlich besten Torhüter der Welt zwischenzeitlich durch Niemeyer zu ersetzen. Doch schließlich mußte Stenzel wieder auf Hofmann zurückgreifen, und das entschied den Kampf. Besonders imponierend war die gute Kondition der Deutschen. Die Russen wirkten dagegen alt und müde."

„Jyllandsposten" (Aarhus):
„Ein deutscher Triumph bei den Olympischen Spielen 1980 in Moskau ist unterwegs. Wir heißen eine neue Handball-Großmacht willkommen. Die Weltmeisterschaft im Mutterland des Handballs endet, wie es die Freunde dieser faszinierenden Sportart nur erfreuen kann. Mit Deutschland gewann die jüngste Mannschaft, für die in Moskau die Olympia-Goldmedaille in Reichweite ist. Die ‚Rote Armee' aus der UdSSR konnte Stenzels junge Truppe nicht stoppen. Die Deutschen setzten ein Zeichen zur positiven Entwicklung im Handball."

„L'Equipe" (Paris):
„Der deutsche Adler sprengte die UdSSR. – Diese phantastische junge Mannschaft verdankt ihren Erfolg in erster Linie den Improvisationen von Vlado Stenzel. Er fand die einzige Taktik, um den russischen Koloß zu schlagen."

„Gazzetta dello Sport" (Italien):
„Der Sieg der deutschen Mannschaft über die hocheingeschätzte UdSSR stellt wahrhaftig eine Sensation dar. Vor Beginn des Turniers gab niemand der Fachleute den Deutschen eine Chance. Deshalb wird ihre Leistung in die Geschichte des Handballsports eingehen."

„Neues Deutschland" (Ost-Berlin):
„Es war ein gutklassiges und würdiges Finalspiel, das die von dem jugoslawischen Trainer Vlado Stenzel geführte BRD-Mannschaft am Ende verdient gewann."

„Deutsches Sportecho" (Ost-Berlin):
„Damit kam die BRD nach schwächeren Jahren wieder zu einer Medaille – gleich zur goldenen. Als diesmal Bester unter vielen Guten."

Die 16 Spieler der deutschen Weltmeister-Mannschaft

Heiner Brand
Verein: VfL Gummersbach;
geb. 26. 7. 1952, Größe 1,93, Gewicht 84 kg;
Beruf: Student; 84 Länderspiele, 161 Tore, Olympiateilnehmer 1976.

Richard Boczkowski
Verein: TuS Nettelstedt;
geb. 18. 5. 1953, Größe 1,88, Gewicht 96 kg;
Beruf: Verwaltungsangestellter; 29 Länderspiele, 25 Tore.

Joachim Deckarm
Verein: VfL Gummersbach;
geb. 19. 1. 1954, Größe 1,93, Gewicht 88 kg;
Beruf: Student; 92 Länderspiele, 345 Tore; Olympiateilnehmer 1976.

Arno Ehret
Verein: TuS Hofweier;
geb. 11. 12. 1953, Größe 1,80, Gewicht 75 kg;
Beruf: Student; 57 Länderspiele, 116 Tore, Olympiateilnehmer 1976.

Claus Fey
Verein: VfL Gummersbach;
geb. 10. 3. 1955, Größe 1,93, Gewicht 88 kg;
Beruf: Student; 15 Länderspiele, 13 Tore.

Manfred Freisler
Verein: TV Großwallstadt;
geb. 28. 10. 1057, Größe 1,95, Gewicht 100 kg;
Beruf: Kaufmann; 19 Länderspiele, 23 Tore, Teilnehmer der Junioren-WM 1977.

Manfred Hofmann
Torhüter; Verein: TV Großwallstadt;
geb. 30. 1. 1948, Größe 1,91, Gewicht 92 kg;
eruf: Sparkassenangestellter; 79 Länderspiele, Olympiateilnehmer 1976.

Claus Hormel
Verein: SG Dietzenbach;
geb. 3. 5. 1957, Größe 1,74, Gewicht 76 kg;
Beruf: Polizeibeamter; 7 Länderspiele, 6 Tore, Teilnehmer der Junioren-WM 1977.

Kurt Klühspies
Verein: TV Großwallstadt;
geb. 4. 2. 1952, Größe 1,95, Gewicht 95 kg;
Beruf: Industriemeister; 72 Länderspiele, 171 Tore, Olympiateilnehmer 1976.

Arnulf Meffle
Verein: TuS Hofweier;
geb. 1. 12. 1957, Größe 1,84, Gewicht 83 kg;
Beruf: Student; 17 Länderspiele, 31 Tore, Teilnehmer der Junioren-WM 1977.

Rainer Niemeyer
Torhüter; Verein: Grün-Weiß Dankersen;
geb. 11. 5. 1955, Größe 1,90, Gewicht 83 kg;
Beruf: Student; 16 Länderspiele.

Rudolf Rauer
Torhüter; Verein: TuS Wellinghofen;
geb. 15. 1. 1950, Größe 1,91, Gewicht 92 kg;
Beruf: Polizeibeamter; 46 Länderspiele, Olympiateilnehmer 1976.

Gerd Rosendahl
Verein: OSC Rheinhausen;
geb. 8. 8. 1956, Größe 1,80, Gewicht 79 kg;
Beruf: Schlosser; 22 Länderspiele, 23 Tore, Teilnehmer der Junioren-WM 1977.

Horst Spengler
Verein: TV Hüttenberg;
geb. 10. 2. 1950, Größe 1,81, Gewicht 82 kg;
Beruf: Studienreferendar; 95 Länderspiele, 202 Tore, Olympiateilnehmer 1976.

Dieter Waltke
Verein: Grün-Weiß Dankersen;
geb. 26. 12. 1953, Größe 1,87, Gewicht 80 kg;
Beruf: Student; 19 Länderspiele, 30 Tore.

Erhard Wunderlich
Verein: VfL Gummersbach;
geb. 14. 12. 1956, Größe 2,04, Gewicht 97 kg;
Beruf: Elektrotechniker; 21 Länderspiele, 46 Tore, Teilnehmer der Junioren-WM 1977.

Vlado Stenzel:
Das Geheimnis meines Erfolges

Mit Erfolgen ist es manchmal wie mit dem Talent: Man hat es, oder man hat es nicht. Erfolg kann man nicht lernen. Für Erfolg im Sport braucht man Geschick und Gespür. Als Trainer muß man zu fünfzig Prozent Psychologe sein. Wenn man einen Spieler richtig anfaßt, dann kann er sich von hundert auf tausend steigern.

Aber wie faßt man einen Spieler richtig an? Auch das kann man nicht allein aus Büchern lernen. Die Spieler müssen den Trainer akzeptieren. Und dann tun sie alles, was sie bei einem anderen vielleicht nicht tun würden. Man muß wissen, wann man sie hart anpacken muß und wann am langen Zügel führen kann, wann man sie loben und wann tadeln muß. Alles muß zum richtigen Zeitpunkt geschehen.

Vor allem darf ein erfolgreicher Trainer nie an seinem Erfolg zweifeln. Er muß aber richtig daran glauben, nicht nur so tun, als sei er überzeugt. Ich bin mir seit meiner Militärzeit in Jugoslawien voll bewußt, ein guter Trainer zu sein, seit meinen ersten Erfahrungen mit Offiziers-Schülern, die zuvor noch nie einen Handball gesehen hatten. Damals belegten wir mit Anfängern auf Anhieb einen vierten Platz in der regionalen Meisterschaft. Ich hatte erkannt, daß ich junge Menschen überzeugen und führen konnte, daß ich ihnen Selbstvertrauen gab und ihnen ungewohnte Erfolgserlebnisse bescherte.

Seitdem weiß ich: Man muß sich ganz fest auf den Erfolg konzentrieren, keinen Millimeter von seinem Weg abweichen und nie das Ziel aus den Augen verlieren, gleichgültig, was unterwegs alles passiert. Und was ich mir heute einmal in den Kopf gesetzt habe, das redet mir keiner mehr aus. Bis jetzt habe ich damit alles erreicht, was ich wollte, auch wenn es manchmal beträchtliche Hindernisse zu überwinden galt.

Mit dem Erfolg kommen weitere Erfolge. Die deutschen Spieler haben das bei der Weltmeisterschaft in Dänemark wohl ganz deutlich gespürt. Wer nie an sich selbst zweifelt, wer nie verzagt, der macht auch anderen Mut, mitunter auch den Mut zur Niederlage. Denn den braucht man auch, wenn man sich auf ein großes Ziel wie Olympische Spiele oder Weltmeisterschaften vorbereitet. Keine Niederlage darf einen da umwerfen, kein Rückschlag, keine Verletzung, kein Pech.

Die Spieler müssen ihren Trainer in jeder Weise anerkennen als eine Autorität in allen Bereichen. Ein Trainer muß sich durchsetzen, muß stets das letzte Wort haben. Nur dann kann er sicher sein, daß seine Anordnungen befolgt werden, daß alle am selben Strang ziehen und nicht heimlich gegeneinander arbeiten. Die Spieler müssen bedingungslos folgen, denn in der Hektik eines Handball-Spiels kann man nicht noch über den Sinn einer Anordnung diskutieren. Selbst das Nachdenken darüber kann schon gefährlich, ja spielentscheidend sein.

Es ist wichtig, daß Spieler während eines Spiels vom Trainer straff geführt werden – wie mit einem unsichtbaren Band verbunden. Und sie akzeptieren eine straffe Führung bereitwillig, wenn das, was der Trainer anordnet, Hand und Fuß hat.

Dabei muß der Trainer darauf achten, daß seine Anordnungen nicht von Emotionen begleitet werden. Kühle Überlegenheit muß vorherrschen. Meine Devise während eines Spiels heißt deshalb: Ruhig beobachten und reagieren.

Wir haben versucht, zwischen Mannschaft und Trainer eine optimale Verständigung herbeizuführen. Wird uns ein Siebenmeter zugesprochen, gibt es eine Blickverständigung. Wer nicht werfen will, schaut mich einfach nur an. Ich weiß dann Bescheid und kann gegebenenfalls den Schützen einwechseln. Überhaupt das Einwechseln: Damit kann ein Trainer Spiele entscheiden. Er muß nur zur richtigen Zeit den richtigen Spieler aufs Feld schicken oder herausnehmen.

Nach Montreal testete ich zunächst einmal alle gestandenen Bundesligaspieler zwischen 23 und 28 Jahren. Doch die Tests stellten mich nicht zufrieden. Ich machte die Erfahrung, daß man in diesem Alter offensichtlich zuviel denkt. Was heißen soll: Man will alles richtig machen, spielt vorsichtig und verkrampft dabei. Also probierte ich es mit Spielern zwischen neunzehn und zwanzig Jahren.

Und in der Tat: Diese jungen Burschen zeigten keine Hemmungen. Insgesamt testete ich 40 von ihnen und stellte aus diesem Kreis die Junioren-Nationalmannschaft zusammen.

Im Herbst 1977, bei unserer Testspielserie für die WM der Senioren in Dänemark, spielten sich die Junioren Rosendahl, Meffle, Hormel, Freisler, Stulle und Wunderlich in die Mannschaft. Nun galt es, diese

"Da geht's lang!" Vlado Stenzel gibt die Richtung an: Vorwärts, Angriff ist die beste Verteidigung.

sechs mit den erfahrenen Montreal-Teilnehmern zu harmonisieren. Ich konnte ins Detail gehen.

Der Terminplan sah allerdings wegen der Bundesligarunde nur zwei Trainingslehrgänge vor. Einen zwölftägigen Anfang Januar 1978 im Ostseebad Damp, einen achttägigen in der zweiten Januarhälfte in Duisburg. Ich war mir nicht sicher, ob diese beiden Lehrgänge ausreichen würden, und gab, in Absprache mit den Vereinstrainern, jedem einzelnen Hausaufgaben auf. Der eine mußte das Sprungtraining forcieren, der andere das Wurftraining.

Trotz dieser ungünstigen Konstellation: Selbst wenn es möglich gewesen wäre, hätte ich die Mannschaft niemals so lange zusammengezogen, wie es manche Ostblock-Staaten taten. Die Rumänen waren seit September beieinander, die UdSSR und die DDR immer noch doppelt so lange wie wir. Bei solchen Programmen werden Menschen zu Maschinen umfunktioniert.

An der Ostsee machte ich die Mannschaft psychisch stark, indem ich ihre Physis verbesserte: Wir trainierten sehr hart, und die Kondition wurde so gut wie die der Ostblock-Mannschaften. Weil die Spieler dies wußten, waren sie auch psychisch fit. Bester Beweis für die erstklassige Kondition unserer Mannschaft ist die Tatsache, daß wir bei der Weltmeisterschaft in Dänemark keine Verletzten zu beklagen hatten – im Gegensatz zu anderen Teams.

In Damp beobachtete ich genauestens, wie sich die Spieler zueinander verhielten. Ob sie miteinander viel redeten, wer mit wem viel, wer mit wem weniger sprach. Ich habe es beobachtet, daß das Zusammenspiel in einer Mannschaft besser funktioniert, wenn die Spieler im Gespräch kommunizieren. Dann nämlich arbeitet jeder im Spiel für den anderen mit. Ich habe deshalb mehrmals in der Vorbereitungszeit die Zimmerpartner getauscht und somit die Gespräche gelenkt.

Es gibt nicht nur das Training in der Halle, es gibt auch eine Trainingsform, die ich „verstecktes Training" nenne. Sie ist ebenso wichtig wie das andere Training. So habe ich den Spielern in Dänemark zeitweise Sprechverbot im Umgang mit Journalisten erteilt. Wenn nur einer sich durch Interviews von seiner Konzentration ablenken läßt, überträgt sich dies auf die Kameraden.

Beim Training lasse ich die Halle abschließen, damit keine Fotografen und Reporter herein können. Denn würden die Spieler beobachtet, würden sich einige mit Sicherheit produzieren wollen und aufs Tor werfen, wenn ein Abspiel besser gewesen wäre.

Auch richtiger Schlaf und richtige Ernährung sind wichtig. Haben wir vormittags trainiert, wird zuerst geschlafen und dann gegessen. Die meisten machen es umgekehrt. Das ist falsch. Wer gleich nach dem Training schläft, schläft viel intensiver und hat auch keinen vollen Magen.

Abends gibt es zwei Bier. Bier ist das beste Schlafmittel. Und Schlaf ist mit das Wichtigste bei einem internationalen Turnier, das ans Herz geht und die Nerven aufputscht.

Auch die Ehefrauen der Spieler habe ich ins Vorbereitungsprogramm einbezogen. So wurden sie zu einem Lehrgang ihrer Männer eingeladen. Dadurch erreicht man, daß die Frauen mehr Verständnis für das Hobby ihrer Männer aufbringen.

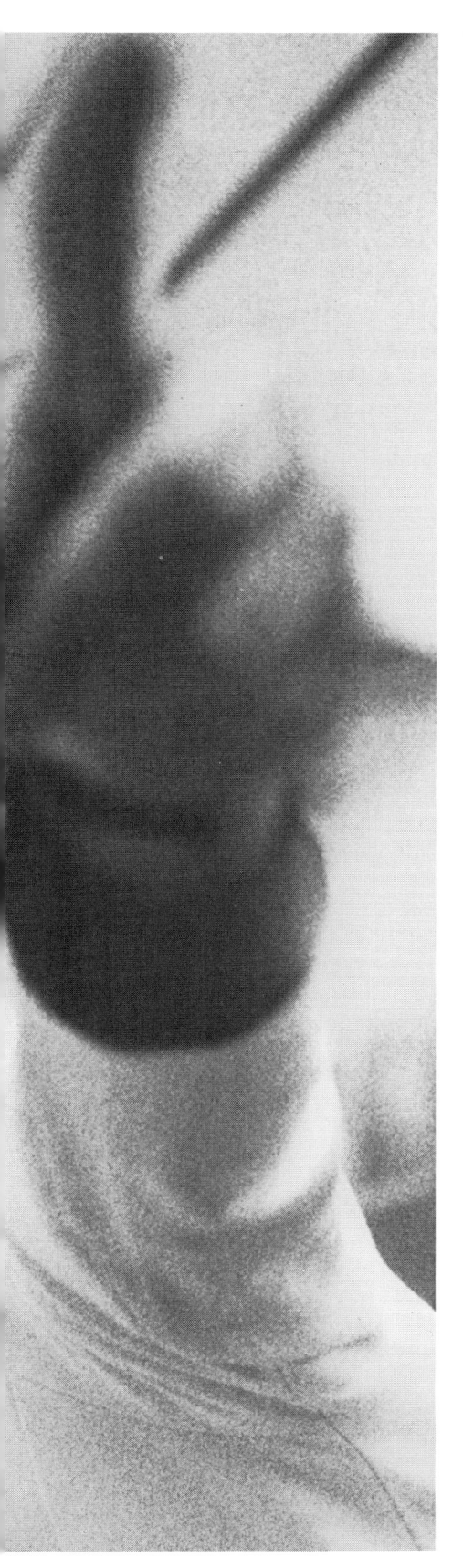

Ich selbst habe keine Probleme. Ich diskutiere mit meiner Frau Mila den ganzen Tag über Handball.

Im Ostblock konnte man einfach nicht begreifen, daß wir nach dreißig Tagen Vorbereitung Weltmeister wurden, während sie selbst monatelang wie die Wilden trainiert haben.

Eigentlich hätten uns die Russen im sechsten Spiel in zwölf Tagen bei der Weltmeisterschaft in Dänemark zerquetschen müssen vor lauter Kraft. Doch was war? Wir liefen ihnen davon, waren ihnen am Ende konditionell überlegen.

„Wie machst du das?", wollten einige ausländische Trainer-Kollegen von mir wissen. Natürlich werde ich mich hüten, alle Trainingsgeheimnisse auszuplaudern. Es wird ohnehin schon viel zuviel erzählt. Auf internationalen Trainer-Seminaren lasse ich mich deshalb nur selten sehen. Die fragen mir alle Löcher in den Bauch. Und wenn ich erst mal loslege, dann sage ich mitunter auch Dinge, die ich besser für mich behalten sollte.

Hallenhandball ist zwar heute kein Buch mit sieben Siegeln mehr, doch dies oder jenes, das über Erfolg und Mißerfolg entscheiden kann, steht in keinem Lehrband. Oft sind es winzige Dinge, die eine große Rolle spielen. Das muß man nur richtig erkennen. Denn die besten Handball-Mannschaften der Welt sind heute so ausgeglichen, daß jede scheinbare Nebensache zur Hauptsache werden kann.

Die Zeit der großen Stars, die wie einst der Rumäne Gruia alleine Weltmeisterschaften entschieden, ist vorbei. Man braucht praktisch zwölf solcher Spieler, die alle ein Spiel allein entscheiden können. In Dänemark hatten wir so ein Team schon zusammen. Zwar trug Horst Spengler die Armbinde mit der Aufschrift „Mannschaftskapitän", doch eigentlich hatten wir ein halbes Dutzend Kapitäne, Spieler, die sportlich und moralisch die Führungsrolle spielen konnten: Neben Spengler noch Deckarm, Brand, Klühspies, Ehret, Hofmann und Rauer.

Jeder auf seinem Posten ein anerkannter Könner, ein wahrer Weltmeister. Jeder konnte die Nr. 1 im Team sein, jeder war aber auch bereit, sich mit der Nr. 12 zu begnügen. Nur solche Spieler können ein wirkliches Team bilden, nur solche Spieler bilden eine geschlossene Gemeinschaft, in der jeder für jeden kämpft. Als Trainer kommt es darauf an, solch ein Gefüge zusammenzuhalten, zu stärken und immer wieder passend zu ergänzen. Dann kann eigentlich nicht mehr viel passieren.

Diese Erkenntnisse haben übrigens überall in der Welt Gültigkeit. Sie beschränken sich nicht auf mein Geburtsland Jugoslawien oder meine neue Heimat, die Bundesrepublik Deutschland. Natürlich haben verschiedene Länder auch verschiedene Voraussetzungen für den Leistungssport, gibt es unterschiedliche Mentalitäten, differieren vor allem auch die Motivations-Möglichkeiten, doch ein Trainer müßte eigentlich in jedem Land der Welt zurechtkommen, wenn er die Eigenheiten der ihm anvertrauten Menschen einige Zeit sorgfältig studiert hat.

Wichtig für einen Nationaltrainer ist es dabei, nicht nur die Nationalmannschaft, sondern auch ein Vereins-Team zu betreuen. Ich jedenfalls brauche diese Praxis, ich muß ständig mit Spielern arbeiten können. Länderspiele und Lehrgänge sind doch viel zu selten, um als Trainer und Coach immer am Ball zu bleiben. So habe ich Nationaltrainer erlebt, die von Jahr zu Jahr immer schlechter wurden, weil ihnen eben die ständige Praxis fehlte. Mit der Theorie von Trainerseminaren allein geht es aber nicht.

Ich lebe seit nunmehr fünf Jahren in der Bundesrepublik Deutschland; und in dieser Zeit hatte ich Gelegenheit, verschiedene Mannschaften zu betreuen: Nach meiner Tätigkeit beim Bundesliga-Club Phönix Essen wechselte ich zum Regionalliga-Club TV Schalksmühle, ehe ich das Amt des Bundestrainers beim DHB und damit die Betreuung der deutschen Männer-Nationalmannschaft übernahm. Als dritten Verein betreute ich den TV Aldekerk nahe meinem Wohnort Rees am Niederrhein.

In dem gesamten Zeitraum konnte ich mir, so glaube ich, einen umfassenden Überblick schlechthin verschaffen. Obwohl ich als Handballer aus Leidenschaft und auf Grund meiner langjährigen Tätigkeit in Jugoslawien viel über den deutschen Handball wußte, wurden meine Erwartungen noch weit übertroffen: Die Handball-Bewegung in Deutschland ist unvergleichlich, die Bedingungen sind optimal: Genügend Sporthallen – starke und intensive Nachwuchspflege – gut organisierte Veranstaltungen und ebenso gut geführte Vereine in allen Spielklassen – vorbildliche Arbeit der ehrenamtlichen Mitarbeiter in den Vereinen und Verbänden sowie im Lehrwesen und nicht zuletzt ein erstaunliches Angebot an Talenten. Die Reihe der Beispiele ließe sich beliebig fortsetzen. Der Handball hat in Deutschland eine ungeheuer starke Basis.

Ich habe mir viele Gedanken gemacht, die dazu beitragen sollen, das gemeinsame Ziel zu erreichen, nämlich den deutschen Handball allgemein zu verbessern. Dies gilt sowohl für die National- wie für jede einzelne Club-Mannschaft, die nur im Zusammenhang gesehen werden können. Denn das eine ist ohne das andere völlig wirkungslos. Ohne die Mitarbeit der Vereinstrainer kann ein Bundestrainer nicht bestehen.

Bevor ich meine Vorstellungen unterbreite, darf ich feststellen, daß die in der Bundesrepublik herrschenden Verhältnisse mit denen anderer Gesellschaftssysteme nicht vergleichbar sind. Dies kann jedoch kein Grund sein, voreilig die Flinte ins Korn zu werfen. Vielmehr gilt: Auch unser System ermöglicht eine optimale Arbeit, auch auf dem Gebiet des Handballs. Im nachfolgenden will ich versuchen, dies deutlich zu machen.

Training

Unseren Handball-Mannschaften aus der Bundes- oder auch Regionalliga stehen manchmal zuwenig Trainingszeiten in geeigneten Sporthallen zur Verfügung. Der Jedermannsport, der Sport der „alten Herren" und der Trimm-Dich-Sport nehmen vielfach den gleichen Rang und die gleiche Stellung ein wie der Hochleistungssport. Man versucht immer, es allen recht zu machen. Die sportliche Betätigung im Jedermannsport ist sicherlich zu begrüßen; aber der Leistungssport sollte auf jeden Fall den ihm gebührenden Platz erhalten und einnehmen. Dazu gehört insbesondere die Bereitstellung der erforderlichen Hallenzeiten. Sollten darüber hinaus oder bei Mangel an Hallen nicht andere Möglichkeiten wie Wald- und Geländelauf, Spiel- und Bewegungsmöglichkeiten in kleineren Turnhallen viel mehr genutzt werden, wie es mancherorts ja bereits geschieht?

Wenn man bedenkt, daß manche Mannschaften nur zweimal wöchentlich trainieren und die Jugendmannschaften meist nur einmal in der Woche, so ist das sicherlich zu wenig. Bei nur zweimaligem Training können die notwendige Kondition und Technik nicht erreicht werden. Wie unterschiedlich ist die Form der Vereinsmannschaften und der einzelnen Spieler oft von Sonntag zu Sonntag! Eine gleichmäßige Leistung erreichen wir nur durch tägliches Training. In vielen Amateurabteilungen anderer Sportarten hat man den Wert täglichen Trainings erkannt, warum nicht auch im Handball? Wenn nicht gleich täglich, dann müssen Spitzenmannschaften doch mindestens drei-, möglichst vier- oder fünfmal wöchentlich trainieren.

Hier sollte vielleicht auch einmal eine alte Gewohnheit in den Vereinen erwähnt werden. Man sitzt nach jedem Training meist noch lange gemütlich beisammen. Das ist sicherlich zu begrüßen, wenn es etwa einmal in der Woche geschieht; aber ob dieses lange und späte Beisammensein mehrmals in der Woche notwendig und leistungsfördernd ist, möchte ich bezweifeln.

Ein kurzes Training mehrmals in der Woche ist besser und effektiver, denn die Wiederholung ist ein wichtiger und notwendiger Faktor bei der Erlernung von Fertigkeiten. Zum Beispiel: Dreimal eine Stunde Training ist besser als einmal drei Stunden. So ist die Organisation des Trainings beziehungsweise der Trainingszeiten eine wichtige Aufgabe der Vereine.

Handball-Saison

Die Handball-Saison ist zu kurz. Vier bis sechs Monate im Jahr liegen die Mannschaften brach oder haben durch Privatspiele nur eine unvollkommene Ergänzung. Diese lange Pause im Handball rührt wohl noch von der früheren Sommersaison im Feldhandball her. Als international bedeutender und echter Leistungssport dürfte aber Feldhandball inzwischen wohl auch in Deutschland der Vergangenheit angehören.

Es werden in dieser Zeit zwar von nicht im Punktspielbetrieb beschäftigten Mannschaften Freundschaftsspiele im Kleinfeld- und Hallenhandball abgeschlossen, doch diese stimulieren die Mannschaften nicht so zur Leistung, wie es Meisterschaftsspiele vermögen. Hinzu kommt, daß in den Sommermonaten in den meisten Fällen nur mit halber Kraft und nicht voll trainiert wird. Wird nicht vielfach mehr Fußball als Handball gespielt?

Ich halte es auch für schlecht, wenn zwischen den beiden Serien der Bundesliga-Saison keine Pause eingelegt wird. So besteht keine Möglichkeit für Erholung und neue Vorbereitung. Die Form kann für die zweite Serie nicht verbessert werden. Jeden Sonntag ein Meisterschaftsspiel macht die Spieler müde. So ist auch gegen Ende der Saison ein deutlicher Leistungsabfall bei vielen Mannschaften zu beobachten.

Handballtrainer-Ausbildung

Die Ausbildung der Trainer liegt in Deutschland sehr im argen. Die Trainer haben kaum Möglichkeiten sich fortzubilden, das heißt, die Methoden für den Spitzenhandball zu erlernen. Es gibt kaum – oder gar keine – Lehrgänge beziehungsweise Kurse an Hochschulen oder Sporthochschulen, um moderne Trainingsmethoden, neueste Formen der Konditionsschulung und so weiter im Handball zu erlernen.

Vorschlag: Die Trainerausbildung für ein Spezialfach Handball, eventuell auch kombiniert mit artverwandten Spielsportarten wie Volleyball und Basketball, müßte von der Trainerakademie und auch anderen Hochschulen übernommen werden. Was unsere Sportart betrifft, so müßte eine spezielle Fachrichtung für die Handballtrainer-Ausbildung an Hochschulen eingerichtet werden. Nur wenn die Fachkräfte mit den Medizinern, Psychologen, Pädagogen und Methodikern zusammenarbeiten und sich die neuesten Erkenntnisse der Wissenschaften und Forschung zunutze machen, können wir zu optimalen Trainingsmethoden kommen. Diese Erkenntnisse können aber am besten von den Hochschulen vermittelt werden.

Talentförderung

Was unsere jugendlichen Spieler betrifft so erkennt man hierzulande trotz der seit einigen Jahren laufenden und recht erfolgreichen Sichtungsspiele und Turniere noch viel zu wenig, welche Schätze hier verborgen liegen. Es sind sicher weitere wertvolle Spieler vorhanden. Die Vereine müßten viel intensiver nach Talenten in der eigenen Jugend beziehungsweise in der engeren Umgebung Ausschau halten. Diese Talente müssen rechtzeitig und gezielt aufgebaut und gefördert werden.

Doch einer gezielten Talentförderung steht im deutschen Handballsport eine eigenartige Regelung entgegen: Die Jugendlichen dürfen erst mit 18 Jahren in Männermannschaften spielen. In fast allen anderen Ländern, und auch in anderen Sportarten, gibt es keine Altersbegrenzung in dieser Hinsicht mehr.

Mein Vorschlag: Aufhebung dieser Altersbegrenzung. Der Jugendliche muß bereits mit 16 Jahren in Männermannschaften spielen können. Dies hätte einen mehrfachen Effekt:

1. Nach 16 Jahren gehen viele Jugendliche dem Handballsport verloren; sie verlieren sich heutzutage in zahlreichen anderen Interessengebieten. Hat der Jugendliche aber die Chance, in der ersten Mannschaft zu spielen, so wird sein Interesse am Handballsport vervielfacht.

2. Das wohldosierte Training mit den Männern wird dem jungen Menschen Spaß machen, da er ja ausreichend motiviert ist durch die Chance, in der ersten Mannschaft zu spielen.

3. Der Jugendliche kann durch das Training mit der ersten Mannschaft wertvolle Erfahrungen sammeln.

4. Die anderen, die nicht so talentiert sind – nicht jeder kann ein Spitzenspieler werden – spielen weiter in der Jugendmannschaft. Aber auch sie werden motiviert, den Kameraden nachzueifern.

5. In diesem jugendlichen Alter ist die Wirksamkeit gezielten Schnelligkeits-, Ausdauer- und Krafttrainings doppelt so hoch wie später, wenn die Muskeln nicht mehr so elastisch sind. Das Trainingsminimum liegt allerdings bei mindestens dreimaligem Training in der Woche, da sonst kein Talent zur Spitze gebracht werden kann. Alles, was man heute beobachtet an unbeweglicher Deckungsarbeit, fehlender Sprungkraft und Schnelligkeit, mangelnder Beweglichkeit überhaupt, liegt zum großen Teil an dem fehlenden optimalen Training in jungen Jahren. Gefordert ist nicht so sehr ein Spezialtraining – etwa Sprungkrafttraining mit Hilfe von Bleiwesten –, sondern normales Handballtraining, das allerdings alle Elemente modernen Trainings enthalten muß (siehe oben). Ist es ein Zufall, daß ein Spieler wie Joachim Deckarm, der als einer von wenigen Jugendlichen eine leichtathletische Grundausbildung durchmachte, heute zu unseren Spitzenspielern zählt?

Laut Spielordnung müssen die Eltern und der Arzt die Einwilligung geben, wenn ein Jugendlicher vorzeitig in Männermannschaften spielen will. Das kann ein psychologisches Hindernis für den Jugendlichen bedeuten. Oft folgt das Nein der Eltern, da sie ja jetzt erst auf die angebliche „Gefährlichkeit" aufmerksam werden.

Natürlich sollten eine sportärztliche Kontrolle und verantwortungsbewußte Trainer eventuelle Schäden bei den Spielern vermeiden helfen. Das gilt in Jugendmannschaften genauso wie später bei den Männern.

Was aber die Gefährdung durch Verletzungen betrifft, so ist es diesmal umgekehrt. Da das junge Talent ja meist nur einmal wöchentlich mit der Jugendmannschaft übt, ist es nicht austrainiert; der Jugendliche ist der Beste in seiner Jugendmannschaft, und so versuchen die gegnerischen Spieler, gerade ihn auszuschalten. Beides birgt eine große Verletzungsgefahr.

Werden so einmal gezielte Talentförderung und -aufbau in Angriff genommen, brauchen unsere Vereine nicht jedes Jahr auswärtige Spieler, die zum Beispiel durch erhöhte Fahrtkosten Mehraufwendungen erfordern, zu holen, denn sie haben ja selbst diese Spieler. Es ist sicherlich erfreulich, wie viele ältere Spieler in der Bundesliga noch mithalten können. Doch ist es auch langfristig gesehen so erfreulich? Haben wir nicht zu viele ältere Spieler in unserer Bundesliga? Ist das nicht ein Zeichen dafür, daß unsere jungen Talente nicht rechtzeitig zum Zuge kommen? Dieser Weg mit dem Einbau junger Spieler ist zwar zunächst länger, aber auf die Dauer gesehen erfolgreicher.

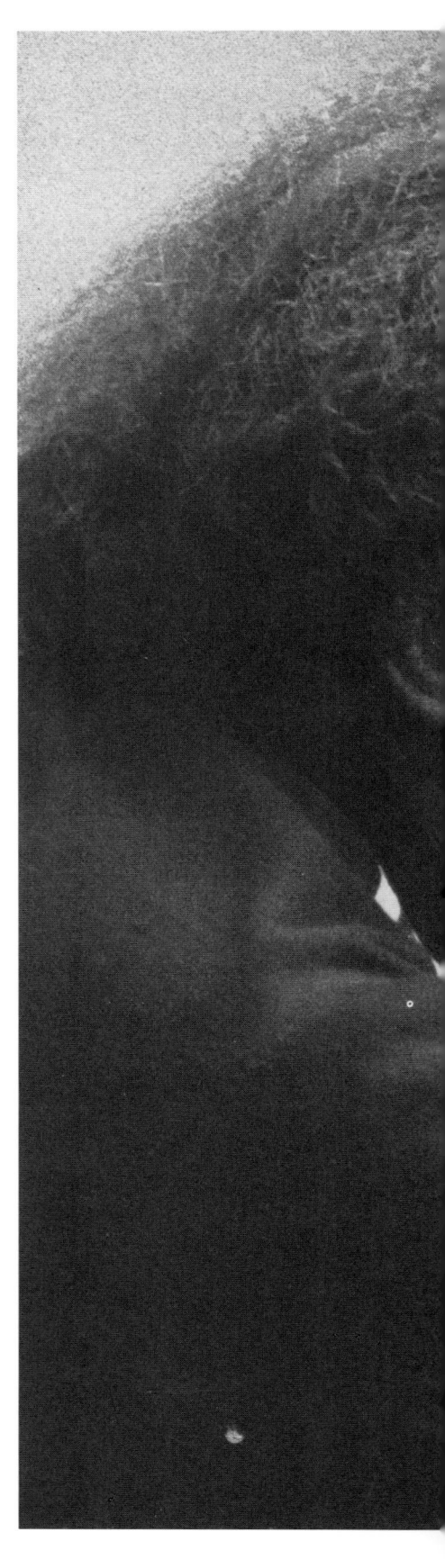

Wir alle sollten diesen hier aufgezeigten Problemen nicht ausweichen. Wir müssen versuchen, sie zu lösen. Wir müssen uns mit allen Kräften rechtzeitig darum kümmern. Nur durch eine ruhige und besonnene Arbeit können viele leistungsstarke Handballer heranwachsen; nur so können erstklassige Vereinsmannschaften entstehen und kann eine auf hohem Niveau stehende Nationalmannschaft gehalten werden.

Was andere über Stenzel sagen:
Ein Meister der Gruppendynamik

Es war in Montreal. Die deutsche Hallenhandball-Nationalmannschaft spielte gegen Polen. Sie verlor. Das Forum in Montreal, eine alte Eishokkeykampfstätte, berühmt wegen der Zuschaueratmosphäre, war nicht ausverkauft. Es wollte keine rechte Stimmung aufkommen. Das Spiel war auch nicht begeisternd. Nur ein Mann hatte es den Leuten angetan. Es war Vlado Stenzel, der Trainer der Deutschen. Er stand am Spielfeldrand, dirigierte seine Mannschaft von der ersten bis zur letzten Minute mit Hilfe einer Zeichensprache und einer Gestik, die an einen großen Dompteur erinnerten, der seine schwierigen Tiger nicht nur ständig scharf beobachtet und an ihnen die geringsten Stimmungs- und Konzentrationsschwankungen registriert, sondern sie während der ganzen Vorführung straff führt.

Stenzel ging zuweilen in die Hocke, guckte sich das Spiel aus der Perspektive von unten an, stand dann wieder auf, zog sich immer wieder die Hose zurecht, indem er mit beiden Daumen am Gürtel entlangfuhr. Er wollte seine Gefühle und seine Erregung wohl nicht zeigen. Sie mußten sich in Ersatzhandlungen Luft machen. Dann dirigierte er mit den Händen. Ein Spieler mußte das Feld verlassen und auf der Bank neben ihm Platz nehmen. Wie der Tiger in der Manege, wenn er einen Augenblick Verschnaufpause braucht und dabei Sicherheit erfahren muß. Sitzschemel im Zirkus und die Bank in der Halle sind nämlich nicht nur für bestrafte Sünder und Ersatzspieler da. Unter dem Einfluß der Dressur und des Trainings werden sie zu Orten der Ruhe und Erholung, aber auch der Fehlerkorrektion gemacht.

Im vorletzten Spiel um die Weltmeisterschaft in Dänemark holte Stenzel seinen Spieler Freisler sofort vom Feld, nachdem dieser gegen den Rumänen Cicsid einen verhängnisvollen Fehler gemacht hatte. Stenzel hockte sich vor den Spieler, der seinen Platz auf der Bank eingenommen hatte, und erklärte ihm in aller Ruhe, was geschehen war. Freisler hatte – wie die Psychologen sagen – sofort vom Trainer ein Feedback erhalten, eine Rückkopplung seines eigenen fehlerhaften Verhaltens. Das ist psychologisch sehr wichtig. Auch ein Dompteur wird nie bei einem Tier ein fehlerhaftes Verhalten im Sinne des Dressurzieles durchgehen lassen. Er weiß nämlich, daß sich solche Verhaltensweisen schnell wiederholen können. Er wird daher die Übung unterbrechen und das Ganze noch einmal fehlerfrei wiederholen.

Im Hallenhandball ist ein solches Verhalten des Trainers bis zu einem gewissen Grade während des Wettkampfes möglich, weil die Spieler ausgewechselt werden können. Wer also, wie Stenzel, das Auswechseln auf diese lernpsychologische Art und Weise nutzt, hat einen Vorteil, den die anderen vielleicht noch gar nicht bemerkt haben. Es ist erstaunlich, wie stark der Trainer Stenzel auf diese Weise selbst zum Mitspieler wird, der laufend in das Spielgeschehen eingreift, es verstärkt, lenkt, antreibt, kritisiert, lobt und eine Kommunikation praktiziert, die darauf schließen läßt, daß er die Gesetze der Gruppendynamik im Handball bis zur Perfektion beherrscht.

Das Geheimnis besteht nämlich darin, eine Gruppe straff zu führen, ohne die Eigengesetzlichkeit und Gruppenhierarchie der einzelnen Führungspositionen zu unterbinden.

In jeder Sportmannschaft gibt es neben der vom Trainer vorgenommenen Aufgabenverteilung und Positionsbestimmung der einzelnen Spieler noch eine zweite, oftmals nicht beachtete Rollenordnung. Es ist die soziale Hierarchie von Über- und Unterordnung, die von der Mischung der einzelnen Spielerpersönlichkeiten abhängt. Da gibt es starke und schwache Charaktere, Sympathie und Antipathie, Rivalitäten und manchmal Feindschaften, immer aber Gefühle und emotionale Bindungen.

Es spricht für den Psychologen Stenzel, daß er die Kräfte der Anziehung und Abstoßung nicht in einem falsch verstandenen Autoritätsanspruch an sich reißt, sondern sie zu lenken versucht. So hat er sich 1976 einmal geäußert, die Mannschaft müsse sich ihren Führer und die einzelnen Unterführer selbst wählen. Selbst Tests wurden dazu herangezogen. Die Antworten auf ganz spezielle Fragen sollten zeigen, wer wen als Boß anerkennt und wie sich die einzelnen Spieler untereinander sehen.

Das ist eine Äußerung und ein Verhalten, das nur diejenigen überrascht, die sich Autorität immer noch als einen grenzenlosen Gehorsamszwang vorstellen. Natürlich verlangt auch Stenzel, daß das gemacht wird, was er sagt. Aber er hat dabei immer seine Spieler als eigenständige Persönlichkeiten vor Au-

Vollversammlung vor dem Wurfkreis: Hallenhandball ist ein ausgesprochen dynamisches Gruppenspiel.

gen. Er weiß, daß ein gruppendynamisches Spiel nur gewonnen werden kann, wenn man den individuellen Einfallsreichtum der Spieler nicht hemmt, sondern fördert.

Er selbst hat gesagt, daß das Zusammenspiel in seiner Mannschaft besser funktioniere, wenn auch die Kommunikation, die außerhalb des Spiels über Gespräche zustande komme, funktioniere. Das ist eine Erkenntnis, die wir der wissenschaftlichen Gesprächspsychotherapie verdanken. Daß ein Trainer sie praktiziert, ohne dabei seine Autorität einzubüßen, spricht für das ungewöhnliche psychologische Geschick, mit dem Stenzel vorgeht. So hat er auch gesagt, er verlange unbedingte Gefolgschaft, aber er würde nie so weit gehen, daß die Spieler ihm nicht mehr folgen.

Er muß sich auf die Psychologie der Einfühlung ebenso verstehen wie auf die der exakten Beobachtung. Sonst wären diese Worte wohl nicht gefallen.

Das Verhalten Stenzels läßt über Jahre erkennen, daß er ein Selbstverleugner ist, wenn er beobachtet, und der unübersehbare Führer der gesamten Gruppe, wenn er Instruktionen erteilt. Von diesen beiden Fähigkeiten wird meines Erachtens der Erfolg bestimmt.

Die Spieler haben nämlich ein feines Gespür dafür, ob ein Trainer mit dem Machtanspruch der sogenannten Amtsautorität auftritt oder mit der Sachautorität des wahrhaft Überlegenen, dem man, wenn auch oft mürrisch, folgt. Deshalb verteidigen manchmal Spieler gerade ihren Trainer da, wo er ihnen eine große Selbstüberwindung abverlangt. Die

Angst vor der bedrohlichen Autorität verwandelt ein solcher Trainer in Gefolgschaft. Und es geht so lange gut, wie er damit Erfolg hat. Die große Gefahr bei dieser Psychologie besteht eigentlich immer nur darin, daß dem Trainer ein mächtiger Gegenführer unbemerkt in einem Starspieler erwächst, der ihm die Herrschaft streitig macht. Machtkämpfe zwischen dem Starführer einer Mannschaft und dem Trainer enden gewöhnlich mit der Entlassung des Trainers. Daß Stenzel vor Jahr und Tag Stars ausschloß und die Mannschaft neu aufbaute, so daß dieses Problem für ihn gelöst war, zeigt, daß er über große psychologische Fähigkeiten verfügt.

Stenzel läßt niemals die Kommunikation mit seinen Spielern abreißen. Im Training sind es Worte und Instruktionen. Er ist immer präsent. Im Wettkampf sind es Schlüsselgesten und Verständigungsblicke. Dadurch haben die Spieler nie das Gefühl, einer verantwortungsschweren Belastung allein ausgeliefert zu sein. Zur realistischen Selbsteinschätzung fehlt ihnen gerade während des Kampfes oft der kühle Kopf und die Überlegung, die den Spielfluß hemmen könnte. Das besorgt Stenzel. Er läßt keine Emotionen bei sich zu oder hält sie zumindest unter Kontrolle.

So sind seine Erfolge das Ergebnis einer ungewöhnlichen Persönlichkeit, die durch ihre klare Redeweise Sicherheit ausstrahlt. (Professor Fritz Stemme in „Die Welt")

Mister Feuerstein auf der Hitliste

Unaufhaltsam kobolzt sich seit einem halben Jahrzehnt eine Art Mister Feuerstein auf der Hitliste der Volkstümlichsten nach oben, der für den deutschen Nationalstolz eigentlich nicht das Geringste hergibt. Obwohl sein Nachname Stenzel für deutsche Ohren noch einigermaßen vertraut klingt, ist er ein waschechter Jugoslawe und erwarb auch als Jugoslawe seinen internationalen Ruhm als Handballtrainer.

Spätestens seit der 43jährige Vlado Stenzel mit der bundesdeutschen Nationalmannschaft bei der Weltmeisterschaft in Dänemark Furore machte, mag für viele die Versuchung naheliegen, ihn zum Helmut Schön der Handballer zu ernennen. Glücklicherweise hatte bisher niemand den Mut dazu. Vlado Stenzel ist ganz anders.

Um zu demonstrieren, was die beiden voneinander trennt, würde es genügen, einige der kernigen Sprüche zu zitieren, die der Jugoslawe bisweilen in etwas eigenwilligem Deutsch von sich zu geben pflegt. Hier nur drei Beispiele aus der Vorbereitungszeit für Dänemark: „Wir wollen als Favoriten zur Weltmeisterschaft fahren." — „Ich brauche Spieler, die mit Kampf und Glut geboren sind." — „Solange ich verantwortlich bin, wird eine deutsche Nationalmannschaft bei Weltmeisterschaften und Olympischen Spielen nie schwach spielen."

Worte dieses Zuschnitts wären aus dem eher zurückhaltenden ehemaligen Chef der Fußballer auch auf dem Folterbrett nicht herauszupressen gewesen. Schön war im Gegenteil ständig bemüht, Erwartungshaltungen zurückzuschrauben, Hitzewellen abzukühlen und Situationen zu versachlichen.

So wie Stenzel seinen Twens aus Hofweier, Großwallstadt, Gummersbach, Dankersen und Nettelstedt kommt, von denen einige noch zur Schule gehen, so hätte Schön den ausgebufften Großverdienern, mit denen er es zu tun hatte, nie und nimmer kommen können, oder er hätte sich der Gefahr ausgesetzt, passiven Widerstand zu provozieren.

Als sich der Student Horst Spengler einmal bei einer Abfahrt um wenige Minuten verspätete, überraschte ihn der Jugoslawe Stenzel mit einer Schelte, die jedem preußischen Feldwebel Ehre gemacht hätte. Seitdem herrscht bei den Handballern Pünktlichkeit in jeder Lebenslage. Helmut Schön dagegen ging jahrelang stillschweigend darüber hinweg, daß ihn beim gemeinsamen Mittagessen seine Topstars ein bißchen warten ließen. Er war viel eher bereit, etwas zu tolerieren. Unbequeme Maßnahmen verpackte er sorgfältig in diplomatisches Schmuckpapier. Nichts hätte ihn ärger als der Vorwurf getroffen, seine Schützlinge wie Schachfiguren hin und her zu schieben oder sie gar kaltherzig fallenzulassen. Wenn er es dennoch tat, schien er mehr darunter zu leiden als der Betroffene.

Stenzels Kontrastprogramm heißt: „Was ich sage, wird gemacht." Zähnefletschend, augenrollend, säuselnd und schreiend schwört er die Mannschaft auf seine Marschroute ein. Wer nicht mitzieht, hat keine Chance. Als er 1974 das Kommando über die bundesdeutsche Handball-Nationalmannschaft übernahm, hatten nationale Heiligtümer wie der Gummersbacher Hansi Schmidt über Nacht ausgespielt. Das Durchschnittsalter seines WM-Teams lag bei 23,4 Jahren und war das niedrigste des Turniers.

Der Bundestrainer der Fußballer – nach Schön nun Derwall – muß die Leute nehmen, wie sie sind; der Bundestrainer der Handballer hatte, als er sein Amt antrat, Gelegenheit, sich seine Leute selber zu backen. Schon in der Ausgangsposition liegt der Unterschied. Beide haben viel aus der ihren gemacht. Stenzel ist auf seine Weise noch bekannter geworden als seine Asse. (Ludwig Dotzert in „Frankfurter Rundschau")

Der beste Trainer der Welt

Vor dem WM-Endspiel gegen die UdSSR war ich so ruhig wie nie. Ich hatte keine Schmerzen mehr. Dr. Rehberg hatte mich wieder hingekriegt. Ich fühlte mich bärenstark, unheimlich fit. Während des gesamten Spieles war ich vom Sieg überzeugt. Ich wurde auch nicht unruhig, als die Russen am Anfang davonzogen.

Vlado Stenzel hatte uns vorher gesagt: „Mit der Silbermedaille habt ihr schon mehr erreicht als erwartet. Ihr könnt ganz frei und locker aufspielen." Er selbst strahlte ebenfalls eine stoische Ruhe aus. In der Pause – es stand 11:11 – erklärte er uns ganz sachlich die Fehler und sagte uns, wie wir es besser machen könnten. Ich hatte das Gefühl, er war ebenso wie ich vom Sieg überzeugt. Und dann zog er unseren Joker Jimmy Waltke, einen Mann, der während der WM noch nie gespielt hatte. Der Jimmy erzielte drei wichtige Treffer. Und die Russen waren konsterniert.

Vlado Stenzel ist für mich der beste Trainer der Welt. Er hat mich letztlich zu dem Spieler gemacht, der ich heute bin. Er versteht es wie kein anderer, ein Team zu bauen, bei dem alles stimmt. Wer charakterlich da nicht reinpaßt, hat keine Chance, auch wenn er noch so viele Tore in seinem Verein wirft.

Er hat uns in der Vorbereitung manchmal unheimlich hart rangenommen. Wir wurden von ihm bis zur totalen Erschöpfung geschlaucht. Da kann man nur durchhalten, wenn man weiß: Das Konzept stimmt.

Wir waren insgesamt fünf Wochen zusammen. 35 Tage immer die gleichen Gesichter, immer nur Handball, da geht man sich manchmal schon auf den Geist. Doch dank der psychologischen Fähigkeiten des Trainers haben wir die Zeit relativ gut überstanden. Ärger und Kräche untereinander gab es während der ganzen Zeit nicht. Stenzel ist eine Autorität. Es gab Leute, die behaupteten, Stenzel habe uns wie kleine Kinder behandelt. Ich habe das nicht so empfunden. Ich glaube, zum großen Erfolg gehört auch die notwendige Disziplin. (Nationalspieler Joachim Deckarm im „Express")

Eine Sportart zieht um
Vom Laufspiel auf dem Feld zum Kampfspiel in der Halle

Hallenhandball, so behaupten die Dänen, ist eine dänische Erfindung. Ein Oberstleutnant namens Holger Nielsen soll sich 1898 das schnelle Spiel ausgedacht haben. Die Deutschen, so räumt man in Dänemark gerne ein, könnten allenfalls als die Väter des Feldhandballs gelten. Doch dem Handball auf dem Großfeld, einem Spiel der weiten Wege und weiten Würfe, war international nur eine kurze Laufbahn beschieden. Handball auf dem Kleinfeld dagegen, das Spiel auf engstem Raum, kommt immer größer heraus. Siebzig Länder sind heute bereits dem Internationalen Handball-Verband (IHF) angeschlossen, und es kommen jährlich weitere Verbände hinzu. Eine alte Sportart gewinnt neue Freunde.

Es waren die Deutschen selbst, die ihrem eigenen Spiel, dem Feldhandball, als erste das Grab schaufelten. Denn schon 1938 organisierte der Deutsche Reichsbund für Leibesübungen in der Berliner Deutschlandhalle die erste offizielle Hallenhandball-Weltmeisterschaft. Mit nur vier Teilnehmern (Dänemark, Schweden, Österreich und Deutschland) begann man zwar recht bescheiden, doch dem zweitägigen WM-Turnier in Berlin ist es immerhin zu verdanken, daß auch Deutschland in der Statistik des Hallenhandballs neben Rumänien (viermal), Schweden (zweimal) und der Tschechoslowakei im Vierer-Club der Weltmeister schon vertreten war, als ein Mann wie Vlado Stenzel gerade das Laufen lernte und noch kein Spieler des WM-Teams von 1978 geboren war.

Der „Ehrenpreis des Reichssportführers von Tschammer und Osten" war vierzig Jahre lang die erste und letzte Trophäe für den deutschen Hallenhandball, im Osten wie im Westen, geblieben. Auch gemeinsam, 1958 in der DDR und 1961 in der Bundesrepublik, waren die Deutschen nicht stark genug. Von 1938 an ging's bergab, langsam, aber beständig. Dem Sieg von Berlin folgte der zweite Platz bei der zweiten WM 1954 in Schweden, der dritte Platz bei der dritten WM 1958 in der DDR und der vierte Platz bei der vierten WM 1961 in der Bundesrepublik. Der stete Abstieg konnte 1964 in der Tschechoslowakei mit einem weiteren vierten Platz nur etwas verlangsamt werden. Das sechste Turnier brachte dann 1967 in Schweden folgerichtig auch den sechsten Rang. Erst das Team der DDR führte den deutschen Handball wieder zurück an die Weltspitze: 1970 in Frankreich und 1974 in der DDR gaben sich die Ostdeutschen nur im Finale den Rumänen knapp geschlagen. Den Westdeutschen aber bescherte die achte Weltmeisterschaft 1974 mit dem neunten Platz einen absoluten Tiefpunkt.

Hallenhandball hat den Deutschen also viele Jahre keine Erfolge gebracht. Die große Tradition des Feldhandballs stand dem entgegen. Während man in den skandinavischen Ländern schon aus Witterungsgründen Handball frühzeitig unter Dach und Fach brachte, fand man auch in den Ostblock-Ländern mehr Spaß an Kleinfeld-Handball. Auf dem Großfeld aber wurde die Handball-Gemeinde immer kleiner. Die Deutschen siegten sich hier quasi zu Tode.

Von den insgesamt sieben Feldhandball-Weltmeisterschaften zwischen 1938 und 1966 gewannen die Deutschen nicht weniger als sechs. Allein 1948 schoben sich die Schweden in die gesamtdeutsche Phalanx, aber wohl nur deshalb, weil der Deutsche Handball-Bund damals noch nicht wieder Mitglied in der Internationalen Handball-Föderation (IHF) war und so seinen Titel gar nicht verteidigen konnte.

Seine Blütezeit erlebte der Feldhandball in den letzten Jahren vor dem Zweiten Weltkrieg und Anfang der fünfziger Jahre, als das Lauf-, Fang- und Wurfspiel in etwa 25 Ländern viele Freunde hatte. Als die Mannschaft der Bundesrepublik 1955 in Dortmund das Endspiel der vierten Weltmeisterschaft gegen die Schweiz (25:13) bestritt, kamen immerhin rund 50 000 Zuschauer in das Stadion Rote Erde.

Fünf Jahre zuvor war der Versuch einer Hallenhandball-Weltmeisterschaft in Schweden noch gescheitert, weil sich nicht genügend Teilnehmer fanden. Doch ebenso sprunghaft, wie sich das Hallenhandballspiel dann in vielen europäischen Ländern entwickelte, verebbte außerhalb des deutschsprachigen Raumes das Interesse am Feldhandball.

Die siebte Weltmeisterschaft auf dem Großfeld 1966 in Österreich war die letzte. Mit einem 15:15 zwischen den beiden deutschen Teams aus Ost und West vor 10 000 Zuschauern in Linz gab der internationale Feldhandball seine Abschiedsvorstellung. Die Mannschaft der Bundesrepublik wurde durch dieses Unentschieden der letzte Weltmeister auf

Abschied vom Feldhandball auch in Deutschland: TuS Nettelstedt und TSG Haßloch bestreiten 1975 das letzte deutsche Meisterschaftsfinale. Mit 15:14 holt sich Haßloch den Titel.

Grund des besseren Torverhältnisses vor der DDR. Rekordsiege über Polen (26:4) und Holland (28:7) gaben den Ausschlag.

Drei Jahre zuvor hatte die DDR das deutsche Duell im WM-Finale von Basel vor 14 000 Zuschauern mit 14:7 für sich entschieden. Und 1959 waren die Deutschen nach einem Beschluß des internationalen Verbandes das erste und letzte Mal bei einer Weltmeisterschaft gemeinsam zu Felde gezogen. Werner Vick und Heinz Seiler, später die großen Gegenspieler, betreuten damals gemeinsam je acht Handballer aus Ost und West. Im WM-Finale von Wien schlug die vielleicht beste Mannschaft, die es je auf dem Großfeld gegeben hat, das Team von Rumänien mit 14:11.

Nach der siebten Weltmeisterschaft 1966 in Österreich wollte man im Deutschen Handball-Bund nicht glauben, daß dies wirklich das Ende sein sollte. „Die achte Weltmeisterschaft 1969 in der Bundesrepublik findet auf jeden Fall statt", erklärte der damalige DHB-Vorsitzende Otto Seeber noch 1968 in München. Man versuchte alles, um den Patienten Feldhandball am Leben zu erhalten. Portugal, das elf Jahre zuvor sein letztes Länderspiel gegen die Deutschen bestritten hatte, und ein afrikanischer Staat sollten neben Österreich, der Schweiz und Holland für das WM-Turnier '69 gewonnen werden. Denn mindestens sechs Teilnehmer schrieb das internationale Reglement für eine „ordentliche" Weltmeisterschaft vor.

Die künstlichen Belebungsversuche für eine sterbende Sportart halfen wenig. Es gab nie mehr eine

86

Feldhandball-Weltmeisterschaft.

Auch einem Europapokal für Landesmeister war nur ein kurzes Leben beschieden.

Die Serie der Länderspiele im Feldhandball endete 1970, zwei Jahre vor dem olympischen Debüt des Hallenhandballs. Deutsche, Holländer und Österreicher trafen sich im Juni 1970 in Rotterdam zur internationalen Abschiedsparty des Feldhandballs. Für die Deutschen endete die Statistik standesgemäß: Mit Siegen (24:17 über Österreich und 22:12 über Holland).

Von den insgesamt 125 Feldhandball-Länderspielen zwischen 1925 und 1970 hatte der Deutsche Handball-Bund nicht weniger als 117 gewonnen, drei Spiele endeten unentschieden und nur fünf wurden verloren bei einem Torverhältnis von 2347:1155. Eine stolze Bilanz, die heute noch viele Freunde des Feldhandballs wehmütig werden läßt.

Dabei hatte die Geschichte des Feldhandballs für die Deutschen gleich mit einer Niederlage angefangen. Spiel Nr. 1 am 13. September 1925 in Halle wurde mit 3:6 gegen Österreich verloren. Auf Spiel Nr. 2 und den ersten Sieg mußte man fast zwei Jahre warten: Österreich wurde am 12. Juni 1927 in Wien mit 8:4 besiegt. Danach bekamen deutsche Niederlagen im Feldhandball Seltenheitswert. Die Statistik verzeichnete vielmehr einen Rekordsieg nach dem anderen: 22:0 gegen Ungarn, 29:1 gegen die Vereinigten Staaten, 34:2 gegen Luxemburg. Zwischen 1941 (ein 8:11 in Budapest gegen Ungarn als letzte Niederlage) und 1963 blieb die deutsche Nationalmannschaft 22 Jahre ungeschlagen.

Und nur Deutsche konnten dann die Deutschen erstmals wieder besiegen: Die DDR gewann in Basel das WM-Finale gegen die Bundesrepublik mit 14:7.

Nach dem endgültigen Exodus des Feldhandballs auf internationaler Ebene regte sich dann wenigstens noch einige Jahre auf bundesdeutschen Feldern etwas Leben. Die Vereine spielten im Sommer weiter Feldhandball zur Überbrückung der langen Pause der Hallen-Saison. Das sei der ideale Ausgleichssport für die Hallenspiele, behaupteten viele Trainer, im Sommer könne man auf dem Großfeld Kraft für die anstrengende Wintersaison tanken. Doch immer mehr Experten meldeten da ihre Bedenken an. Feldhandball und Hallenhandball seien zwei ganz verschiedene Sportarten mit sehr unterschiedlichen Anforderungen. Der Hallenhandball brauche ganz besondere Spielertypen. Und die zunehmenden Mißerfolge der Deutschen im internationalen Hallenhandball bestätigten, daß die Zweigleisigkeit wohl doch nicht leistungsfördernd sei.

Einige Clubs zogen daraus die Konsequenzen und verzichteten auf Meisterschaftsspiele im Feldhandball. Als immer mehr traditionsreiche Vereine diesem Beispiel folgten, konnte auch der Deutsche Handball-Bund nicht länger den Kopf in den Sand stecken. 1975 wurde zum letzten Mal um eine deutsche Meisterschaft gespielt. Die TSG Oßweil holte sich den letzten Titel, der damals schon nur noch geringen sportlichen Wert besaß, weil viele große Clubs gar nicht mehr mitgespielt hatten. Im Geburtsland des Feldhandballs wurde die Sportart zu Grabe getragen. Nur in unteren Spielklassen regte – und regt – sich immer noch etwas Leben. Doch die jungen Spieler, die heute das Abc des Handballs lernen, kennen den

Auch im Feldhandball wurde vor den Wurfkreisen hart und energisch zugepackt. Der Wellinghofener Neuhaus legt seine ganze Kraft in den Torwurf.

Ursprung ihrer Sportart nur noch vom Hörensagen. Handball bedeutet heute Hallenhandball. „Feldhandball ist Gift für Hallenhandball", meint dazu Vlado Stenzel.

Warum hat sich das Spiel vom großen Feld im Freien so schnell auf das kleine Feld in den Hallen verlagert? Warum wurden aus elf Spielern sieben? Warum konnte sich Feldhandball neben Hallenhandball nicht behaupten?

In einer Stunde Hallenhandball, so behaupten viele, sei „doppelt so viel los" wie in zwei Stunden Feldhandball. Tatsächlich gab es beim Feldhandball auf Grund der weiten Wege von Tor zu Tor eine Menge „Leerlauf" im Mittelfeld. Das große Gebiet zwischen den Wurfkreisen war im Lauf der Jahre praktisch zum sportlichen Niemandsland geworden: Da tat sich nichts. Man hätte ein Tor auch getrost an der Mittellinie der großen Felder aufbauen können, am Wesen des Feldhandballs hätte sich dadurch nichts geändert. Die Torszenen wären nur schneller aufeinandergefolgt.

Ständig wurden die Regeln geändert, um das Spiel neu zu beleben. Doch nichts wollte helfen. Selbst die Beschränkung auf das Spiel „sechs gegen sechs" vor den Wurfkreisen war am Ende nicht der Weisheit letzter Schluß. Da standen dann die übrigen vier Feldspieler im Mittelfeld herum und mußten warten, bis sie bei Ballbesitz-Wechsel wieder aktiv werden konnten.

All dies war auf den kleinen Handball-Feldern kein Problem mehr. Hier stürmte und verteidigte alles gemeinsam, wechselten die Torszenen so schnell, daß den Fans zwischen Hoffen und Bangen mitunter kaum Zeit zum Atemholen blieb. Härte, Hektik und Dramatik wurden zu den üblichen Attributen der großen Hallenschlachten. Aus dem Laufspiel war ein Kampfspiel geworden. Neue Techniken, neue Taktiken, neue Spielertypen setzten sich durch. Heute gilt Hallenhandball als ein ausgesprochen harter Männersport, auch wenn Frauen ebenfalls um Weltmeisterschaftstitel und olympische Medaillen spielen.

„Früher war Hallenhandball schöner", sagen heute ehemalige Spieler wie Bernhard Kempa, Hein Dahlinger, Horst Singer oder Hinrich Schwenker. Sie erlebten das Hallenspiel in der Phase des technischen und taktischen Aufbaus, hatten noch mehr Möglichkeiten zur freien spielerischen Entfaltung.

Vor allem im Ostblock wurde das Spiel dann immer athletischer. Kraft und Kondition gaben den Ton an, die Zeit der Handball-Hünen begann. Für feinnervige Spieler wie Kempa, den Handball-Professor aus Göppingen, war da kein Platz mehr. Immer härter, immer verbissener wurde der Kampf Mann gegen Mann. Auf engstem Raum wurde um jeden Zentimeter Boden gerangelt.

Aber auch Gewaltmenschen allein konnten sich auf Dauer im Hallenhandball nicht durchsetzen. Heute muß ein guter Spieler eine Art Modellathlet sein, kräftig gebaut und doch voll beweglich, ausdauernd, zäh und technisch perfekt. Mit Heiner Brand vom VfL Gummersbach hat der deutsche Handball eine Art Musterexemplar dieses Spielertyps zu bieten. Groß, schlank, kräftig, schnell und wendig, mit dem Willen zum bedingungslosen Einsatz auf allen Positionen.

Ähnlich wie Fußball oder Eishokkey ist Hallenhandball heute ein Spektakel für die Massen geworden. Hektik und Hysterie auf den Rängen machen mitunter Überstunden. Die Aufforderung zur Gewalt kommt bisweilen lautstark in Sprechchören: „Haut se auf die Schnauze." Wenn es in den Nahkampfzonen vor den Wurfkreisen besonders ruppig zugeht, kocht die Volksseele über. Choleriker toben sich aus, Betrunkene randalieren, die Handballhallen werden zu Tollhäusern. Die Dortmunder Westfalenhalle hat da schon

Jagdszenen aus dem Feldhandball: Mit Haken und Ösen wurde auch schon im Freien gekämpft. Mitunter ging es drunter und drüber.

manches Lehrstück an Massenhysterie erlebt.

Trotzdem – für viele wohl auch gerade deshalb – ist Hallenhandball zu einer faszinierenden Sportart geworden. Selbst für den „Kicker" fand am Wochenende des 6. März 1976 das „Spiel der Spiele" nicht im Fußball, sondern im Handball statt, trotz eines kompletten Bundesliga-Programms. Erstmals wohl hatte Handball König Fußball hierzulande einen Zacken aus der Krone gebrochen, als es in Karl-Marx-Stadt deutsch-deutsch um die Olympiaqualifikation ging. Bundesliga-Fußball wurde in der Sportschau des Deutschen Fernsehens zum Pausenfüller degradiert. Zehn Minuten konnten sich die Fernseh-Zuschauer entspannen bei Bayern – Schalke oder Frankfurt – Offenbach. Dann fesselte der Handball-Krimi von Karl-Marx-Stadt wieder das Millionen-Publikum. Ähnlich war es bei der Direkt-Übertragung des Kopenhagener Weltmeisterschafts-Endspiels. Die Einschaltquoten in Deutschland erreichten die Spitzenwerte von großen Fußball-Übertragungen. Es war schier unmöglich, von den dramatischen Spielen in Dänemark nicht mitgerissen zu werden.

Das Spiel in der Halle hat schon einige Krisen hinter sich. Vor der Weltmeisterschaft 1970 in Frankreich schien die Sportart in Brutalität zu erstarren. In Deutschland sorgten die Fehden zwischen den Hochburgen Gummersbach und Göppingen für negative Schlagzeilen. In den Europapokalspielen in der Dortmunder Westfalenhalle wurde der Sport mitunter mit Füßen getreten, wenn der VfL Gummersbach einige seiner großen Erfolge mit Brachialgewalt erzwang.

Doch das Bild des häßlichen Handballspielers bekam in den letzten Jahren neue Konturen. Die Saat der Gewalt ging nicht mehr auf. Das Spiel hat sich regeneriert, auch wenn man immer noch „hart zur Sache" gehen muß, um sich in einer Sportart durchzusetzen, in der Handgreiflichkeiten zur „Natur der Sache" gehören.

Im Hallenhandball kann man im Handumdrehen verspielen, was man sich vorher lange und mühsam erarbeitet hat. Das macht Hallenhandball unter gleichwertigen Teams so unberechenbar, so spannend, aber auch immer wieder so hektisch, hart und sogar brutal. Denn jeder Spieler weiß, daß ein einziger Fehler nicht nur den Sieg in einem Spiel, sondern gleich auch den Titel oder zumindest eine Medaille kosten kann.

Im Fußball wird oft genug Klage geführt, wenn irgendwelche Spiele am Ende durch Elfmeterschießen entschieden werden. Einer wie Franz Beckenbauer zum Beispiel lehnte diese „unvertretbare psychologische Belastung" rundweg ab. Handballspieler aber stecken immer in dieser Streßrolle. Während im Fußball ein guter Schuß aufs Tor, selbst wenn er das Ziel verfehlt, mit Beifall honoriert wird, und einzelne Ballverluste kaum Beachtung finden, ist im Handball jeder Fehlwurf, Fehlpaß oder Schrittfehler schon so etwas wie ein verschossener Elfmeter. Jede einzelne Aktion kann für den Spielausgang entscheidende Bedeutung haben. Die nervliche Belastung erreicht im Handball Grenzwerte, selbst unter den Zuschauern.

Handball Ost gegen Handball West:

Deutsch-deutsche Konfrontation zwischen den Toren

Es ist und bleibt etwas Besonderes, wenn Deutsche gegen Deutsche Fußball, Handball oder wer weiß was spielen. Wer das nicht mehr wahrhaben will, der brauchte nur mal den Handball-Recken aus Ost und West vor ihrem WM-Duell 1978 in Kopenhagen genau ins Gesicht zu schauen: bleich die einen, blaß die anderen. Und daran änderte sich nichts von der ersten bis zur letzten Sekunde, vom 0:0 bis zum 14:14.

Wem es bei Sport und Spiel nur auf Spannung ankommt, der hat an diesen innerdeutschen Zweikämpfen gewiß seine Freude. Ganz hart formuliert: die unglückselige Trennung unseres Landes in zwei Staaten und – seit Beginn der sechziger Jahre – auch in zwei nationale Teams, sei es bei Olympia oder bei Weltmeisterschaften, hat dem Sport hüben und drüben in nahezu allen seinen Spielarten immer dann zu besonderem Interesse verholfen, wenn zum ,,Bruderkampf'' gebeten wurde. Vermutlich würde man hier wie dort in manchen Sportarten einen Gang zurückschalten, wenn es nicht die ,,anderen'' Deutschen gäbe. Deutsch-deutsche Entspannung über den Sport? Vielleicht. Aber gewiß nicht über den Leistungssport.

Im Ausland zeigt man sich immer wieder verblüfft über die Verbissenheit, mit der sich die Deutschen in internationalen Turnieren bekämpfen. Niederlagen bei sportlich so bedeutenden Ereignissen wie Weltmeisterschaften oder olympischen Turnieren sind zwar für jede Mannschaft schmerzlich, aber wehe, wenn Deutsche gegen Deutsche verlieren. Das wurde anscheinend für beide Seiten von Mal zu Mal unerträglicher. Im Handball laufen sich die Deutschen aus Ost und West besonders oft über den Weg, weil die Welt in der Leistungsspitze dieser Sportart so klein ist. Kopenhagen brachte schon das achte innerdeutsche Duell in elf Jahren. Viermal siegte die DDR, dreimal die Bundesrepublik, und bei der WM trennte man sich erstmals unentschieden.

Es ist lange her, daß es im Hallenhandball so etwas wie gesamtdeutsche Freude gab. Zuletzt war das bei den Weltmeisterschaften 1958 in der DDR und 1961 in der Bundesrepublik der Fall, als Ost und West noch gemeinsam in der Halle zu Felde zogen. Die Erfolge der deutschen Handball-Einheit hielten sich freilich in Grenzen: dritter Platz 1958, vierter Rang 1961. Seit 1964, der fünften Weltmeisterschaft, schlagen sich die Deutschen getrennt durch. Aus Kooperation wurde immer wieder Konfrontation. Die Freude des einen war stets das Leid des anderen.

Da die Welt des Hallenhandballs praktisch immer noch Europa bedeutet, auch wenn in Dänemark Japaner und Kanadier eifrig mit von der Partie waren, ist es kein Wunder, daß sich die Wege der Deutschen bei Weltmeisterschaften im Handball viel öfter kreuzen als beispielsweise im Fußball. Und in Europa beschränkt sich zudem Handball in der Leistungsspitze auch noch auf die osteuropäischen und skandinavischen Länder sowie auf die beiden deutschen Staaten. Es ist eine Art Zehner-Club, der die Medaillen bei Olympischen Spielen und Weltmeisterschaften stets unter sich ausmacht.

Deutsch-deutscher Bruderkampf am Kreis: Die angespannten Mienen von Wolfgang Böhne (links) und Horst Spengler spiegeln die Härte der Ost-West-Vergleiche im Hallenhandball wider.

Schon beim ersten Weltturnier mit den „doppelten Deutschen", 1964 in der Tschechoslowakei, kam es gleich in der Vorrunde auch zum ersten deutsch-deutschen Duell. Mit 12:10 gewann das Team der Bundesrepublik, wurde damit Gruppensieger und kam am Ende immerhin auf den vierten Rang. Die Mannschaft der DDR konnte dagegen schon nach der Vorrunde wieder abreisen. Drei Jahre später, bei der WM in Schweden, kam die DDR wieder nicht über die Vorrunde hinaus, während die Auswahl der Bundesrepublik schließlich noch Sechste wurde. 1970 in Frankreich brachte das Viertelfinale von Orleans das bis dahin dramatischste WM-Duell der Deutschen: Die DDR gewann nach zweimaliger Verlängerung mit 18:17.

Erstmals war der Westen der große Verlierer bei den deutsch-deutschen Handgreiflichkeiten. Die DDR unterlag schließlich erst im Finale den Rumänen, die in der Vorrunde noch von der Bundesrepublik besiegt worden waren. Die westdeutsche Mannschaft mußte sich mit dem fünften Rang begnügen. 1974, beim Weltturnier im eigenen Land, verlor die DDR wieder das Finale gegen Rumänien, während die Bundesrepublik mit dem neunten Platz so schlecht wie nie zuvor abschnitt.

Auch Olympia brachte Deutsche und Deutsche schon auf Tuchfühlung. Und das ist im Hallenhandball durchaus wörtlich zu nehmen. In keiner anderen Sportart kommt man sich immer wieder so nahe. Die beiden Qualifikationsspiele für Montreal '76 in München und Karl-Marx-Stadt arteten gar zu einer Art Kleinkrieg im Saale aus. Daß die Westdeutschen dabei am Ende triumphierten und den zweimaligen WM-Zweiten DDR damit in die Zweitklassigkeit des B-Turniers schickten, war damals noch die internationale Handball-Sensation des Jahres.

Schweriner Heimspiele

Wie unterschiedlich deutsch-deutsche Begegnungen auf und neben den Spielfeldern verlaufen können, das wurde beim Ostsee-Pokal-Turnier 1977 in der DDR deutlich. Die Handballspieler der Bundesrepublik wurden mit Sympathiebeweisen durch die Zuschauer in Schwerin geradezu überflutet. Die Wellen der Begeisterung unter den Ostdeutschen für die Westdeutschen schlugen besonders hoch, als die junge Mannschaft von Bundestrainer Vlado Stenzel den Olympiasieger Sowjetunion in der mecklenburgischen Garnisonstadt der Sowjetarmee an den Rand einer Niederlage brachte. Die auf zahlreichen Transparenten und Plakaten gerühmte sozialistische Freundschaft und Bindung zum „großen Bruder" im

Westdeutscher Jubel über eine ostdeutsche Niederlage. Auch auf den Rängen geht es hoch her, wenn auf dem Spielfeld zur deutsch-deutschen Konfrontation gebeten wird.

Selten wohl haben deutsche Sportler mit einer Niederlage so viel gewonnen.

Die Spieler, die schon bei der Weltmeisterschaft 1974 in der DDR und bei der Olympiaqualifikation 1976 in Karl-Marx-Stadt dabei waren, wurden durch den krassen Stimmungswandel völlig überrascht. Damals waren sie von fanatisierten Partei-Funktionären auf den Rängen ständig ausgepfiffen worden.

Denn was bei deutsch-deutschen Sportbegegnungen in der DDR auf den Rängen passiert, das bestimmt die Partei. Das galt auch für die Begegnung in Wismar, wo das Team der Bundesrepublik gegen die Junioren-Auswahl der DDR (18:14) gespielt hatte. „Nur Rote", konstatierte ein Student der Wismarer Universität, der sich trotz langer Haare, Vollbart und verwaschener Jeans eine Karte organisiert hatte, mit einem Blick in die Runde. Tickets für die 1 800 Plätze waren nur über die Kreisleitung der SED und der Gewerkschaften verteilt worden. Die Sympathie für die Spieler aus dem Westen hielt sich dann auch prompt in der Nähe des Gefrierpunkts.

„Die Junioren-Auswahl der DDR zieht eben immer", fand ein DDR-Sportredakteur den Mut zur Ironie, als sich westdeutsche Journalisten darüber wunderten, daß diese sportlich eigentlich gar nicht so bedeutende Partie schon seit Wochen als „ausverkauft" galt. Für gesamtdeutsches Tauwetter aber sorgten die Schweriner Zuschauer, deren Begeisterung noch lange nach dem Spiel gegen die Russen Überstunden machte. Schon 48 Stunden zuvor, beim mühsamen 19:17-Sieg über die Schweden, war das Wort von den „Schweriner Heimspielen" für das Team der Bundesrepublik geprägt worden.

Alle Widrigkeiten dieses Turniers lösten sich in Wohlgefallen auf, als die Schweriner Zuschauer die Auswahl der Bundesrepublik mit den Wogen ihres Enthusiasmus beinahe bis ins Finale gespült hätten. Solch demonstrative Verbindung zwischen Ost und West hatte es im gesamten deutschen Sportverkehr schon seit Jahren nicht mehr gegeben. Der verpaßte Turniersieg war gegenüber dieser Erkenntnis gewiß nur noch zweitrangig.

Gut gebrüllt

Staatssekretär Günter Gaus gilt nicht gerade als Temperamentsbündel. Aber der Besonnene aus dem Norden, Leiter der Ständigen Vertretung der Bundesrepublik Deutschland in der DDR, geriet bei seinem Antrittsbesuch im Bezirk Frankfurt/Oder außer sich: „Ich habe mein Lebtag noch nicht so gebrüllt." Gaus ein Schreihals?

Nun, Gaus hatte zwar gut, aber nicht allein gebrüllt. Etwa tausend Handball-Fans in Frankfurt/Oder konnten das noch viel besser. Und so drang der Schrei des Staatssekretärs vermutlich nicht einmal bis zu den Ohren des Genossen Generaloberst Heinz Kessler oder des Admirals Waldemar Verners durch, die sich dort ebenfalls in einem umgebauten Lokomotivschuppen das Spektakel eines Hallenhandball-Europapokalspiels zwischen den Meistern von hüben und drüben (Gum-

Osten war draußen vor den Hallentoren geblieben, wo noch viele Hunderte Zuschauer trotz grimmiger Kälte ebenso geduldig wie vergeblich auf Einlaß warteten. Die in Kompaniestärke vorbeimarschierenden sowjetischen Garnisonsoldaten wurden nicht gerade mit freundlichen Worten bedacht.

Das Wellenreiten auf der Gunst der Schweriner war für (gesamt-) deutsche Verhältnisse gewiß noch weit erfreulicher als das bravouröse Spiel bei der etwas unglücklichen 21:23-Niederlage gegen den Goldmedaillengewinner von Montreal.

mersbach und Frankfurt/Oder) nicht entgehen lassen wollten.

Während Kessler, stellvertretender Minister der DDR für nationale Verteidigung, mit der Abwehr des DDR-Meisters auf dem Handballfeld nicht ganz zufrieden sein konnte, gab Gaus sich ungezwungen begeistert. Unter den Zuschauern wußte ohnehin niemand, daß der höchste Repräsentant der Bundesrepublik in der DDR dabei war, als der Meister West überraschend den Meister Ost besiegte. Der Hallensprecher mußte so viele wichtige Genossen mit Rang und Namen begrüßen, daß für einen Staatssekretär keine Zeit mehr war. Auch im „Neuen Tag", dem SED-Organ der Bezirksleitung Frankfurt/Oder, fand sich keine Zeile über den politischen Besuch in der Bezirksstadt.

Nach Magdeburg und Erfurt war Frankfurt der dritte Bezirk, den Gaus seit seinem Amtsantritt in Ost-Berlin besuchte. Der innerdeutsche Handball-Vergleich gab dem Staatssekretär die Gelegenheit, beim Bezirksratsvorsitzenden und beim Frankfurter Oberbürgermeister schnell mal vorbeizuschauen und guten Tag zu sagen. Der Sport ist dabei für Gaus in vielen Fällen ein wichtiges Mittel für die vielzitierte Normalisierung der innerdeutschen Beziehungen. „Es gibt viele wichtige Dinge, die ich hier zu tun habe", meinte er nach dem gemeinsamen Essen der beiden Mannschaften, zu dem er vom Armeesportclub „Vorwärts" eingeladen worden war, „aber es gibt wohl keine angenehmere, als mit Sportlern aus beiden Teilen Deutschlands zusammenzusein – diese Arbeit war Spaß für mich."

Die Begeisterung, die der „Schreihals" Gaus schon während des überaus spannenden Spiels nicht verhehlen mochte, äußerte sich später in dicken Komplimenten für die Handballspieler aus Gummersbach. „Mit dem Auftreten war ich sehr zufrieden. Da war überhaupt nichts Provinzielles dabei. Und vor allem: Die Gummersbacher wurden den Erwartungen, die hier an westdeutsche Sportler gestellt werden, gerecht." Das war nach der Meinung von Gaus nicht immer so gewesen. Der Staatssekretär ließ sich zwar nicht auf den Namen FC Bayern München festlegen, der bei seinen Fußball-Europapokalspielen in Dresden und Magdeburg mit einigen Extravaganzen und Taktlosigkeiten für beträchtliches Aufsehen gesorgt hatte, doch zweifellos ging der Seitenhieb in diese Richtung. „Die Normalisierung im innerdeutschen Verkehr resultiert auch aus solchen Spielen, wie wir es nun in Frankfurt/Oder erlebt haben. In diesem Sinne muß ich mich beim VfL Gummersbach bedanken."

Den Sportkalender zwischen dem Deutschen Sportbund der Bundesrepublik und dem Deutschen Turn- und Sportbund der DDR bezeichnet Gaus als eine "überaus wichtige Sache". Bei jedem Auftreten westdeutscher Sportler in der DDR ist ein Mitglied der Ständigen Vertretung der Bundesrepublik mit von der Partie, auch wenn die dritte Mannschaft des FC Traktor auf die Kreisklassenspieler des FC Kickers treffen sollte. Lediglich bei so spektakulären Ereignissen wie dem Europapokalspiel des VfL Gummersbach in Frankfurt/Oder läßt sich Gaus die Gelegenheit nicht nehmen, innerdeutsche Gespräche auch am Rande eines Spielfeldes zu führen. „Solche Unterhaltungen finde ich immer sehr sympathisch – andere Gesprächspartner sind meist viel schwieriger." Und brüllen kann man da schon gar nicht.

Schlagabtausch statt Gedankenaustausch

Ein Jahr nach dem Europapokalspiel des VfL Gummersbach beim Armeesportclub in Frankfurt an der Oder erlebte der Diplomat in Karl-Marx-Stadt beim Olympia-Qualifikationsspiel zwischen der DDR und der Bundesrepublik wiederum die Praxis des innerdeutschen Sportverkehrs: Schlagabtausch statt Gedankenaustausch. Doch damals wie jetzt konnte sich Gaus mit einem diplomatischen Seitenstep geschickt der allgemeinen Hektik und Dramatik entziehen: Ob Ost oder West, er sah nur Sieger. Die DDR war nach dem 11:8 zwar Sieger des Abends, für die Olympischen Spiele in Montreal aber hatte sich das Team der Bundesrepublik qualifiziert. Welche Konstellation ihm lieber sei? Gaus ausnahmsweise einmal ganz eindeutig: „Weiterkommen ist immer wichtig."

Trotz des ohrenbetäubenden Pfeifkonzerts gegen die Spieler der DDR beim ersten Treffen in der Münchener Olympiahalle, trotz der Hysterie ausgesuchter, linientreuer Zuschauer in der Eissporthalle von Karl-Marx-Stadt sieht der frühere Hamburger Journalist in solchen

Begegnungen immer noch Hilfen für seine politische Arbeit in Ost-Berlin. „Das ist doch normal", versuchte Gaus die Erbitterung auf den Rängen und die Verbissenheit auf dem Spielfeld auf das übliche Maß der Emotionen, die im Leistungssport nun einmal frei werden, herunterzudrücken. Gaus hat gelernt, auch zum bösen Spiel gute Miene zu machen.

Die Reaktion der etwa viereinhalbtausend Zuschauer, die nahezu einstimmig pfiffen und zischten, wenn sich auch nur einer der etwa 250 aus dem Westen Angereisten rührte, konnte freilich nicht als typisch gelten: Für dieses Spiel waren die Karten nicht frei verkauft, sondern sorgfältig in den Betrieben und Kombinaten verteilt worden.

Schadenfreude mischte sich in den Jubel der westdeutschen Spieler. Denn genau zwei Jahre zuvor war das Team der Bundesrepublik in derselben Halle, möglicherweise von denselben Zuschauern, mit Hohn und Spott verabschiedet worden, als im Weltmeisterschaftsturnier die Spiele gegen die Dänen und die Tschechoslowaken verloren wurden. Günter Gaus hat sich derweil, wie er selbst sagt, zum Handball-Fan entwickelt: „In der Erzeugung von Spannung sind Handballspiele jedem Fernsehprogramm überlegen." Ob solche Spiele auch andere als rein sportliche Spannung erzeugen, sei dahingestellt.

Zum Beispiel Baunatal

Wie ist das, wenn ein paar Sportler aus dem einen Teil Deutschlands ein paar Sportler in dem anderen Teil besuchen, um miteinander Handball zu spielen und hinterher noch zusammen ein Bier zu trinken? Eins vorweg: Es ist kompliziert. Komplizierter jedenfalls als, sagen wir, die Abseitsregel im Fußball. Denn mit dem Griff zum Telefon – „Habt ihr nächsten Samstag für ein Spielchen Zeit?" – ist es nicht getan. Und eine Postkarte genügt hier auch nicht.

Wenn sich da ein paar Menschen, die dieselbe Sprache sprechen, irgendeinen Ball zuspielen wollen, nur so, ohne Ambitionen auf Pokale, Medaillen oder Titel, ist das nämlich keine beliebige Trimm-Übung, sondern „Bestandteil" eines hochoffiziellen, mit viel Mühe und Not ausgehandelten, komplizierten Vertragswerkes zwischen dem Deutschen Sportbund (DSB) der Bundesrepublik Deutschland und dem Deutschen Turn- und Sportbund (DTSB) der Deutschen Demokratischen Republik. „Sportkalender" nennt sich das Ganze recht unscheinbar. Doch der Schein trügt. In diesem Kalender läßt sich nicht einmal nach Belieben blättern. Denn die Sportführer der DDR geizen mit Terminen, als stünden da Kassenpatienten vor den Toren teurer Privatkliniken.

Den DSB und DTSB unterscheidet rein äußerlich zwar nur das „T" der Turner im Verband der DDR, doch dieser eine Buchstabe erweist sich in der Praxis als unnachgiebiger als ein leibhaftiger T-Träger aus bestem Stahl. Die DDR hat zwar vor Jahren ihr „Ja" zum deutsch-deutschen Sportverkehr gegeben, doch – nach russischem Vorbild – ist es ein „Ja im Prinzip". Wenn schon innerdeutsche Turn- und Spielstunden, dann aber bitte nicht so oft. Im Durchschnitt sind es etwa siebzig, achtzig Termine, die Deutsche und Deutsche auf Trikotfühlung zusammenkommen lassen, wobei einige internationale Wettbewerbe das Bild der deutschen Zweisamkeit noch etwas verfälschen.

Die Wunschliste des DSB mit den Termin- und Partnervorschlägen seiner Vereine ist immer um ein Vielfaches länger gewesen. Doch wer dann wirklich wen wann und wie besuchen darf, das entscheidet letztlich allein der DTSB. Und „hüben" macht man – notgedrungen – gute Miene zum lustlosen Spiel von „drüben".

In der DDR wird man derweil nicht müde, immer wieder zu bekräftigen, daß diese privaten deutsch-deutschen Sportlertreffen „ganz normale Wettkämpfe" seien, die mit dazu beitragen sollen, die „Beziehungen zwischen den beiden deutschen Staaten zu normalisieren". Diese alte Platte legte zum Beispiel in Baunatal (bei Kassel) auch der Delegationsleiter eines Handballvereins aus Zwickau auf, wann immer er sich darauf angesprochen fühlte: „Dies ist schließlich keine Vergnügungsreise, wir sind nicht zum Spaß hier."

Die Gastgeber vom Turn- und Sportverein Eintracht Großenritte-Baunatal, die eigentlich bei dem zwei Tage dauernden Besuch der Betriebssport-Gemeinschaft Gru-

Freie Bahn zum Torwurf für Horst Spengler. Den DDR-Spielern bleibt nur noch der Blick zurück im Zorn. Allerdings ist Spenglers Fallwurf nicht korrekt. Der Hüttenberger hat im Kreis schon Bodenkontakt, bevor der Ball die Wurfhand verläßt.

benlampe Zwickau mehr an Sport, Spiel und Spaß gedacht hatten, reagierten leicht verschreckt: „Eigentlich hatten wir uns das ganz locker vorgestellt." Doch vom großen Ausflugs-, Unterhaltungs- und Besichtigungsprogramm, das sie vorbereitet hatten, konnten sie das meiste wieder streichen. Delegationsleiter Gottschalk aus Sachsen stellte von Anfang an klar: „Wir haben einen Auftrag. Der heißt Wettkampf. Und den führen wir durch." Punktum.

Und von der Zweitrangigkeit des Ergebnisses zwischen den beiden drittklassigen Teams, die sich dann übrigens ein erstklassiges Spiel lieferten (24:24), wollte er nichts wissen: „Unser Auftrag heißt auch Erfolg." Schließlich stehe hinter diesem Spiel der Vertrag von Sportverbänden zweier „souveräner Staaten".

Solche Worte machen natürlich erst recht aus diesen Sportlertreffen, was sie zwar ohnehin wären, aber eigentlich nicht sein sollen, nämlich ein handfestes Politikum. Auf beiden Seiten schleicht man dabei auf groteske Weise um den heißen Brei herum. So waren bei dem Spiel in Baunatal mit dem Parlamentarischen Staatssekretär im innerdeutschen Ministerium, Höhmann, und einem Mitglied der Ständigen Vertretung der DDR in Bonn die beiden politischen Seiten zwar vertreten, aber nur inoffiziell. Man sagte sich knapp „Guten Tag" und sonst folgte man der Devise: Außer Sport kein Wort. Abends beim Bankett fehlten beide Herren. Höhmann: „Das wäre wenig hilfreich. Das soll ein Kontakt unter Sportlern bleiben."

Doch die Berührungspunkte unter den noch sehr jungen Spielern selbst blieben auch beim Bier in Grenzen, wie man sich das in der DDR wünscht: Lieber Abgrenzung statt kleinem Grenzverkehr. So nah wie am Wurfkreis des Handballfeldes kam man nie mehr zusammen. Tuchfühlung nur für zweimal dreißig Minuten. „Tore zählen", mochte das Motto lauten. Aber Tore erzählen natürlich nichts über die Menschen, die sie werfen. „Es ist, als müßten Erwachsene wieder laufen lernen", schrieb die regionale Zeitung, die „Hessische Allgemeine", zu den mühsamen Versuchen, die gesamtdeutschen Gespräche in Gang zu bringen.

Vermutlich wären die jungen Spieler aus Zwickau dem Appell des Großenritter Abteilungsleiters und Organisators, Willy Icke, an das „menschliche Verständnis" gerne gefolgt, wenn sie nicht ständig von ihrer Delegations-Leitung und diese wiederum von einem „Beauftragten" des DTSB im Auge behalten worden wären. Ein junger Lehrer aus Zwickau zuckte nur mit den Schultern: „Gern wären wir noch einen Tag länger geblieben und hätten uns noch mehr angeschaut, aber das ist wohl nicht drin." Für drei seiner Mannschaftskameraden und den Trainer des Vereins, der gerade den Titel eines Bezirksmeisters im Kreis Karl-Marx-Stadt gewonnen hatte, war nicht einmal die Fahrt in den Westen „drin" gewesen.

Zum Beispiel Eisenhüttenstadt

Eisenhüttenstadt? Mein Gott, wo liegt denn das? In der Handballabteilung des Sportvereins Bayer Wuppertal schäumte die Begeisterung nicht gerade über, als die Antwort auf die Bewerbung für ein Spiel im deutsch-deutschen Sportverkehr eintraf. Eisenhüttenstadt – das klingt nicht gerade nach Sonnenschein und Wochenende, nach Betriebsausflug oder Vergnügungsreise.

Über Eisenhüttenstadt war kurz zuvor im Fernsehen berichtet worden; drei Spieler hatten den Film zufällig gesehen. Der Tele-Eindruck: Eisenhüttenstadt muß man nicht unbedingt gesehen haben. Die Skepsis war allgemein: Was sollen wir da bloß ein ganzes Wochenende?

Vier Wochen war die Einladung von Deutschland nach Deutschland unterwegs gewesen, vier Wochen von der Oder an die Wupper. Die Post in Wuppertal hatte ihre liebe Mühe mit der Zustellung gehabt. Denn jemanden mit dem Namen „SV Beyer" in der Friedrich-Engels-Straße gab es nicht, wohl aber einen „Sport-Verein Bayer" in der Friedrich-Ebert-Straße. Und der Sport-Verein der Wuppertaler Bayer-Werke ist selbst im engen Tal der Wupper ein weitläufiger Begriff: ein Verein von vielen.

Doch ob nun Engels oder Ebert, man fand schließlich doch zusammen: ein Handballteam aus der Bezirksliga Ost und ein Handballteam aus der Bezirksliga West. Sowohl die Spieler in Eisenhüttenstadt als auch die Spieler in Wuppertal wußten, daß sie unter vielen Bewerbern vielleicht nicht gerade ein großes, aber immerhin ein seltenes Los gezogen hatten.

Für achtzehn Wuppertaler war es eine „Fahrt ins Ungewisse" (Abteilungsleiter Peter Iselt), als man sich an einem späten Freitagabend per Liegewagen über Berlin und Frankfurt/Oder auf den langen Schienenweg nach Eisenhüttenstadt, das auch schon Stalinstadt hieß, machte. 36 Stunden später war eines für alle 18 gewiß: „Das machen wir im nächsten Jahr wieder." Klimaingenieur Iselt: „So viel Entgegenkommen, Herzlichkeit und Aktivität haben wir noch nie bei gastgebenden Vereinen erlebt." Die Handballabteilung der Betriebssport-Gemeinschaft (BSG) Stahl Eisenhüttenstadt, eines Walzwerkes mit 9 000 Beschäftigten, stellte ihren Wuppertaler Gästen nicht nur — wie im deutsch-deutschen Sportkalender vereinbart — Unterkunft, Verpflegung und ein Tagegeld von zehn Mark pro Person, sondern auch einen Bus und zwei Begleiter zur ständigen und vor allem beliebigen Verfügung.

Iselt: „Das Eis war gleich nach der Ankunft gebrochen, als wir unseren Gastgebern das Du anboten, so, wie es unter Sportlern eigentlich immer üblich ist." Wenn sich danach auch alle als (Sport-)Brüder fühlten, im sportlichen Vergleich selbst kam es keineswegs zu dem oft als besonders engagiert und leidenschaftlich bekannten „deutsch-deutschen Bruderkampf". Beim 24:18-Sieg des Bezirksligavereins Stahl Eisenhüttenstadt (dritte Klasse in der DDR) über den Bezirksligaverein SV Bayer

Arme hoch! Die bundesdeutsche Nationalmannschaft meldet Abwehrbereitschaft: Wunderlich, Klühspies, Deckarm und Brand. Keiner der vier Spieler mißt weniger als 1,90 Meter. Der Alte Fritz hätte an diesen langen Kerls gewiß seine Freude gehabt.

Wuppertal (sechste Klasse in der Bundesrepublik) in der mit 450 Zuschauern seit Monaten ausverkauften Halle, brauchten die beiden Schiedsrichter nicht eine einzige Ermahnung auszusprechen. Auch vor den Wurfkreisen waren an diesem Sonntag alle Deutschen Brüder.

Gerne wollten die Wuppertaler sich für diese Gastfreundschaft (Iselt: „Auf Wunsch kam morgens um sieben die Staatsbank in unser Kombinat-Bettenhaus, um Geldwechsel zu ermöglichen") bei einem Gegenbesuch der Eisenhüttenstädter an der Wupper revanchieren. Doch zwischen dem Sonntag an der Oder und einem Sonntag an der Wupper stand der Alltag der zähen deutsch-deutschen Sportverhandlungen.

Nr. 1 im Handball: Der Torwart
Was er zu halten und auszuhalten hat

Das Tor im Hallenhandball ist nicht gerade groß: zwei Meter hoch, drei Meter breit, sechs Meter im Quadrat. Und davor baut sich auch noch so ein Kerl von Torwart auf, nicht selten an die zwei Meter groß, der mit seinen langen Armen und Beinen zuckt und zappelt, daß man gar nicht mehr weiß, wie da überhaupt noch ein Ball ins Tor soll. Dennoch fallen im Hallenhandball weit mehr Tore als in jedem anderen Mannschaftsspiel, im Durchschnitt etwa 40 pro Spiel.

Alle 90 Sekunden ein Tor – da können doch nur große Taugenichtse in dem kleinen Tor herumlungern. Oder? Was machen die in den 60 Minuten, wenn ihnen die Bälle ständig durch die Lappen gehen?

Ein Fußballtorwart hat fast dreimal soviel Quadratmeter Tor zu bewachen, und das auch noch eine halbe Stunde länger. Trotzdem haben Tore im Fußball Seltenheitswert. Wenn der Maier Sepp im deutschen Fußballtor in einem einzigen Spiel zehnmal danebengreifen sollte, dann könnte der gleich einpacken. Unter anständigen deutschen Fußballern hätte der jedenfalls nichts mehr zu suchen.

Und was ist im Handball? Da kassiert dieser Unglücksrabe von deutschem Torwart doch in jedem Spiel rund ein Dutzend Tore und wird obendrein noch von seinen Mitspielern gefeiert und von den Fans angefeuert: Ein „Supermann", laut „Bild".

Dabei wirken die „Helden im Handballtor" eher wie beklagenswerte Schießbudenfiguren, denen ständig von allen Seiten Zunder gegeben wird: Freiwild für schießwütige Stürmer. Knapp ein Pfund Leder in Form eines wirklich sehr handlichen Balles fliegt ihnen mitunter so vehement um die Ohren, daß selbst den Zuschauern Hören und Sehen vergeht. Dabei gibt es so etwas wie eine Schonung für das Freiwild im Handballtor, einen sogenannten Torraum, der in einem Umkreis von sechs Metern für alle Spieler „off limits" ist: Betreten verboten.

Doch im Luftraum vor dem Handballtor ist die Freiheit noch grenzenlos. Und so springen und hechten die gegnerischen Stürmer in den Torraum, als wollten sie sich wie Kamikazeflieger zusammen mit dem Ball ins Ziel katapultieren. Erst kurz vor der Landung, also vor dem „Betreten" des Torraums, wird die geballte Ladung von einem Pfund Leder in Richtung Tor und Torwart geschleudert. Tempo 120, so haben Messungen ergeben, kann der Ball auf den ein oder zwei Metern Flug bis zum Tor erreichen.

Irgendwo dazwischen steht der arme Kerl von Torwart. Was kann er machen, was soll er tun? Jeder normale Mensch würde sich in einer solch brenzligen Situation möglichst klein machen, am liebsten auf der Stelle in den Boden versinken und allenfalls noch mit einem Auge nach dem nächsterreichbaren Sanitäter blinzeln. Wer möchte schon mit so einem „Pfundsding" von 120 Sachen auf Kollisionskurs gehen? Und genau das versucht der Mensch im Handballtor. Er macht sich möglichst noch größer und breiter, als er ohnehin schon ist, geht der Gefahr noch ein Stück entgegen und freut sich diebisch, wenn der andere ihn voll getroffen hat. Handballtorhüter

Komm in meine Arme: Manfred Hofmann im deutschen Tor als „einnehmendes" Wesen. Breit und breiter macht sich der tüchtige Torwart, um dem Stürmer das Ziel zu verkleinern.

als Masochisten?

Dem Kerl im Tor bleibt, wenn er ein ganzer Kerl ist, gar keine andere Wahl. „Bewußtes Reagieren auf Würfe aus solch kurzer Entfernung ist nicht drin", meint Manfred Hofmann, Deutschlands Handballtorwart Nummer eins. „Man sieht den Ball gar nicht mehr", ergänzt Rudi Rauer, Hofmanns gleichwertiger Stellvertreter, „man kann allenfalls noch mit einem Reflex etwas erreichen."

Die große Kunst des Torwarts besteht darin, schon beim Ansatz der gegnerischen Stürmer zu ihren Sprung-, Fall- oder Knickwürfen zu erkennen, wie der Ball geworfen wird. Und der Torhüter versucht dann vor allem, das Ziel in seinem Rücken für den Schützen zu verkleinern, sich also möglichst „flächendeckend" vor dem Tor zu postieren. Durch bestimmte Haltungen und Bewegungen soll der Stürmer zudem zu einem bestimmten Wurf verleitet oder zumindest bei der endgültigen Wahl seines Ziels verunsichert werden. „Da gibt es eine Menge Tricks", verrät Hofmann. Schließlich hat auch der Schütze mitten in der Wurfbewegung nicht mehr viel Zeit, alle Reaktionen des Torwarts voll zu erfassen. Es geht um Bruchteile von Sekunden. Ist der Ball erst einmal in der Luft, so helfen dem Torhüter auch die schnellsten Reaktionen nicht mehr, sondern nur noch Reflexe.

„Torhüter sollten deshalb rund 1,90 Meter groß sein, um mit möglichst knappen Bewegungen das Tor optimal abdecken zu können", meint Klaus Zöll, der Handball-Experte im Bundesausschuß Leistungssport und Trainer des TV Großwallstadt, wo auch Hofmann im Alltag der Bundesliga das Tor hütet. „Sind die Torhüter wesentlich größer, werden sie meist zu unbeweglich, sind sie viel kleiner, müssen sie sich zuviel bewegen", erläutert Zöll. Torhüter von der Größe des Hamburger Hans Jürgen Bode (1,74), der bis 1974 immerhin 69 Länderspiele für Deutschland bestritt, wären heute kaum noch denkbar. Im Hallenhandball ist in den letzten Jahren alles härter geworden, nicht zuletzt auch die Würfe. „Da bleibt keine Zeit mehr für die Flieger im Tor", meint Zöll.

Die drei Torhüter der Bundesrepublik, die an dem Wiederaufschwung des westdeutschen Handballs einen ganz wesentlichen Anteil haben, Manfred Hofmann (1,91 Meter), Rudi Rauer (1,91 Meter) und Rainer Niemeyer (1,90 Meter) bringen also schon von der Statur her die idealen Voraussetzungen für das schwere Amt im Handballtor mit. „Verletzungen", so beteuern alle drei, „sind sehr selten." Gefährdet ist vor allem der Kopf. „Doch kein anständiger Spieler zielt bewußt darauf", meint Hofmann. Gehirnerschütterungen sind ihm dennoch nicht ganz unbekannt. „An Körper, Armen und Beinen hinterläßt die Wucht der Würfe keine Spuren." Handballtorhüter sind hart im Nehmen. „Das trainiert man sich an", sagt Hofmann. Sicher kommt dem Torhüter in allen Sportarten eine besondere Bedeutung zu. Seine Fehler kann schließlich niemand mehr ausbügeln. Doch spielt der Torwart im Handball noch eine wesentlich wichtigere Rolle als etwa im Fußball. Gerade bei einer Welt-

Springlebendig müssen die Torhüter im Hallenhandball sein. Nur mit solchen artistischen Einlagen ist in höchster Not oft noch was zu retten.

meisterschaft, bei der in der Hauptrunde der besten acht Mannschaften gewiß jeder jeden schlagen kann, hängt das Wohl und Wehe eines Teams vor allem von dem Mann im Tor ab.

Fünfundvierzig bis 50 Angriffe, so zeigt es die Statistik, kommen pro Spiel auf jeden Torwart zu. Zehn Angriffe scheitern im Durchschnitt schon vorzeitig. Der Torwart muß also etwa mit 35 bis 40 Schüssen auf sein Tor rechnen. Rund 12 Prozent der Würfe verfehlen in der Regel das Ziel, also vier bis fünf. Bleiben noch 30 bis 35 Gelegenheiten für den Torwart, sich auszuzeichnen. „Gelingt ihm das zu 40 Prozent, dann ist er schon ein sehr guter Mann", erklärt Klaus Zöll. Torwart Manfred Hofmann zum Beispiel wehrte bei den deutschen Siegen über die Jugoslawen (18:13) und die Tschechoslowaken (16:13) bei der WM '78 in Dänemark rund 50 Prozent aller Würfe ab, unter anderem auch vier von insgesamt zehn Strafwürfen. „Eine Superleistung", bestätigt Zöll.

Was sich dabei mit keiner Statistik feststellen läßt, ist die psychologi-

**Boden-Akrobatik: Ein Torhüter muß
in jeder Lage auf der Hut sein.**

sche Wirkung eines solchen Teufelskerls im Tor auf die Moral der gegnerischen Stürmer. Und sind die erst einmal verunsichert, ist das Spiel schon halb gewonnen.

Die Feldspieler:
Mal jagen, mal gejagt werden

„Vorwärts, wir müssen zurück!" Auf diese Formel könnte man das Hin und Her in den sechzig Minuten eines Handballspiels bringen. Die jeweils sechs Spieler einer Mannschaft sind ständig unterwegs: Alles vor, alles zurück, mal jagen, mal gejagt werden. Etwa vierzigmal pro Spiel werden die Rollen im fliegenden Wechsel getauscht. Aus Stürmern werden Verteidiger, aus Abwehrspielern Angreifer.

Handballspieler müssen also vorne und hinten ihren Mann stehen, müssen Tore verhindern und Tore erzielen können. Spezialisten wie beim Fußball, die nur für das eine oder andere verantwortlich zeichnen, kennt man im Handball nicht oder kaum. Wenige Ausnahmen bestätigen hier die Regel, wenn Spieler aus bestimmten taktischen Gründen von ihrem Trainer speziell im Angriff oder nur in der Abwehr eingesetzt werden. Doch bei dem immer höher werdenden Tempo im Handball bleibt für solche ständigen Wechselspiele kaum noch Zeit. Die Doppelrolle auf dem Parkett des Handballs gehört zum üblichen Repertoire der Spieler.

Der Trend zum Allround-Athleten hat sich in den letzten Jahren immer stärker durchgesetzt. Dennoch kennt man auch unter den sechs Feldspielern eine bestimmte Rollenverteilung.

Im Angriff unterscheidet man vornehmlich zwischen Rückraum- und Kreisspielern. Die Bezeichnungen allein sagen schon alles über das „Einsatzgebiet" aus. Die Kreisspieler sollen in vorderster Front, in der „Nahkampfzone" vor den Wurfkreisen, aktiv werden, die Rückraumspieler stoßen „aus der Tiefe des Raumes" vor. Das Verhältnis zwischen den beiden Angriffslinien schwankt zwischen 2:4 und 4:2, das heißt: zwei, drei oder vier Spieler agieren vorne, der jeweilige Rest spielt im Rückraum. Das taktische Verteidigungskonzept des Gegners, die eigene Angriffstaktik, die personelle Besetzung einer Mannschaft und die individuellen Stärken einzelner Spieler können über die Art der Angriffsformation entscheiden.

Ähnliches gilt für die Abwehrformationen. In der Raumdeckung können alle sechs Spieler an den Kreis zurückgezogen werden (6:0-Deckung), wobei immer wieder ein Spieler vorschnellt, um den Gegner in seiner persönlichen Abwehrzone anzugreifen. Vor einer geschlossenen Reihe am Kreis können aber auch ein oder zwei Spieler ständig in vorderer Abwehrposition spielen (5:1 beziehungsweise 4:2), um den Gegner frühzeitig in seinem Kombinationsspiel zu stören und an den Kreis vorbrechende Rückraumspieler anzugreifen. Auch hier bestimmen in erster Linie taktische Überlegungen und individuelle Fähigkeiten das Konzept.

Oft wird zwischen den einzelnen Formationen gewechselt, läßt sich gar nicht mehr genau bestimmen, welche Taktik vornehmlich gespielt wird. Handball ist ein Bewegungsspiel, die starren Systeme mit schematischen Kombinationen haben sich nicht durchsetzen können. Der Spielfluß entscheidet oft über das Verhalten in Angriff und Abwehr. Die Fähigkeit zur Improvisation zahlt sich auf Dauer mehr aus als die sture Planung. Die Mischung aus Inspira-

Die Lücke zum Torwurf: Der deutsche Mannschaftskapitän Horst Spengler nutzt sie entschlossen bei einem Länderspiel gegen Rumänien.

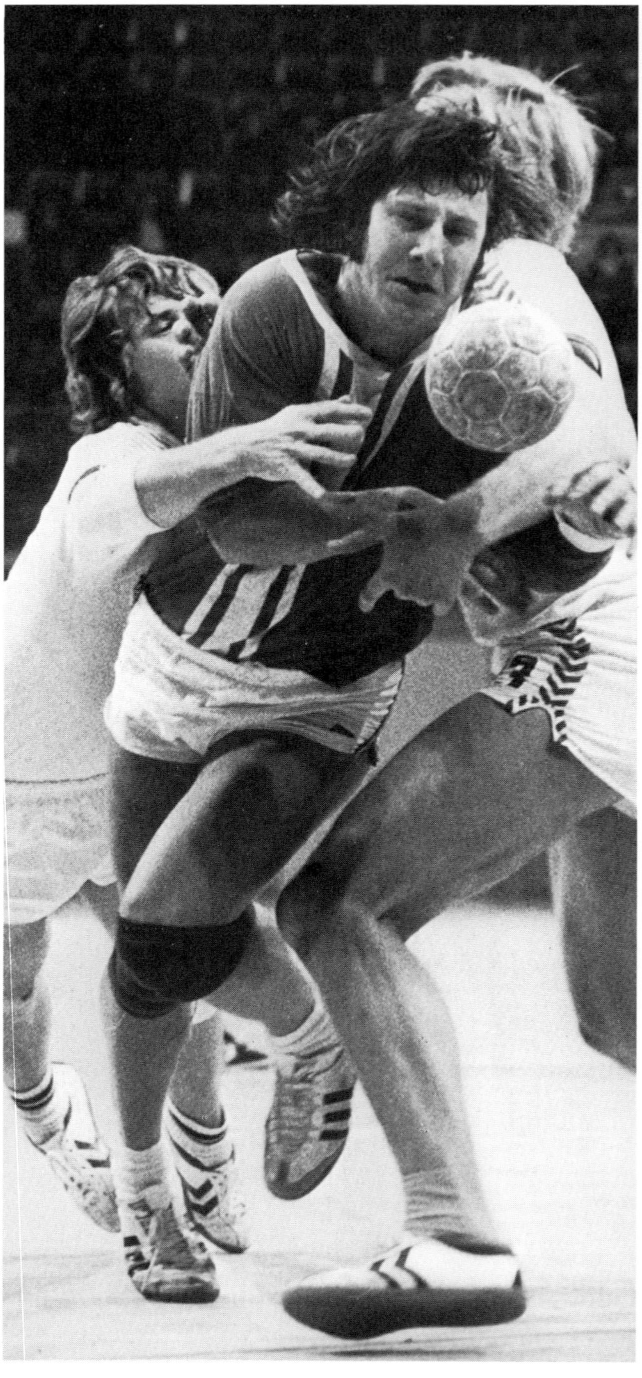

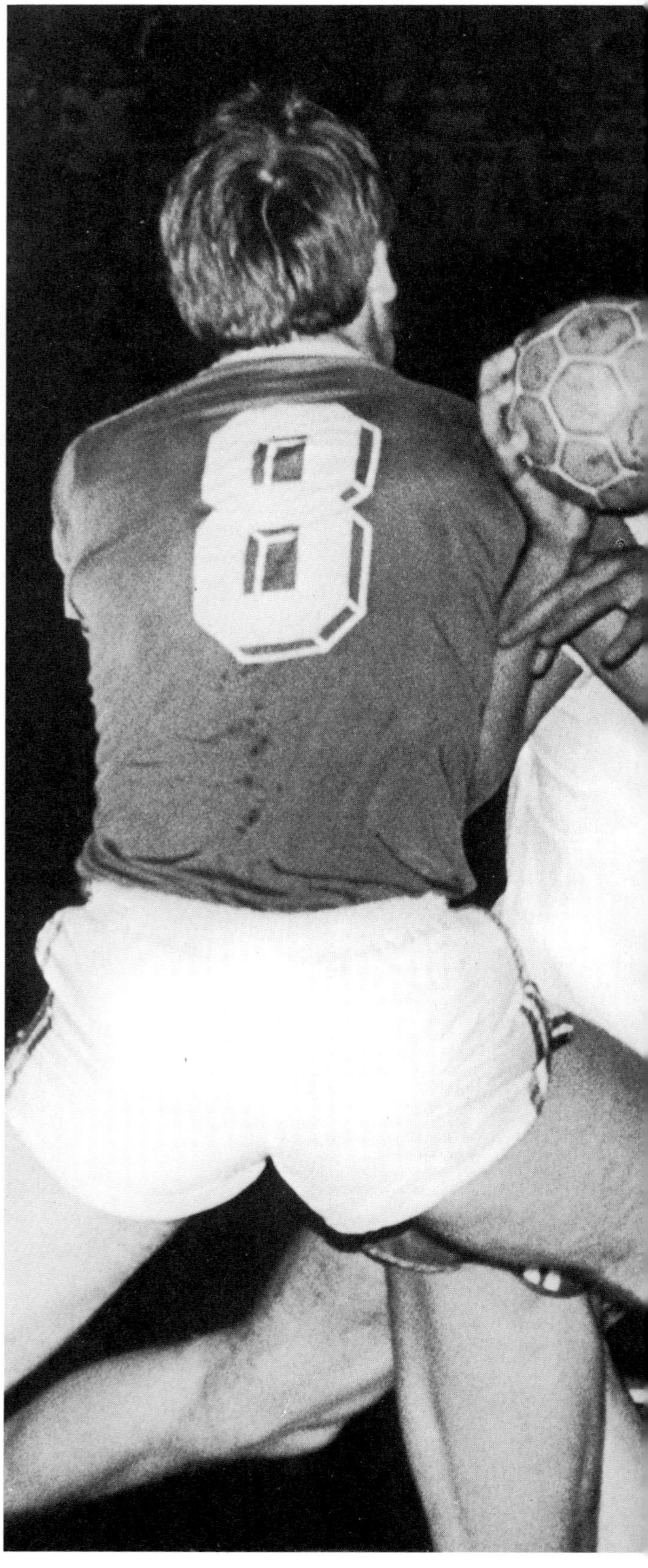

**Einsatz ist Trumpf im Hallenhandball.
Nur mit großem Kampfgeist kann man
sich in dieser Sportart durchsetzen.**

tion und System macht heute den Meister.

Dennoch bleiben die einzelnen Aufgabenbereiche natürlich fest verteilt. In der Abwehr zum Beispiel sollten die großen Spieler möglichst im Abwehrzentrum stehen, falls sie kräftig und beweglich genug sind. Denn über die Mitte stürmen in der Regel die Weitwurfspezialisten aus dem Rückraum vor, genauer von halblinks oder halbrechts. Die Abwehrkette muß sich ständig verschieben zur gefährdeten Seite.

Die Außenverteidiger haben es da etwas gemütlicher, auch wenn am Kreis auf allen Positionen stets höchste Abwehr-Bereitschaft gesichert sein muß. Mit gutem Paßspiel läßt sich schließlich ein Angriff blitzschnell von einer Seite auf die andere verlagern.

Besonders beweglich und konditionsstark sollten die vorgezogenen Abwehrspieler sein. Sie müssen ständig auf dem Sprung sein, nicht zuletzt, um durch das überraschende Abfangen eines Balles einen Tempo-Gegenstoß einzuleiten und möglicherweise auch alleine durchzuführen. Mit diesen sogenannten Harpunen ist schon mancher Gegner zur Strecke gebracht worden.

Das Gardemaß im Rückraum

Handballspieler müssen nicht unbedingt Zwei-Meter-Männer sein, um groß herauszukommen. Doch ein gewisses Gardemaß ist immer ein Vorteil, vor allem für die Rückraumspieler. Denn die Sprungwürfe über die Abwehr am Kreis fallen natürlich um so leichter, je größer und

Zwei „Bomber" in Aktion: Links Joachim Deckarm, rechts Hans-Günther Schmidt, die beide mit zahlreichen Toren dem VfL Gummersbach in der Dortmunder Westfalenhalle zu nationalen und internationalen Erfolgen verhalfen.

Packende Zweikämpfe im wahrsten Sinne des Wortes. Handgreiflichkeiten liegen beim Handball in der Natur der Sache.

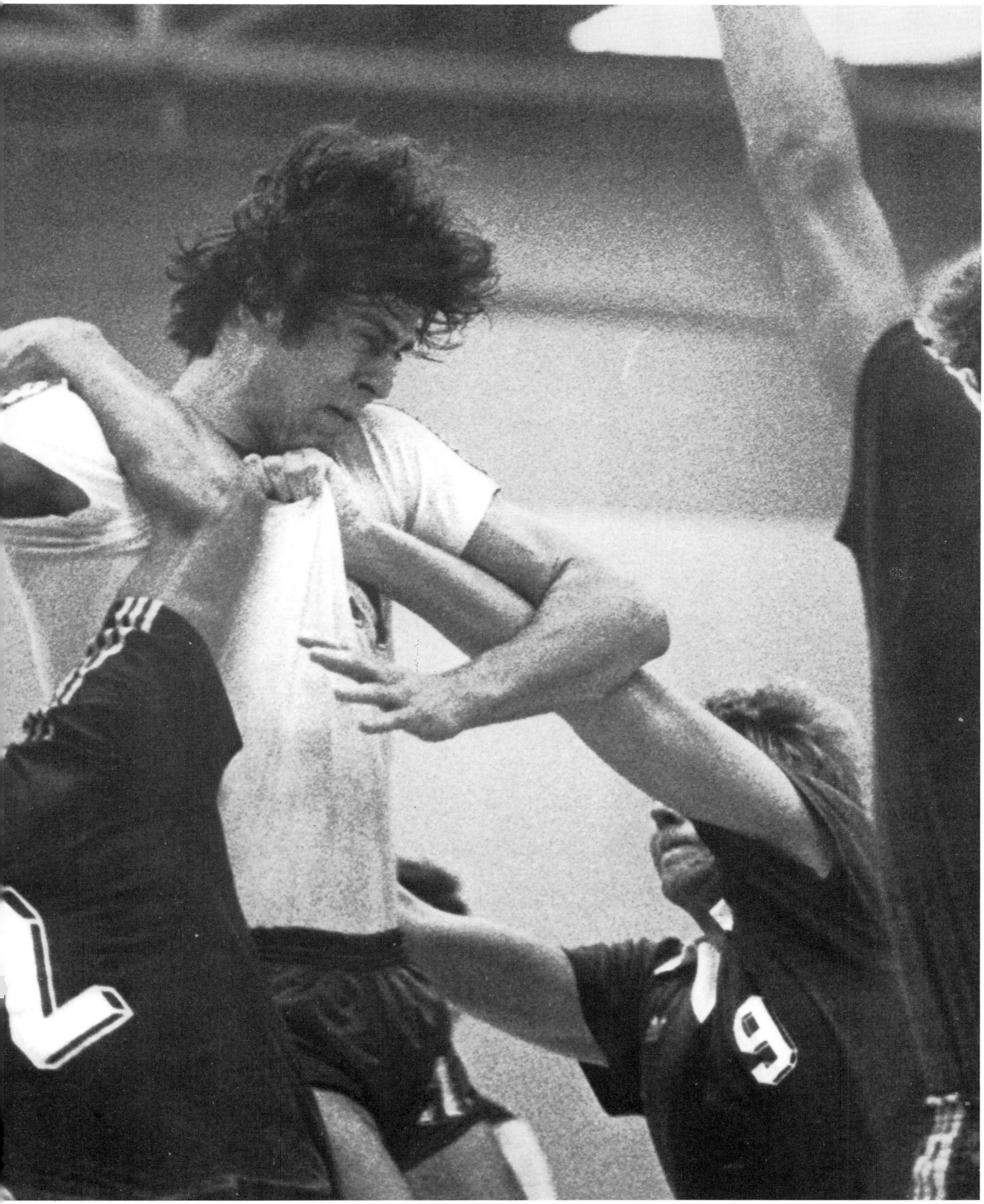

kräftiger ein Spieler ist. Gerade die Schützen aus der zweiten Reihe müssen sich in erster Linie recken und strecken, um möglichst von weit oben den Ball über die erhobenen Hände der Abwehrspieler wuchtig aufs Tor schleudern zu können. Zwei-Meter-Männer sind im Handball deshalb keine Seltenheit.

Aber nicht nur Sprung- und Wurfkraft zeichnen einen guten Rückraumspieler aus, auch die Fähigkeiten zum Spielaufbau, zum Lauf- und Paßspiel vor der Nahwurfzone, zum Anspiel der Kreisläufer und zum Kombinationsspiel mit ihnen sind in den letzten Jahren immer wichtiger geworden. Die Zeiten der großen „Bomber", auf die das gesamte Angriffsspiel einer Mannschaft zugeschnitten wurde, scheinen vorbei. Durch konsequente Manndeckung hatten die „Schrecken" von einst, Spieler wie Gruia, Schmidt und Kählert, immer mehr an Wirkung verloren. Handball ist wieder mehr zum Teamwork geworden. Die deutsche Mannschaft holte sich auf diese Weise in Dänemark den Weltmeistertitel.

Im guten Verständnis zwischen Rückraum- und Kreisspielern liegt heute der Schlüssel zum Erfolg. Auch hier können die Aufgaben ständig wechseln, gehen Rückraumspieler plötzlich mit an den Kreis, tauschen die Außenspieler am Kreis ihre Positionen, schaffen die einen Platz für die anderen und umgekehrt. Je schneller und flüssiger dieses Wechselspiel stattfindet, desto verwirrender für den Gegner.

Der Kampf am Kreis

Eine harte, konzentriert arbeitende Abwehr läßt sich heutzutage nicht mehr so leicht aus den Angeln heben. Vor allem die Kreisläufer haben dabei alle Hände voll zu tun. Und das ist durchaus wörtlich zu nehmen. Sie brauchen eine gehörige Portion Standhaftigkeit, um sich im Nahkampf vor dem Kreis zu behaupten, um den Rückraumspielern Gassen zu öffnen oder auch sich selbst gute Wurfpositionen zu verschaffen. Nur robuste Spieler können sich am Kreis durchsetzen. Außerdem brauchen sie eine besondere Geistesgegenwart: Wer nicht in Sekundenbruchteilen eine Lücke nutzen kann, kommt dort wohl nie zum Zug, oder besser: zum Wurf.

Der Kampf am Kreis fordert harte, schnelle, entschlußfreudige Männer mit einer überdurchschnittlichen Körperbeherrschung. Denn aus jeder Lage müssen sie zum Sprung- oder Fallwurf ansetzen können, blitzschnell die Situation erfassen und sich auch durch die Störversuche der Abwehrspieler nicht beirren lassen. Denn ganz ohne körperliche Behinderung kommt ein Kreisspieler nur selten zum Wurf.

Die Härte des Handballs hat die Spieler geformt. Nur noch ausgebildete Athleten können den Sprung in die Elite schaffen. Ein Mann wie der Gummersbacher Joachim Deckarm war einst ein talentierter Zehnkämpfer. Laufen, Werfen, Springen, die drei Grunddisziplinen der Leichtathletik, spielen auch zwischen den Handballtoren eine große Rolle. Ballgefühl, Spielintelligenz, Mut, Entschlossenheit und überdurchschnittliche Reaktionen sollten weiter zum Rüstzeug eines erfolgreichen Handballspielers gehören, und nicht zuletzt trotz aller notwendigen individuellen Fähigkeiten die Einsicht in das Gebot des modernen Handballspiels: Teamwork ist alles.

Frauen im Handball

Ein bezaubernder Einblick in den Frauen-Handball. Die dunklen Augen gehören einer ägyptischen Nationalspielerin, die so gerne an den Ball heran möchte. Doch Hannelore Becker gibt ihn einfach nicht her. Da könnte gewiß so mancher männliche Handball-Hüne schwach werden.

Frauen fahren Rennwagen, spielen Fußball, stürzen sich von Zehn-Meter-Türmen herunter, gehen mit Fechtwaffen aufeinander los und zielen mit Gewehren und Pistolen. Warum also sollten sie nicht Handball spielen? Im Sport wird das „schwache" Geschlecht immer stärker.

Schon 1934 wurde in Deutschland die erste Feldhandball-Meisterschaft der Frauen ausgetragen. Der TV Eimsbüttel war der erste Meister und wäre um ein Haar auch der letzte Meister geworden, wenn nicht der 1. FC Nürnberg den Hamburgerinnen 1968 den letzten Titel weggeschnappt hätte. Der TV Eimsbüttel war noch 1966 und 1967 erfolgreich gewesen. Auch im Hallenhandball der Frauen beginnt die Meistertafel mit dem Namen TV Eimsbüttel. Hier holten sich die Hamburgerinnen 1958 den ersten Titel.

Über die Spiele auf dem Kleinfeld haben auch die Frauen den Umzug des Feldhandballs in die Halle mitgemacht. Nicht alle waren glücklich darüber. Denn Handball in der Halle entwickelte sich immer mehr zum „echten" Männersport. Und so wurde auch der Frauen-Handball von Jahr zu Jahr immer athletischer, immer anstrengender, immer härter.

Im Wettkampf mit den Mannschaften aus dem Ostblock konnten die Teams aus dem Westen bald nicht mehr mithalten. Sämtliche Titel (1949, 1956 und 1960 auf dem Großfeld, 1957 und 1962 auf dem Kleinfeld, seit 1965 in der Halle) wurden von Spielerinnen aus dem Osten gewonnen. Auch das erste olympische Handball-Turnier der Frauen war 1976 in Montreal (im Endspiel siegte

Frauen-Handball von vorne und hinten besehen: Auch das schwache Geschlecht macht hier einen starken Eindruck.

die UdSSR über die DDR) fest in sozialistischen Händen.

Die Handballspielerinnen des Westens haben es also nicht leicht. Um international mithalten zu können, müßten sie schon genauso hart und verbissen zupacken wie ihre Konkurrentinnen aus dem Ostblock. Doch Härte um jeden Preis nach Männerart lehnen viele im Frauen-Handball ab. Mit spielerischen Mitteln allein aber läßt sich die körperliche Unterlegenheit nicht ausgleichen. So bleibt der Frauen-Handball in der Bundesrepublik Deutschland das fünfte Rad am Wagen. Bundesligaspiele oder auch Länderspiele finden in fast leeren Hallen statt. Handball ist für die meisten eben ein „typischer Männersport".

Schiedsrichter müssen sein – aber müssen sie wirklich so sein?

Schiedsrichter haben es schon immer sehr schwergehabt. Als Paris seinerzeit den „Worldcup" in Form eines Apfels Aphrodite zusprach, gab es bereits mehr Buh-Rufe als Beifall. Paris wurde später nie wieder als Schiedsrichter nominiert.

Gerade dies aber wollen die Nachfolger des unglücklichen Paris vermeiden. Sie möchten, bitte sehr, immer wieder pfeifen – und sich auspfeifen lassen. Das ist alles nicht neu, gewiß auch nicht allein auf Handball beschränkt. Doch die alten Sorgen mit den Herren in Schwarz werden immer wieder aktuell. Meist zeigen sich nur die Funktionäre des Internationalen Handball-Verbandes (IHF) „im allgemeinen zufrieden" mit den Leistungen der Schiedsrichter. Die „Sportskameraden" halten selbstverständlich zusammen. Und die direkt Betroffenen, die Spieler und Trainer, halten sich schön zurück. Öffentliche Kritik an Schieds-, Kampf- oder Punktrichtern gilt in allen Sportarten so ziemlich als das Dümmste, was einem Aktiven in den Sinn kommen kann. Gute Miene zum bösen Pfeifen-Spiel gilt als Pflichtübung. Denn der Schiedsrichter von gestern kann auch der von morgen sein.

Kritik an den Unparteiischen wird immer wieder laut, sei es im Handball, Fußball, Basketball, Volleyball oder Eishockey. Irgend jemand fühlt sich immer benachteiligt. Man könnte auch im Handball darüber zur Tagesordnung übergehen, wenn sich die Kritik in dieser Sportart nicht so auffallend häufen würde und wenn die Schiedsrichter nicht so großen Einfluß auf den Spielausgang hätten. Im Hallenhandball kann auch das beste Team kaum gewinnen, wenn es dem Schiedsrichter nicht gefällt. Bei einigen Spielen ist es schon nicht mehr mit anzusehen, was die Schiedsrichter da zusammenpfeifen. Selbst Laien wundern sich, und Experten schlagen die Hände über dem Kopf zusammen: „Das darf doch nicht wahr sein."

Schiedsrichter müssen sein. Aber müssen sie wirklich so sein? Unterstellen wir allen einmal, daß sie nach bestem Wissen und Gewissen die Spiele leiten, obwohl gerade im Hallenhandball da immer wieder böse Verdächtigungen laut werden, unterstellen wir weiter, daß sich alle bestmöglich vorbereitet haben, ihr Regelbüchlein aus dem „Effeff" kennen und körperlich und geistig voll auf der Höhe sind. Woran liegt es dann, daß so viele falsche Töne aus den Trillerpfeifen kommen? Tatsächlich scheint Hallenhandball von allen Mannschaftsspielen die höchsten Anforderungen an die Schiedsrichter zu stellen. Wo sonst gibt es eine Stunde lang ständigen Massennahkampf auf engstem Raum? Wo sonst gehört das Foulspiel zum Pflichtprogramm? Eine Mannschaft, die nicht ständig gegen die Regeln verstößt, hätte nämlich in dieser Sportart nicht die Spur einer Chance. Mit Kraft, Härte, Schnelligkeit und Technik allein ist es nicht mehr getan. Die ganze Spielanlage ist im Hallenhandball auf Behindern des Gegners zugeschnitten. Klammern, Stoßen, Schlagen sind praktisch die einzigen möglichen Mittel, den Gegner erfolgreich am Torwurf zu hindern. Das Foulspiel gehört schlichtweg zur Taktik. Keiner regt

Fingerzeichen eines Schiedsrichters: Ein Übeltäter wird für zwei Minuten des Feldes verwiesen.

sich mehr darüber auf. Im Handball hat man den Ausnahmezustand zur Regel gemacht.

Die Schiedsrichter, die von der IHF zu besonders hartem Durchgreifen angehalten werden, sollen nun erreichen, was die Regeln nicht können: Aus Handball ein sauberes, faires Spiel zu machen. Die Schiedsrichter sind damit eindeutig überfordert. Würde jedes Foul geahndet, jeder technische Fehler gerügt, es käme vermutlich gar kein Spiel mehr zustande. Denn irgendwer foult immer irgendwen.

Von den Schiedsrichtern wird aber auch erwartet, daß sie das Spiel, das oft gar keins mehr ist, nicht ,,kaputtpfeifen''. Und aus diesem Zwiespalt, einerseits hart durchzugreifen, andererseits aber nicht das Spiel zu töten, erklären sich auch die vielen Widersprüche unter den jeweils zwei Schiedsrichtern, die gemeinsam eine Partie leiten. Oft ist es im Schnellverfahren gar nicht zu klären, wer nun wen zuerst gefoult hat, wer wen angesprungen, gestoßen oder geschlagen hat.

Denn nicht immer sind die Verteidiger die bösen Buben. Die sogenannten Stürmerfouls, wenn ein Angreifer sich mit Gewalt den Weg zum Torkreis ebnet, werden viel zu selten geahndet. Oft wird da recht willkürlich entschieden. Hier haben die meisten Schiedsrichter, die in ihrer aktiven Zeit als Spieler meist nur kleine Rollen spielten und deshalb viele Tricks der großen Stars gar nicht kennen, ihren schwächsten Punkt.

Aber nicht nur Fouls stehen im Hallenhandball auf der Tagesordnung, auch die sogenannten technischen Fehler. So dürfen nur drei Schritte mit dem Ball in der Hand gelaufen werden, darf der Torraum mit dem Ball in der Hand nicht betreten werden oder darf der Verteidiger nicht zur Abwehr im Torraum stehen. Auch gegen diese Regeln wird in jedem Spiel ständig von allen Spielern verstoßen. Wir zählten schon bis zu sieben Schritte, mit denen sich ein Stürmer mit dem Ball in beiden Händen durch die Abwehr wühlte, ohne daß ein Schiedsrichter es bemerkt hätte.

Im Durchschnitt dürfte jedes dritte Tor, das mit Fallwürfen in den Torraum erzielt wird, nicht korrekt sein, weil der Stürmer kurz vor dem Abwurf schon wieder den Boden berührte. Auch hier scheinen die Schiedsrichter völlig überfordert. Oft ist es aber auch wirklich nicht zu erkennen, ob ein Fallwurf korrekt war oder nicht. Und nicht nur die scheinbar wichtigsten Entscheidungen im Handball, die Anerkennung eines Tores, die Strafwürfe oder Strafzeiten können spielentscheidend sein, sondern auch jede andere Entscheidung, die eine Mannschaft unberechtigt in Ballbesitz bringt. Denn Ballbesitz allein bedeutet in dieser Sportart schon ein halbes Tor.

Und da gibt es viele Möglichkeiten, eine Mannschaft durch ein paar weniger auffällige Fehlentscheidungen völlig aus dem Rhythmus zu bringen. Zum Beispiel mit dem sogenannten Zeitspiel, wenn die Schiedsrichter einen Angriff abpfeifen, weil sie meinen, daß die Spieler den Ballbesitz nicht entschlossen genug dazu nutzen, wirklich ein Tor zu erzielen. Eine völlig subjektive Entscheidung, für die es keinerlei objektive Kriterien gibt. Rufe wie „Zeitspiel, Zeitspiel" von den Rängen beeinflussen die Entscheidungen hier immer wieder.

Die Unparteiischen brauchen deshalb nicht nur eine genaue Regelkenntnis und eine gesunde Geistesgegenwart, sondern vor allem auch eine glückliche Hand, um diese Knäuel von einem Dutzend Spielern in den Nahkampfzonen vor den Wurfkreisen einigermaßen vernünftig zu entwirren. Glück kann man aber nicht jeden Tag haben. Und so dürfte das Wehklagen im Hallenhandball über das Pech mit den Schiedsrichtern so schnell nicht abreißen.

Vlado Stenzel über Schiedsrichter:
Gefahr für Null Komma Null

Parallel zur guten Entwicklung unseres Handballs sollte auch die Schiedsrichterausbildung verbessert werden. Der heutige Standard ist aus verschiedenen Gründen unbefriedigend:
a) Verhalten des Schiedsrichters gegenüber Mannschaften und deren Trainer und Betreuer;
b) leichte Beeinflussung durch äußere Gegebenheiten;
c) mangelnde Regelkenntnisse oder nicht richtige Anwendung;
d) mangelnde praxisnahe spielerische Kenntnisse, so daß die Spieler in der Lage sind, die Schiedsrichter mit Tricks hereinzulegen;
e) Beeinflussung durch das bestehende Ergebnis während des Spiels;
f) einen Fehler auf der einen Seite auf der anderen Seite wiedergutzumachen versuchen;
g) ungenügende spezifische physische Vorbereitung;
h) zu wenig Schiedsrichterpraxis – ein Spiel in der Woche genügt nicht den Anforderungen.

Zu diesem Katalog seien hier einige ausführliche Bemerkungen erlaubt:

a) Verhalten vor dem Spiel

Ordentlich sitzende Kleidung macht noch lange keinen guten Schiedsrichter – sie ist noch lange nicht alles, was zum guten Erscheinungsbild des Schiedsrichters gehört. Der Schiedsrichter sollte zum Beispiel vor dem Spiel ruhig die Trainer und Betreuer beider Mannschaften begrüßen. Nicht den Feldwebel herauskehren oder eine Sonderrolle als Spielleiter beanspruchen. Durch solche Verhaltensweisen werden Antipathien erzeugt. Dies ist eine schlechte psychische Voraussetzung für sie selbst und für die Mannschaften, deren Spiel sie leiten sollen.

Umgekehrt wäre es besser: Es gehört zur Kinderstube jedes normal erzogenen Menschen, freundlich zu sein – das trifft auch auf die Schiedsrichter zu. Die Schiedsrichter können nicht erwarten, daß vor dem Spiel die Trainer und Betreuer zu ihnen kommen, um sie zu begrüßen; dann könnte nämlich ein falscher Eindruck entstehen. Durch gutes Benehmen können die Schiedsrichter dem folgenden Spiel bereits viel Hektik wegnehmen und eine sportkameradschaftliche Atmosphäre bewirken.

Bei der Wahl des Balles sollten die Schiedsrichter den besseren Ball, der zur Verfügung steht, nehmen, auch wenn es der der Gastmannschaft ist. Erst ein guter Ball bietet die Voraussetzung für ein gutes Spiel.

b) Verhalten im Spiel

Der Schiedsrichter sollte nur so laut pfeifen, wie es die akustischen Verhältnisse in der Halle erlauben. Einschneidende Entscheidungen wie Strafwürfe, Verwarnungen, Hinausstellungen und Bankverwarnungen sollten nicht noch mit strengen Gesten untermalt werden, sondern völlig ohne Pathos (freundliches Gesicht dabei kann überhaupt nicht schaden!) angezeigt werden. Auf keinen Fall Entscheidungen mit freundlich-zynischem Gesichtsausdruck untermalen.

Den Schiedsrichtern muß überdies klar sein, daß die Mannschaften um den Sieg ringen, sie aber lediglich Hilfestellung leisten, die Regeln richtig anzuwenden. Ärgern über das Fehlverhalten der Spieler ist völlig unangebracht – sie müssen nur die richtigen Entscheidungen treffen.

c) Verhalten nach dem Spiel

Die Schiedsrichter sollen nach dem Spiel nicht auf Provokationen eingehen, sondern vielmehr versuchen, durch eine besonnene Haltung zur Glättung der erhitzten Gemüter beizutragen. Sie sollten sich jedoch Kritik anhören, auch von Spielern, bereit sein, über ihre Fehler zu diskutieren, um dabei zu lernen. Dieses gegenseitige Nehmen und Geben ist die beste psychische Vorbereitung schon für das nächste Spiel bei der Mannschaft, mit der dieser Kontakt gesucht wurde. Sie sollen bereit sein, über ihre Leistungen zu sprechen.

d) Psychische Einstellung

So wenig wie sich die Schiedsrichter bereits vor dem Spiel Gedanken darüber machen dürfen, wer von beiden Mannschaften der Favorit ist, auch wenn in extremen Fällen der Sieger schon vorher festzustehen scheint, so wenig dürfen ihre

Entscheidungen beeinflußt werden vom guten Namen des Spielers (Nationalspieler), von der Trainerbank (Zurufe) und von äußeren Bedingungen (Unmutsäußerungen fanatischer Zuschauer). Der Unparteiische darf aber auch nicht umgekehrt seine „Machtfülle" zu zeigen versuchen und die Entscheidungen gegen den subjektiv unsympathischen Spieler richten, zum Beispiel in der Form, daß an jenem Spieler verübte siebenmeterreife Fouls nicht regelgerecht mit Strafwurf geahndet werden, nur weil dieser Spieler (an dem das Foul begangen wurde) vorher durch Meckereien und Unmutsäußerungen gegen Schiedsrichterentscheidungen aufgefallen war. Der Referee sollte auch nicht versuchen, gegen eine vom Publikum unterstützte Mannschaft zu pfeifen, nur um eine scheinbare Regelfestigkeit und Objektivität herauszustreichen.

Desgleichen besteht die Neigung, viel zu pfeifen, um sich in den Mittelpunkt des Geschehens zu stellen. Ein Beispiel: Die eine Mannschaft spielt gut, mit viel Bewegung im Angriff, und das Publikum ist begeistert. Und jetzt kommt der „Auftritt" des Schiedsrichters: Er sieht etwas, was gar nicht geschehen ist, um das Spiel zu unterbinden. Oder sie legen in solchen Situationen einen härteren Maßstab an und untermauern ihre Entscheidungen vor allem bei Strafwürfen und Hinausstellungen mit völlig überflüssigen Gestikulationen.

Eine immer mehr um sich greifende Unsitte ist auch die Beeinflussung der Entscheidungen durch das bestehende Ergebnis während des Spiels. Beispiel: Im Treffen zweier gleichstarker Mannschaften werden oft die Entscheidungen so gefällt, daß keine Mannschaft entscheidend wegziehen kann, um dem fiebernden Publikum „ein Geschenk zu machen"; eines der gravierendsten Fehlverhalten der Unparteiischen, auf die Entwicklung des Spiels Einfluß zu nehmen, etwa unter dem Motto: Wir wollen keinen klaren Sieger, weil dann die unterlegene Mannschaft unzufrieden ist. Eine gefährliche Einstellung – die bessere Mannschaft wird hier um den Lohn ihrer Leistung gebracht – die nicht Ziel ihrer Regelinterpretation sein kann.

Häufig ist die Einstellung zu beobachten, einen Fehler auf der einen Seite durch sogenannte Kompromiß-Entscheidungen wiedergutzumachen. Beispiel: Der schnelle Abwurf des Torwarts mit Zielrichtung auf einen Gegenstoß wird zurückgenommen, und der Torhüter muß den Abwurf ein wenig weiter nach rechts oder nach links noch einmal ausführen, als Geste für die vorher „bestrafte" Mannschaft, der ballbesitzenden Mannschaft wird eine gute Angriffschance weggenommen. So kommt ein Fehler zum anderen und drückt dem Spiel den Stempel auf.

Handball-Schiedsrichter leben gefährlich: Bis hart an die Spielfeldlinien drängen sich in vielen Hallen die Zuschauer heran. Und in diesem Hexenkessel der Leidenschaften sollen die Unparteiischen stets einen kühlen Kopf behalten. Es ist nicht immer druckreif, was sie dabei von Spielern, Trainern und Zuschauern zu hören bekommen.

e) Regelkenntnisse

Die beste Voraussetzung für einen guten Schiedsrichter sind ausgezeichnete Regelkenntnisse. Aber das ist noch nicht „das Gelbe vom Ei". Der Schiedsrichter muß genügend Spielpraxis mitbringen, um erkennen zu können, mit welchen Tricks und Raffinessen in Abwehr und Angriff gespielt wird. Je besser ein Schiedsrichter als Spieler diese Erfahrungen hat sammeln können, desto besser wird er die Dinge beurteilen können, auf die es so oft ankommt.

Eine wichtige Aufgabe sind korrekte Siebenmeter-Entscheidungen. Hier müssen sich die Unparteiischen sehr viel Mühe geben, um die Auslegung der Regel zu perfektionieren, schon deshalb, weil ein Strafwurf so gut wie ein Tor ist. Siebenmeter kann nur sein, wenn ein sicherer Torwurf (fast schon ein Tor) durch eine Regelwidrigkeit verhindert wird. Alles andere ist kein Strafwurf. So wird oft auf Siebenmeter entschieden, wenn der Deckungsspieler zur Abwehr durch den eigenen Torkreis geht, aber nicht den werfenden Angriffsspieler behindert. „Wenn der Angriffsspieler sich eine Torwurfchance erkämpft hat, diese Chance nutzt und dabei nicht behindert wird, auch nicht vom durch den Kreis laufenden Abwehrspieler, kann nicht auf Strafwurf erkannt werden", müßte der Regeltext richtig lauten. Die derzeit praktizierte Regelauslegung ist unlogisch und gegen den Handball-Gedanken gerichtet.

In der Auslegung der Vorteilsregel (eine entscheidende Regel im Handball) erkennt man die Qualität der Schiedsrichter. Hier sind Fortschritte erkennbar geworden. Das gute Erkennen des Vorteils erhöht den Wert des Handballspiels. Viel zuviel ungeahndet bleiben hingegen die Stürmerfouls. Die Regel muß noch mehr den praktischen Erfahrungen angepaßt werden, sonst besteht die Gefahr, daß der Spielraum der Abwehr zu sehr eingeengt wird. Auch hier haben die Schiedsrichter Fortschritte gemacht, aber noch nicht genug.

Bei Schüssen aus der zweiten Reihe wird meist auch dann auf Freiwurf erkannt, wenn der werfende Spieler erst nach dem Wurf behindert oder regelwidrig angegriffen wird. Diesem Punkt wird meines Erachtens nicht die gebührende Beachtung geschenkt.

Bei Behinderungen oder regelwidrigen Aktionen von Tempogegenstößen wird nicht immer regelgerecht auf Strafwurf (auch wenn das Foul an der Mittellinie passiert) und Hinausstellung entschieden. Auch hier muß energischer durchgegriffen werden. Gerade diese eindeutigen Regelwidrigkeiten verlangen klare Entscheidungen der Schiedsrichter.

f) Physische Vorbereitung

Ohne Frage muß die spezifisch-physische Vorbereitung wesentlich verbessert werden. Eine gute Kondition kann sich der Schiedsrichter nicht durch regelmäßige Waldläufe aneignen, schon deshalb nicht, weil in der Halle andere Bewegungsabläufe erforderlich sind. Also: Zweimal wöchentlich Handball spielen, am Training (der Männermannschaft) teilnehmen und dann den Part des Trainers übernehmen und pfeifen. Wenn er diese Voraussetzungen nicht im eigenen Verein vorfindet, sollte er sich einen anderen Verein suchen, der glücklich darüber sein dürfte, am Ende des Trainings („beim Spielchen") einen Schiedsrichter zur Verfügung zu haben. Ohne Zweifel tun die Schiedsrichter von einem Sonntag zum anderen zu wenig für die Spielpraxis. Diese spezifische physische Vorbereitung ist absolut nötig.

g) Wer wird Schiedsrichter?

Aus dem vorher Gesagten läßt sich unschwer erkennen, daß der Schiedsrichter ein Handballer sein muß, der viel Praxis mitbringt, der charakterlich so gefestigt ist, daß er diese Aufgabe übernehmen kann, der Erfolge gehabt hat und diese richtig einzuordnen weiß. Derjenige aber, der glaubt, durch das Pfeifen von Handballspielen Erfolge erringen zu können, wird im Schatten seiner Pfeife bleiben; er wird scheitern, wenn er mit der Absicht den „schwarzen Kittel" anzieht, zu sportlichem Ruhm zu gelangen.

Leider zeigt uns die Realität etwas anderes. Der größte Teil der Schiedsrichter sind Leute mit wenig Spielpraxis, gar nicht zu reden von Spielpraxis in den höchsten Spielklassen in unserem Lande. Ein drastisches Beispiel: Wir haben keinen ehemaligen Nationalspieler, der heute als Spitzenschiedsrichter amtiert. Dies zu ändern dürfte nicht ganz einfach sein, aber wir müssen dieses hochgesteckte Ziel erreichen, um den Handballern, den National-

„Hier hat er mich gepackt!" Heiner Brand beschwert sich nach einem allzu harten Foul beim Schiedsrichter.

mannschaften und den Vereinen gleichermaßen jene Basis zu geben, die garantiert, daß sich ihre Arbeit auszahlt und nicht durch schwaches Schiedsrichterniveau wie eine Seifenblase zerplatzt. Auch die beste Ausbildung, die man in jedem Fall noch wesentlich weiter verbessern muß, reicht nicht aus, wenn die Kandidaten für das Schiedsrichteramt nicht von Hause aus von handballerischer Qualität her ein optimales Rüstzeug mitbringen.

Nach meinen Beobachtungen pfeifen viele gute Schiedsrichter in unseren unteren Spielklassen. Um sie für höhere Aufgaben zu gewinnen und die schwachen Schiedsrichter „von oben nach unten" zu versetzen, wird es nötig sein, eine völlig neue Klassifizierung vorzunehmen. Die momentan praktizierte Klassifizierung hängt zuviel ab vom Zufall und der Ellenbogenfreiheit der sich anbietenden Schiedsrichter.

Dabei sind zwei wichtige Punkte zu berücksichtigen:

a) Die Schiedsrichter in der obersten Spielklasse müssen entsprechend bezahlt werden, weil wir Schiedsrichter benötigen, die gute Leistungen bringen sollen. Sie müssen also für ihren regelmäßigen Einsatz an den Wochenenden entsprechend entlohnt werden (Motivation).

Wenn ehemalige Bundesliga- oder Nationalspieler für das Amt des Schiedsrichters gewonnen werden sollen (das wäre ein ganz wichtiger Schritt in die richtige Richtung), dann müssen gerade in diesem Bereich einige gravierende Änderungen erfolgen. Ich glaube jedenfalls, daß die Vereine bereit wären, mehr

Handstand nach Handballerart: Joachim Deckarm ist natürlich nicht freiwillig unter die Boden-Akrobaten gegangen. Zwei jugoslawische Abwehrspieler haben etwas nachgeholfen.

Geld zu investieren, wenn sie wissen, daß nach einiger Zeit viel bessere Schiedsrichter zur Verfügung stehen und die gute Vereinsarbeit dadurch gefördert wird. Hinzu kommt noch, daß unsere besten Spieler durch wesentlich bessere Schiedsrichterleistungen motiviert werden, Handball zu spielen. Ein Beispiel: Ein Bundesliga-Schiedsrichter erhält neben Fahrtkosten, Verpflegungs- und Übernachtungskosten eine Zuwendung von 200,– DM pro Einsatz, ein Regionalliga-Schiedsrichter entsprechend 100,– DM, ein Oberliga-Schiedsrichter 50,– DM und in den unteren Spielklassen werden nur die Reisekosten ersetzt.
b) Damit die Schiedsrichter auf dem ihren Leistungen entsprechenden Niveau pfeifen, wird es zwangsläufig nötig sein, ihre Leistungen zu zensieren. Für Bundesliga-Schiedsrichter gibt es nach jedem Spiel eine Note (von eins bis fünf), nämlich aus den drei Noten des neutralen Beobachters und der beiden am Spiel beteiligten Vereine, in den Regionalligen und Oberligen zwei Noten (der beiden am Spiel beteiligten Vereine). Am Ende der Saison ergibt sich eine Durchschnittsnote und demzufolge eine leistungsgemäße Reihenfolge der Gespanne. Je weniger Schiedsrichtergespanne zum Einsatz kommen (nämlich je öfter sie pfeifen) – desto besser. Ergebnis: Die fünf schwächsten Gespanne der Bundesliga gehen in der folgenden Saison in die Regionalliga zurück, die fünf Besten der Regionalliga pfeifen dann in der Bundesliga, entsprechend wird im Regionalliga-Oberliga-Bereich verfahren. Mit einem solchen Modus würde man die

Schiedsrichter „reizen", sich selbst mehr zu schulen.

Der Effekt: Nach einiger Zeit des leistungsmäßigen Einpendelns pfeifen nur noch die wirklich besten Schiedsrichter in der höchsten Klasse, auch wenn die Kontrolle sicher nicht ganz objektiv ist, aber immerhin derjenigen durch Einzelpersonen vorzuziehen ist. Weiter erreicht man, daß die Spieler, die sich im Hochleistungshandball nicht mehr quälen wollen, animiert werden, sich als Schiedsrichter noch ein paar Mark zusätzlich zu verdienen.

Es ist überhaupt ein Wunder, daß sich unter den gegebenen Voraussetzungen noch so viele Schiedsrichter bereitfinden, sich für Null-Komma-Null der Gefahr auszuliefern, Woche für Woche beschimpft und gescholten zu werden.

Die verflixte Sieben

Was im Fußball die Zahl „11", ist im Handball die Zahl „7". Sieben Spieler bilden eine Mannschaft, und sieben Meter ist jener Punkt vom Tor entfernt, der in dieser Sportart eine so große Rolle spielt. Kein Handballspiel ohne Siebenmeter, ohne die Strafwürfe, die immer wieder zu den packenden Duellen Torwart – Stürmer führen. Im Fußball weiß man: ein Elfmeter ist ein – fast – sicheres Tor. Auch im Handball galt der Siebenmeter viele Jahre als eine sichere Angelegenheit. Die Torhüter waren fast immer die Dummen.

Doch die Zeiten haben sich geändert. Immer mehr Torhüter wehren immer mehr Siebenmeter ab. Die Zahl „7" hat auch im Handball etwas Magisches bekommen. Früher drängelten sich die Spieler, wenn es einen Siebenmeter gab. Man konnte so ohne großen Aufwand zum „erfolgreichsten Torschützen" in einem Spiel werden. Heute wenden sich manche mit Grausen, wenn sie einen Strafwurf ausführen sollen. Vor allem unter den Deutschen grassierte bei der Weltmeisterschaft 1978 in Dänemark diese Angst vor dem Siebenmeter. Von insgesamt 17 Strafwürfen in sechs Spielen konnten nur sieben verwandelt werden. Zehn wurden entweder von den Torhütern gehalten oder verfehlten gar weit das Ziel. Um ein Haar wäre dadurch das Finale verpaßt worden.

Gibt es einen Siebenmeter-Komplex?

Der Gummersbacher Zweimetermann Erhard Wunderlich, der allein viermal bei Strafwürfen scheiterte, glaubt nicht an die „böse Sieben". Er spricht von Pech, mangelnder Konzentration oder Übereifer. Dennoch war das Ganze wie verhext. Fünf verschiedene deutsche Spieler brachten in fünf verschiedenen Spielen den Ball aus sieben Metern nicht ins Tor.

Die Entscheidung über Erfolg oder Mißerfolg fällt auf den ersten zwei, drei Metern. Denn so nahe kommen sich Torwart und Schütze, weil der Torhüter bis zu vier Meter vor seinem Tor stehen kann und sich der Schütze beim Wurf meist nach vorne fallen läßt. So etwa mit 80 „Sachen" fliegt dem Torwart dann der Ball um die Ohren. Statt Reaktionen sind nur noch Reflexe möglich.

Mit allerlei Finten und Finessen versuchen Torwart und Schütze, sich gegenseitig hereinzulegen. Jeder täuscht irgendwelche Bewegungen vor, ändert dann im letzten Moment noch die Absicht – oder auch nicht, und kann nur noch hoffen, daß alles gutgeht. Das ist so ähnlich wie Poker für Sekunden. Placierte, harte Würfe sind gut, ein gelungener Bluff ist besser. Der Siebenmeter ist ein Glücksspiel geworden. Titel und Medaillen können die Preise sein.

Die Regeln des Handballspiels

Regel 1 – Die Spielfläche

1:1 Die Spielfläche (Abbildung 1), die ein Spielfeld und zwei Torräume umfaßt, ist ein Rechteck von 40 m Länge und 20 m Breite. In Ausnahmefällen dürfen die Maße 38–44 m Länge und 18–22 m Breite betragen. Die Längsseiten heißen Seitenlinien, die Breitseiten Torlinien. Bei offiziellen IHF-Spielen muß die Spielfläche 40×20 m messen.

Kommentar

■ *Wünschenswert ist eine Sicherheitszone entlang der Spielfläche (Abbildung 1) mit mindestens 1 m neben der Seitenlinie und 2 m hinter der Torlinie.*
Die Beschaffenheit der Spielfläche darf nicht durch irgendwelche Maßnahmen zugunsten einer Mannschaft verändert werden.

1:2 Das Tor (Abbildung 2) steht in der Mitte der Torlinie. Es muß fest verankert sein und ist im Lichten 2 m hoch und 3 m breit. Die Pfosten des Tores sind durch eine Querlatte fest verbunden, ihre hinteren Kanten müssen mit der hinteren Seite der Torlinie parallel verlaufen. Torpfosten und Latte müssen aus demselben Material (z.B. aus Holz, Leichtmetall oder aus Materialien entsprechenden Kunststoffen) mit einem quadratischen Querschnitt von 8 cm sein. Sie müssen rund herum in zwei Farben gestrichen sein, die sich wirkungsvoll vom Hintergrund abheben.

Die Farbfelder messen in der Ecke je 28 cm und sind in derselben Farbe zu streichen. Die übrigen Farbfelder messen 20 cm (Abbildung 2). Das Tor muß mit einem Netz versehen sein.

Das Netz muß so aufgehängt sein, daß ein in das Tor geworfener Ball niemals unmittelbar nachher herausspringen kann.

1:3 Der Torraum wird geschaffen, indem vor dem Tor in 6 m Abstand parallel zu der Torlinie eine 3 m lange Linie gezogen wird, an der sich beiderseits mit 6 m Halbmesser von den hinteren Innenkanten der Torpfosten aus gezogene Viertelkreise anschließen (Abbildung 2). Die den Torraum begrenzende Linie heißt Torraumlinie. In einem Abstand von 4 m von der Hinterseite der Torlinie vor der Mitte jedes Tores wird parallel zu dieser eine 15 cm lange Linie gezogen (Abbildung 1).

1:4 Die gestrichelte Freiwurflinie wird geschaffen, indem vor dem Tor in 9 m Abstand parallel zu der Torlinie eine 3 m lange gestrichelte Linie gezogen wird, an der sich beiderseits mit 9 m Halbmesser von den hinteren Innenkanten der Torpfosten aus gezogene und gestrichelte Viertelkreise anschließen (Abbildung 2).
Die Striche der Freiwurflinie müssen 15 cm messen und der zwischen ihnen liegende Abstand ebenfalls (Abbildung 1).

1:5 Die 7-m-Linie wird in Form einer 1 m langen Linie vor der Mitte jedes Tores parallel zu der Torlinie in einem Abstand von 7 m gezogen (Abbildung 1).

1:6 Die Mittellinie verbindet die Mittelpunkte der beiden Seitenlinien (Abbildung 1 und 3).

1:7 In je 4,5 m Abstand von der Mittellinie werden auf dem Spielfeld 2 parallele, 15 cm lange Linien gezogen, welche die Auswechselräume begrenzen (Abbildung 1 und 3).

Abbildung 1

1:8 Alle Linien der Spielfläche gehören zu dem Raum, den sie begrenzen. Die Linien müssen 5 cm breit sein (ausgenommen 1:9). Sie sind in jedem Falle deutlich sichtbar zu ziehen.

1:9 Die Torlinie muß zwischen den Torpfosten in der Breite der Torpfosten (8 cm) durchgezogen sein (Abbildung 2).

Regel 2 – Der Ball

2:1 Der Ball besteht aus einer einfarbigen Leder- oder Kunststoffhülle. Er muß rund und darf nicht zu hart aufgepumpt sein. Das Außenmaterial darf nicht glänzend oder glatt sein.

Kommentar

■ *Ein erst nach der Herstellung gespritzter, gestrichener oder auf andere Weise präparierter Ball ist nicht erlaubt.*

2:2 Für Männer und männliche Junioren muß der Ball bei Beginn des Spieles einen Umfang von 58–60 cm und ein Gewicht von 425–475 g aufweisen.

Für Frauen und jüngere Jugendliche muß der Ball bei Beginn des Spieles einen Umfang von 54–56 cm und ein Gewicht von 325–400 g aufweisen.

Nur gültig für den Bereich des DHB:

Für Männer und männliche A-Jugend muß der Ball bei Beginn des Spieles einen Umfang von 58–60 cm und ein Gewicht von 425–475 g aufweisen.

Für Frauen, männliche Jugend B und C sowie weibliche Jugend A und B muß der Ball bei Beginn des Spieles einen Umfang von 54–56 cm und ein Gewicht von 325–400 g aufweisen.

Für männliche Jugend D und E und weibliche Jugend C

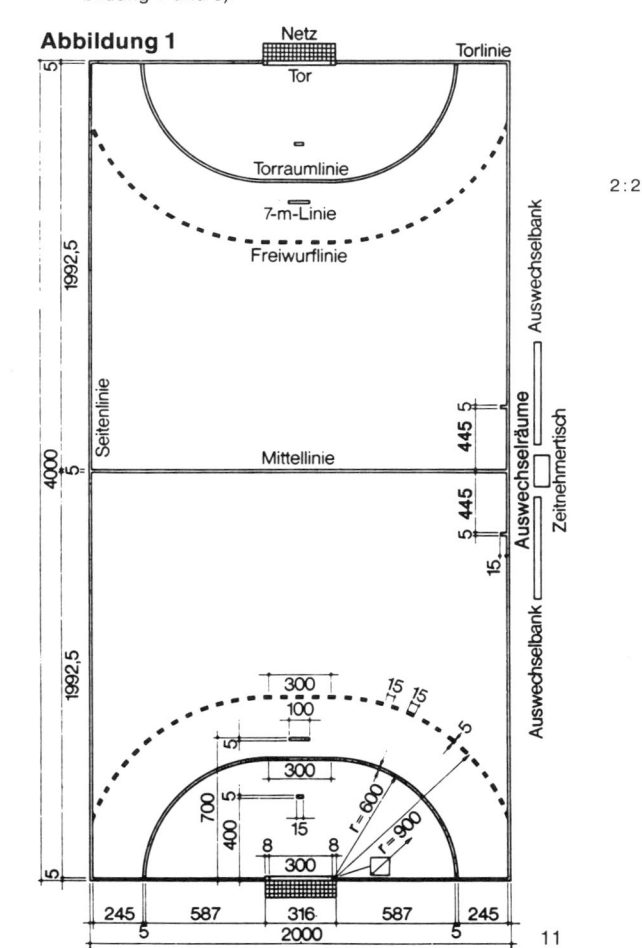

Abbildung 2

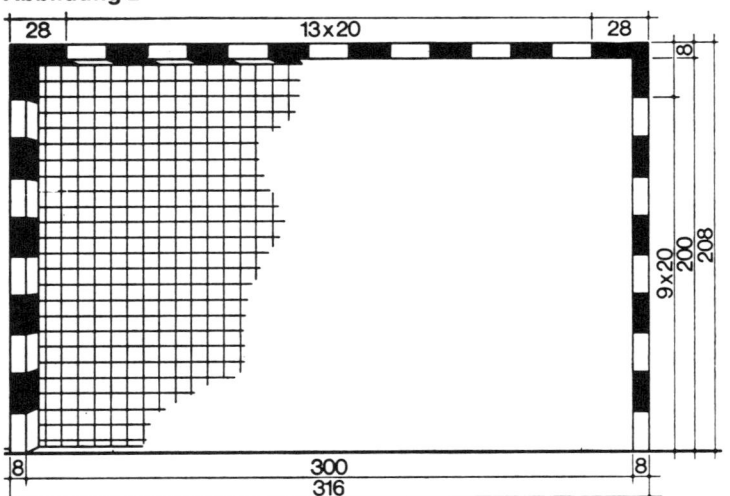

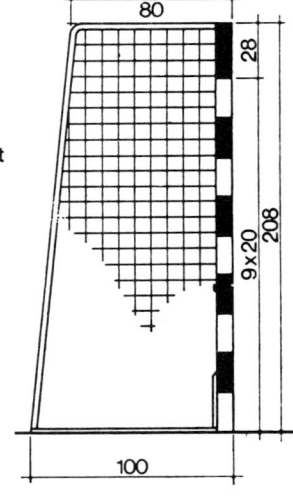

Tor-Seitenansicht

muß der Ball bei Beginn des Spieles einen Umfang von mindestens 52 cm und ein Gewicht von mindestens 300 g aufweisen.

2:3 Bei jedem Wettspiel müssen zwei der Regel entsprechende Bälle vorhanden sein. Die Schiedsrichter kontrollieren diese und bestimmen den Ball, mit dem gespielt werden muß.

2:4 Der Ball darf während des Spiels nur aus zwingenden Gründen gewechselt werden.

Kommentar

■ *Der zuerst verwendete Ball muß bei der ersten Unterbrechung, bei der er wieder spielbar ist, wieder verwendet werden.*

Regel 3 – Die Spieler

3:1 Eine Mannschaft besteht aus 12 Spielern (10 Feldspielern und 2 Torwarten).
Auf der Spielfläche dürfen sich gleichzeitig höchstens 7 (6 Feldspieler und 1 Torwart) befinden (Freiwurf, 3:6 bzw. 7-m-Wurf, 3:7). Die übrigen Spieler sind Auswechselspieler.
Auf der Auswechselbank dürfen nur die Auswechsel- und hinausgestellten Spieler sowie 4 Offizielle anwesend sein (Abbildung 3).
Die Torwarte dürfen niemals die Feldspieler ersetzen, ein Feldspieler dagegen darf den Torwart ersetzen (8:14).

Kommentar

■ *Der im Tor eingesetzte Feldspieler darf jederzeit wieder als Feldspieler mitwirken.*

3:2 Bei Wettspielen müssen wenigstens 5 Spieler von jeder Mannschaft auf der Spielfläche antreten. Die Mannschaft darf sich bis zum Schluß der Spielzeit, einschließlich Verlängerungen, auf 12 ergänzen. Sinkt die Anzahl der Spieler einer Mannschaft unter 5, wird weitergespielt.

3:3 Ein Spieler ist spielberechtigt, wenn er beim Anpfiff anwesend und im Spielprotokoll eingetragen ist.
Später ankommende und hinausgestellte Spieler müssen von Sekretär und Zeitnehmer die Spielberechtigung erhalten.
Der spielberechtigte Spieler kann jederzeit vom eigenen Auswechselraum (1:7) aus eintreten.
Wenn ein nicht spielberechtigter Spieler in das Spiel eingreift, ist Freiwurf bzw. 7-m-Wurf (14:1a, b, c, d) zu geben, und der fehlbare Spieler muß je nach Art des Vergehens wie ein spielberechtigter Spieler bestraft werden und ist in allen Fällen sofort mindestens zu disqualifizieren (17:18, 20).

3:4 Ein Spieler, der die Spielfläche auf unsportliche Art und Weise verläßt, ist zu disqualifizieren (17:18).

Kommentar

■ *Der Spieler ist von dem Moment an, wo er die Seiten- oder Torlinie der Spielfläche überschritten hat, disqualifiziert.*

3:5 Wenn ein Spieler im Verlaufe des Spiels außerhalb der Spielfläche gerät und diese unmittelbar darauf wieder betritt, gilt dies nicht als ein Verlassen der Spielfläche.

Kommentar

■ *Verläßt ein Spieler absichtlich die Spielfläche, um einen Vorteil zu erhalten, wird Freiwurf verhängt.*

3:6 Auswechselspieler dürfen während des Spiels jederzeit und wiederholt, ohne Meldung beim Zeitnehmer, eingesetzt werden, sofern die zu ersetzenden Spieler das Spielfeld verlassen haben (Freiwurf bzw. 7-m-Wurf; 3:7). Das Verlassen und Betreten des Spielfeldes darf nur innerhalb der Markierung des eigenen Auswechselraumes (1:7, analog 3:3) erfolgen. Dies gilt auch für den Torwartwechsel.
Erfolgt das fehlerhafte Auswechseln während einer Spielunterbrechung, ist der fehlbare Spieler zu bestrafen (3:7; 17:16) und das Spiel mit dem der Spielsituation entsprechenden Wurf wieder aufzunehmen (4:8).
Nur wenn die Spielzeit von den Schiedsrichtern unterbrochen worden ist, dürfen die Auswechselspieler eintreten, bevor die zu ersetzenden Spieler das Spielfeld verlassen haben.

3:7 Das erste fehlerhafte Auswechseln ist mit Freiwurf an der Stelle zu bestrafen, an welcher der Spieler die Seitenlinie überschritten hat.

Bei allen weiteren Auswechselfehlern ist außerdem der fehlbare Spieler auf 2 Minuten hinauszustellen (17:16). Der Zeitnehmer darf bei fehlerhaftem Auswechseln der nicht ballbesitzenden Mannschaft nicht pfeifen, wenn die ballbesitzende Mannschaft eine klare Torgelegenheit hat.

Entfällt diese klare Torgelegenheit, ist das Spiel sofort zu unterbrechen und der fehlbare Spieler zu bestrafen. Danach ist das Spiel wieder aufzunehmen mit Freiwurf für die regulär in Ballbesitz gelangte Mannschaft an der Stelle, wo sich der Ball bei der Spielunterbrechung befand oder mit dem der Spielsituation entsprechenden Wurf.

Wird bei fehlerhaftem Auswechseln eine klare Torgelegenheit vereitelt, ist die fehlbare Mannschaft mit 7-m-Wurf zu bestrafen (14:1b). Der fehlbare Spieler ist zu disqualifizieren (17:18).

Ist bei oder nach fehlerhaftem Auswechseln auch unsportliches Spiel oder unsportliches Verhalten festgestellt worden, ist der fehlbare Spieler je nach Art des Vergehens zusätzlich zu bestrafen (17:13, 14, 16, 18, 20).

3:8 Die Feldspieler einer Mannschaft müssen einheitliche Spielkleidung tragen, von der sich die Farbe der Kleidung der Torwarte beider Mannschaften deutlich unterscheiden muß (17:23).

Die Mannschaftsführer müssen eine etwa 4 cm breite Armbinde von kontrastierender Farbe rund um den linken Oberarm tragen.

Die Spieler müssen auf dem Rücken mindestens 20 cm und auf der Brust mindestens 10 cm hohe Ziffern von 1–20 tragen, von welchen die Ziffern 1, 12 und 16 den Torwarten vorbehalten sind. Die Farbe der Ziffern muß sich deutlich von der Spielkleidung abheben.

Die Spieler müssen Schuhe tragen. Beim Spiel im Freien auf hartem Boden dürfen nur leichtere Schuhe ohne Stollen getragen werden. Beim Spiel auf weichem Boden dürfen die Schuhe mit Stollen, eventuell konischen oder zylindrischen Klötzen aus Leder, Gummi oder aus diesem Material entsprechendem Kunststoff versehen sein. Die Stollen müssen flach und mindestens 12 mm breit sein. Die Stollen müssen am unteren Ende mindestens 12 mm Durchmesser sein. Das Tragen von Nagelschuhen oder von Schuhen mit scharfen Stollen ist verboten.

Armbänder, Armbanduhren, Ringe, Halsketten, Brillen ohne festes Gestell und Halterbänder sowie alle anderen Dinge, welche die Spieler gefährden können, sind allen Spielern (Feldspielern und Torwarten) nicht erlaubt.

Die Schiedsrichter haben vor dem Spiel die Ausrüstung zu prüfen. Regelwidrigkeiten sind zu beseitigen. Fehlbare Spieler dürfen nicht mitspielen, bis die Regelwidrigkeit behoben ist.

Abbildung 3 Auswechselräume

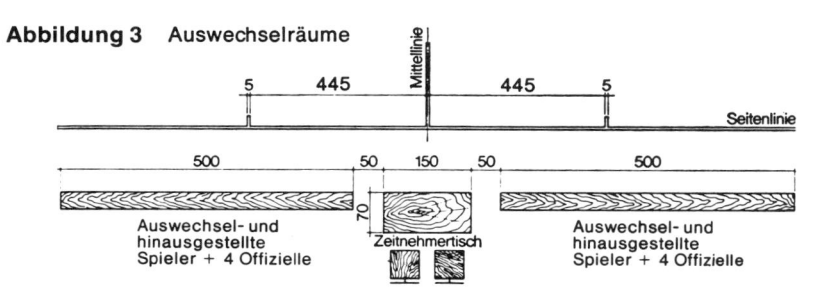

bare Spieler dürfen nicht mitspielen, bis die Regelwidrigkeit behoben ist.

Regel 4 – Die Spielzeit

4:1 Die Spielzeit dauert:
für Männer 2 × 30 Minuten mit 10 Minuten Pause (bei Turnieren in der Regel 2 × 15 Minuten ohne Pause);
für männliche Junioren und für Frauen 2 × 25 Minuten mit 10 Minuten Pause (bei Turnieren in der Regel 2 × 10 Minuten ohne Pause);
für alle anderen Mannschaften 2 × 20 Minuten mit 10 Minuten Pause (bei Turnieren in der Regel 2 × 10 Minuten ohne Pause). Sind beide Mannschaften einverstanden, dürfen die Schiedsrichter die Pause verkürzen.

4:2 Die Spielzeit beginnt nach dem Losen (17:5) mit dem Anpfiff des Anwurfs durch den Feldschiedsrichter und endet mit dem Schlußsignal des Zeitnehmers.
Der Anwurf erfolgt in beliebiger Richtung von der Mitte des Spielfeldes aus (Freiwurf). (Ausführung 16:1, 2, 5, 6, 8, 9).

4:3 Beim Anwurf müssen sich alle Spieler in ihrer Hälfte der Spielfläche befinden, die Gegner dürfen nicht näher als 3 m an den Werfer herantreten (Freiwurf).

4:4 Der Anwurf kann beim Gegner nicht unmittelbar zu einem Tor führen (Abwurf 12:1b).

Kommentar

■ *Unmittelbar heißt: Wenn der Ball in das Tor gelangt, ohne einen Spieler berührt zu haben.*

4:5 Nach der Pause werden Seiten und Anwurf gewechselt.

4:6 Die Schiedsrichter allein entscheiden, wann die Spielzeit unterbrochen und fortgesetzt werden muß (16:4). Sie geben dem Zeitnehmer das Zeichen zum Anhalten und Weiterlaufen der Uhren. Dies gilt auch für die Hinausstellungszeit.

Kommentar

■ *Eine öffentliche Zeitmeßanlage darf nur benutzt werden, wenn sie vom Zeitnehmertisch aus zu bedienen ist.*
Ersatzweise kann eine Tischstoppuhr (Mindestdurchmesser 21 cm) Verwendung finden.
Sind diese Voraussetzungen nicht gegeben, muß der Zeitnehmer eine zusätzliche Handstoppuhr verwenden. Beim Zeichen der Schiedsrichter zur Spielunterbrechung ist:
a) die Zeitmeßanlage oder Tischstoppuhr anzuhalten und beim Anpfiff zur Aufnahme des Spieles wieder in Gang zu setzen.
b) die Handstoppuhr zu starten und beim Anpfiff zur Aufnahme des Spieles anzuhalten. Hier ist die Zeit einer oder mehrerer Spielzeitunterbrechungen den Mannschaftsbetreuern bekanntzugeben.
Das Zeichen der Spielzeitunterbrechung ist ein mit beiden Unterarmen signalisiertes „T" (Time out). Das Spiel wird nach einer Spielzeitunterbrechung mit Anpfiff fortgesetzt (16:4).
Als akustisches Signal zur Spielzeitunterbrechung können zusätzlich 3 kurze Pfiffe erfolgen.
Bei falscher Zeitmessung am Zeitnehmertisch entscheiden allein die Schiedsrichter über die Richtigkeit der Spielzeit.

4:7 Wird kurz vor Halbzeitende oder Spielschluß ein Freiwurf oder 7-m-Wurf verhängt, ist das unmittelbare Resultat eines solchen Wurfes abzuwarten, bevor der Zeitnehmer das Schlußsignal gibt, obwohl die Uhr der öffentlichen Zeitmeßanlage den Ablauf der Spielzeit angibt.
Der Zeitnehmer hat das Schlußsignal zu geben:

a) wenn der Ball ohne Regelverstoß in das Tor geworfen wurde. Es ist ohne Bedeutung, ob der Ball den Torwart, die Torlatte, die Torpfosten oder einen Feldspieler der verteidigenden Mannschaft berührt hat;

b) wenn der Ball die Torlinie außerhalb des Tores passiert hat;
c) wenn der Ball im Torraum liegen bleibt oder vom Torwart festgehalten wurde (Kontrolle);
d) wenn der Ball von Torwart, Torpfosten oder Latte in das Spielfeld zurückgelangt.

Regelverstöße vor oder während der Ausführung des Freiwurfes oder 7-m-Wurfes müssen bestraft werden.

4:8 Stellen die Schiedsrichter fest, daß das Spiel vom Zeitnehmer zu früh abgepfiffen worden ist, müssen die Schiedsrichter wieder zum Spiel anpfeifen, sofern die Spieler die Spielfläche noch nicht verlassen haben.

Ist bei der Unterbrechung eine Mannschaft im Ballbesitz, wird das Spiel durch Freiwurf mit Anpfiff an der Stelle, an der sich der Ball bei der Unterbrechung befand, von der ballbesitzenden Mannschaft wieder aufgenommen.

Ist bei der Unterbrechung der Ball im Torraum, wird das Spiel durch Abspiel aus dem betreffenden Torraum aufgenommen. In allen anderen Fällen, in denen das Spiel vorher von den Schiedsrichtern unterbrochen worden ist, wird es mit dem entsprechenden Wurf aufgenommen.

Ist bei der Unterbrechung keine Mannschaft im Ballbesitz, wird das Spiel durch Schiedsrichterwurf mit Anpfiff von der Mitte des Spielfeldes aus aufgenommen.

Ist die 1. Halbzeit zu früh abgepfiffen worden und haben die Spieler die Spielfläche bereits verlassen, müssen die Schiedsrichter die für die Pause festgelegte Zeit einhalten. Die Mannschaften treten wieder in jener Hälfte der Spielfläche an, die sie zu Beginn des Spiels innehatten. Das Spiel wird durch einen Schiedsrichterwurf mit Anpfiff von der Mitte des Spielfeldes begonnen, die von der 1. Halbzeit verbliebene Zeit wird nachgespielt. Danach wird das Spiel abgepfiffen. Die Mannschaften wechseln die Seiten, das Spiel wird ohne Pause durch einen Anwurf begonnen.

Kommentar

■ *Ist die erste Halbzeit zu spät abgepfiffen worden, muß die 2. Halbzeit um die entsprechende Zeit gekürzt werden.*

4:9 Soll nach unentschiedenem Spiel bis zur Entscheidung weitergespielt werden, so ist nach einer Pause von 5 Minuten nochmals um die Seiten oder den Anwurf zu losen.

Die Spielverlängerung dauert für alle Mannschaften 2x5 Minuten (Seitenwechsel ohne Pause).

Ist das Spiel nach dieser Verlängerung noch nicht entschieden, so erfolgt nach einer Pause von 5 Minuten und erneutem Losen eine zweite Verlängerung von 2x5 Minuten (Seitenwechsel ohne Pause).

Fällt auch so keine Entscheidung, sind Bestimmungen der Spielordnung zu beachten.

4:10 Während der Verlängerung darf die Zusammensetzung der Mannschaft nicht geändert werden (vorbehalten Spielerergänzung laut 3:2), das heißt, nur diejenigen Spieler, die vor der Spielverlängerung spielberechtigt waren, dürfen in der Verlängerung teilnehmen, zusätzlich diejenigen Spieler, die die Mannschaft auf 12 ergänzen.

Regel 5 – Das Spielen des Balles

Es ist erlaubt:

5:1 den Ball unter Benutzung von Händen, Armen, Kopf, Rumpf, Oberschenkel und Knie in jeder beliebigen Art und Richtung zu werfen, schlagen, stoßen, fausten, stoppen und fangen;

5:2 den Ball höchstens 3 Sekunden zu halten, auch wenn dieser auf dem Boden liegt;

5:3 sich mit dem gehaltenen Ball höchstens 3 Schritte zu bewegen. Ein Schritt gilt als ausgeführt:
a) wenn der mit beiden Füßen auf dem Boden stehende Spieler einen Fuß abhebt und ihn wieder hinsetzt;
b) wenn der mit beiden Füßen auf dem Boden stehende Spieler einen Fuß von seiner Stelle zu einer anderen hinbewegt;
c) wenn der Spieler den Boden mit einem Fuß berührt, den Ball faßt und danach mit dem anderen Fuß den Boden berührt;
d) wenn der Spieler nach einem Sprung nur mit einem Fuß den Boden berührt und danach auf demselben Fuß einen Sprung ausführt oder den Boden mit dem anderen Fuß berührt;
e) wenn der Spieler nach einem Sprung mit beiden Füßen gleichzeitig den Boden berührt und danach einen Fuß abhebt und ihn wieder hinsetzt;
f) wenn der Spieler nach einem Sprung mit beiden Füßen gleichzeitig den Boden berührt und danach einen Fuß von einer Stelle zu einer anderen Stelle hinbewegt;

Kommentar

■ *Wird ein Fuß von einer Stelle zu einer anderen hinbewegt, darf der zweite Fuß bis zum ersten Fuß nachgezogen werden.*

5:4 den Ball sowohl am Ort als auch im Laufen einmal auf den Boden zu prellen und mit einer Hand oder beiden Händen wieder zu fangen.

Es ist ebenfalls erlaubt, den Ball sowohl am Ort als auch im Laufen wiederholt mit einer Hand auf den Boden zu prellen oder den Ball am Boden wiederholt mit einer Hand zu rollen und mit einer Hand oder beiden Händen wieder zu fangen. Sobald der Ball mit einer Hand oder mit beiden Händen gefaßt wird, muß er nach höchstens 3 Schritten beziehungsweise 3 Sekunden abgespielt werden (Freiwurf).

Das Prellen des Balles beginnt immer erst dann, wenn der Spieler absichtlich mit irgendeinem Körperteil den Ball berührt und auf den Boden lenkt.

Wenn der Ball einen anderen Spieler, die Torpfosten oder die Latte berührt hat, ist ein erneutes Prellen des Balles auf den Boden und Wiederfangen erlaubt.

Es ist ohne Bedeutung, wie viele Schritte zwischen den Berührungen des Balles gemacht werden;

5:5 den Ball von einer Hand in die andere zu führen;

5:6 den Ball mit einer Hand oder beiden Händen zu stoppen und ihn dann ohne Raumgewinn nachzufangen;

Kommentar

■ *Raumgewinn heißt: Der Spieler ändert zu seinem Vorteil seinen Standort.*

5:7 Den Ball kniend, sitzend oder liegend weiterzuspielen.

Es ist verboten:

5:8 den Ball mehr als einmal zu berühren, bevor dieser inzwischen den Boden, einen anderen Spieler, die Torpfosten oder die Latte berührt hat (Freiwurf, siehe jedoch 5:6). Die Fangfehler bleiben straffrei;

Kommentar

■ *Ein Fangfehler liegt vor, wenn beim Versuch, den Ball zu fangen, derselbe nicht unter Kontrolle gebracht wird. Dagegen verursacht der einwandfrei unter Kontrolle gebrachte Ball beim nochmaligen Berühren einen „Doppelfang" und ist zu bestrafen.*

5:9 den Ball mit Unterschenkel oder Fuß zu berühren (Freiwurf), außer er wird vom Gegner dem Spieler angeworfen.

Das Berühren des Balles mit Unterschenkel oder Fuß ist straffrei, wenn dadurch dem Spieler oder seiner Mannschaft kein Vorteil erwächst;

5:10 sich nach dem liegenden oder rollenden Ball zu werfen (Freiwurf). Ausgenommen ist der Torwart im eigenen Torraum;

5:11 den Ball absichtlich über die Seiten- oder eigene Torlinie außerhalb des Tores zu spielen (Freiwurf). Ausgenommen ist der Torwart im Torraum, wenn er den nicht unter Kontrolle gebrachten Ball über die eigene Torlinie außerhalb des Tores spielt (Abwurf, 12:1a).

Kommentar

■ *Der Freiwurf wird von der Stelle ausgeführt, wo der Ball die Linie passiert hat (analog 13:2).*

5:12 Berührt der Ball einen Schiedsrichter, geht das Spiel weiter.

Regel 6 – Das Verhalten zum Gegner

Es ist erlaubt:

6:1 Arme und Hände zu benutzen, um in den Besitz des Balles zu gelangen;

6:2 dem Gegner mit einer offenen Hand den Ball aus jeder Richtung wegzuspielen (ausgenommen 7:4);

6:3 den Gegner mit dem Körper zu sperren, auch wenn er nicht im Ballbesitz ist.

Es ist verboten:

6:4 die Faust zu benutzen, um dem Gegner den Ball wegzuspielen (Freiwurf, siehe jedoch 6:10);

6:5 dem Gegner den gefaßten Ball mit einer oder beiden Händen zu entreißen oder wegzuschlagen (Freiwurf, siehe jedoch 6:10);

6:6 dem Gegner absichtlich den Ball anzuwerfen oder als gefährliches Täuschungsmanöver den Ball gegen den Gegner zu führen (Freiwurf, siehe jedoch 6:10);

6:7 den Gegner mit Armen, Händen oder Beinen zu sperren (Freiwurf, siehe jedoch 6:10);

6:8 den Gegner festzuhalten, ihn mit einem oder beiden Armen zu umklammern, mit den Händen zu behindern, zu schlagen, zu stoßen, ihn anzurennen, anzuspringen, ihm das Bein zu stellen, sich vor ihm hinzuwerfen oder ihn auf andere Weise zu gefährden (Freiwurf, siehe jedoch 6:10; 13:6; 14:8; 17:13; 16).

6:9 den Gegner in den Torraum zu stoßen oder zu drängen (Freiwurf, siehe jedoch 6:10).

6:10 Bei groben Verstößen im Verhalten zum Gegner innerhalb der eigenen Hälfte der Spielfläche (6:4–9) oder bei regelwidrigem Vereiteln einer klaren Torgelegenheit auf der ganzen Spielfläche (6:4, 5, 7, 8, 9) ist 7-m-Wurf zu geben (14:1a, b; siehe auch 17:13, 16, 20).

6:11 Kommen Spieler mit dem Ball zu Fall und liegt er unter ihnen fest, haben die Schiedsrichter auf Schiedsrichterwurf zu entscheiden, falls nicht eine Regelwidrigkeit vorliegt (15:1c).

Regel 7 – Der Torraum

7:1 Der Torraum darf nur vom Torwart betreten werden. Der Torraum, einschließlich Torraumlinie, ist betreten, wenn er von einem Feldspieler mit irgendeinem Körperteil berührt wird.

7:2 Bei einem Betreten des Torraumes durch einen Feldspieler ist wie folgt zu entscheiden:
a) Freiwurf, wenn ein Feldspieler mit dem Ball den Torraum betritt;
b) Freiwurf, wenn ein Feldspieler ohne Ball den Torraum betritt und sich dadurch einen Vorteil verschafft (siehe jedoch 7:2c);
c) 7-m-Wurf, wenn ein Feldspieler absichtlich und zum deutlichen Zwecke der Abwehr seinen eigenen Torraum betritt.

7:3 Das Betreten des Torraumes bleibt straffrei, wenn ein Spieler, nachdem er den Ball gespielt hat, den Torraum betritt, sofern dies für den Gegner keinen Nachteil hat.

7:4 Im Torraum gehört der Ball dem Torwart. Jedes Berühren des im Torraum liegenden, rollenden oder vom Torwart gehaltenen Balles ist verboten (Freiwurf).

Kommentar

■ *Wenn der Ball die Torraumlinie berührt, ist er im Torraum und gehört dem Torwart.*
Ein sich über dem Torraum befindlicher Ball darf gespielt werden.

7:5 Gelangt der Ball während des Spiels in den Torraum, so muß er vom Torwart durch Abspiel in Richtung Spielfeld geworfen werden (ausgenommen 7:7b, c).
Beim Abspiel dürfen die Gegner an der Torraumlinie stehen. Das Abspiel kann unmittelbar (Kommentar 4:4) zu einem Tor führen.

7:6 Der aus dem Torraum in das Spielfeld zurückgelangende Ball bleibt im Spiel (siehe auch 7:7d).

7:7 Bei absichtlichem Spielen des Balles in den eigenen Torraum ist wie folgt zu entscheiden:
a) Tor, wenn der Ball in das Tor gelangt;
b) 7-m-Wurf, wenn der Torwart den Ball berührt und dieser nicht in das Tor gelangt;
c) Freiwurf, wenn der Ball im Torraum liegen bleibt oder die Torlinie außerhalb des Tores passiert;
d) das Spiel geht weiter, wenn der Ball den Torraum überschreitet, ohne den Torwart zu berühren und ohne die Spielfläche zu verlassen (7:6).

7:8 Berührt ein Feldspieler der verteidigenden Mannschaft bei der Abwehr den Ball, der dann vom Torwart gehalten wird oder im Torraum liegen bleibt, ist das Spiel nicht zu unterbrechen.

Regel 8 – Der Torwart

Es ist dem Torwart erlaubt:

8:1 im Torraum bei der Abwehr den Ball mit allen Körperteilen zu berühren;

8:2 sich im Torraum mit dem Ball unbeschränkt zu bewegen (siehe jedoch 16:10);

8:3 den Torraum ohne Ball zu verlassen und im Spielfeld mitzuspielen (siehe jedoch 8:13). Er unterliegt in diesem Fall denselben Bestimmungen wie die Feldspieler.
Der Torraum gilt als verlassen, sobald der Torwart mit irgendeinem Körperteil den Boden außerhalb der Torraumlinie berührt.

Kommentar

■ *Der im Spielfeld spielende Torwart hat jederzeit das Recht, mit oder ohne Ball seinen eigenen Torraum zu betreten, so lange er nicht mit irgendeinem Körperteil das Spielfeld berührt. Er darf jedoch nur ohne Ball in den Torraum zurückgehen (7-m-Wurf, 8:12).*

8:4 Bei der Abwehr den Torraum mit dem nicht unter Kontrolle gebrachten Ball zu erlassen und ihn im Spielfeld weiterzuspielen.

Es ist dem Torwart verboten:

8:5 bei jeder Abwehr den Gegner zu gefährden (Freiwurf bzw. 7-m-Wurf, 6:4, 5, 7–10);

8:6 den sich in Richtung Spielfeld bewegenden Ball mit Fuß oder Unterschenkel zu berühren (Freiwurf);

8:7 den unter Kontrolle gebrachten Ball absichtlich über die eigene Torlinie außerhalb des Tores zu spielen (Freiwurf, 5:11);

8:8 den Torraum mit dem unter Kontrolle gebrachten Ball zu verlassen (Freiwurf);

8:9 nach Abwurf (12:2) oder nach Abspiel (7:5) den Ball außerhalb des Torraumes zu berühren, wenn dieser nicht vorher einen anderen Spieler berührt hat (Freiwurf);

8:10 den außerhalb des Torraumes am Boden liegenden oder rollenden Ball zu berühren, solange er sich im Torraum befindet (Freiwurf);

8:11 den außerhalb des Torraumes am Boden liegenden oder rollenden Ball in den Torraum hereinzuholen (7-m-Wurf, 14:1e);

8:12 mit dem Ball vom Spielfeld in den eigenen Torraum zurückzugehen (7-m-Wurf, 14:1e);

8:13 die Mittellinie mit irgendeinem Körperteil (Freiwurf bzw. 7-m-Wurf 14:1f), bzw. bei der Ausführung eines 7-m-Wurfes die 4-m-Linie zu überschreiten. (Regel 14:7)

8:14 Ein Ersetzen des Torwartes durch einen Feldspieler (3:1) während des Spiels ist den Schiedsrichtern zu melden (7-m-Wurf).
Der Feldspieler muß die Spielkleidung wechseln, bevor er einen Torwartwechsel vom Auswechselraum aus vornimmt (3:6).

Regel 9 – Der Torgewinn

9:1 Ein Tor ist erzielt, wenn der Ball in seinem vollen Umfang die Torlinie des Gegners innerhalb des Tores überschritten hat (Abbildung 4) und dabei vom Werfer oder seinen Mitspielern kein Fehler begangen wurde.
Begeht ein Verteidiger eine Regelwidrigkeit, die von den Schiedsrichtern absichtlich oder unabsichtlich übersehen wird, und geht der Ball trotzdem in das Tor, so ist Torgewinn.
Ein in das eigene Tor geworfener Ball ist immer Torgewinn für den Gegner.

Es ist ebenfalls auf Tor zu entscheiden, wenn der Torwart beim Abspiel den Ball hinter die Torlinie innerhalb des Tores führt (Ausholbewegung zum Wurf) oder ihn hinter die Torlinie innerhalb des Tores fallen läßt (dies gilt aber nie beim Abwurf).

Kommentar

■ Haben die Schiedsrichter oder der Zeitnehmer gepfiffen, bevor der Ball die Torlinie innerhalb des Tores überschritten hat, darf nicht auf Tor entschieden werden.
Wird einem Ball der Eintritt in das Tor durch einen am Spiel Nichtbeteiligten verwehrt (Funktionär, Zuschauer usw.), muß auf Tor entschieden werden – auch wenn der Ball die Torlinie innerhalb des Tores nicht überschritten hat –, falls die Schiedsrichter vom möglichen Torerfolg überzeugt sind.

9:2 Nach jedem Tor hat die Mannschaft den Anwurf, gegen die das Tor erzielt worden ist.

Kommentar

■ Wenn die Schiedsrichter auf Tor entschieden haben, und der Anwurf ausgeführt worden ist, kann das Tor nicht annulliert werden.
Wird am Ende einer Halbzeit (oder Verlängerung) ein Tor erzielt und vor dem Anwurf erfolgt der Schlußpfiff des Zeitnehmers, so ist dieses Tor anzuerkennen. Die Schiedsrichter haben dem Sekretär und die Mannschaftsbetreuer darauf aufmerksam zu machen. Der Anwurf wird nicht mehr ausgeführt.

Abbildung 4

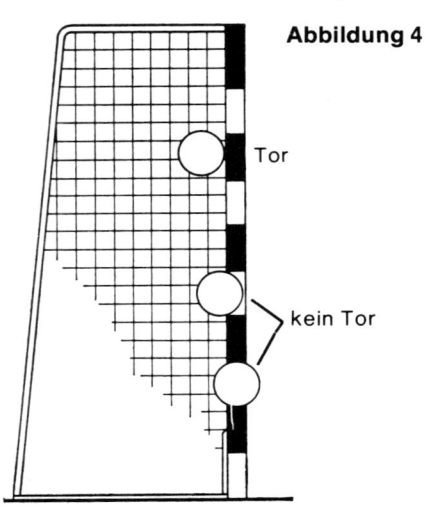

Tor

kein Tor

9:3 Die Mannschaft, die die meisten Tore erzielt hat, ist Sieger.

9:4 Ist die Zahl die gleiche, oder ist kein Tor erzielt worden, so endet das Spiel unentschieden.

Regel 10 – Der Einwurf

10:1 Auf Einwurf wird entschieden, wenn der Ball in seinem vollen Umfang die Seitenlinie überschritten hat (siehe jedoch 5:11).

10:2 Der Einwurf wird von der Mannschaft ausgeführt, deren Spieler den Ball vor dem Überschreiten der Seitenlinie nicht zuletzt berührt haben.

10:3 Der Einwurf ist an der Stelle auszuführen, an der der Ball die Seitenlinie überschritten hat.

Kommentar

■ Wird der Einwurf von einer falschen Stelle ausgeführt, muß er von der richtigen Stelle wiederholt werden.

10:4 Der Einwurf ist ohne Anpfiff (siehe jedoch 16:10) in Richtung Spielfeld auszuführen (16:1, 3, 5, 6, 8, 9). Der Werfer muß außerhalb der Seitenlinie stehen und darf weder Seitenlinie noch Spielfeld betreten, bis der Ball die Hand verlassen hat (Freiwurf). Niederlegen und Wiederaufnehmen oder Prellen und Wiederannehmen des Balles ist demselben Spieler nicht erlaubt (Freiwurf analog 13:2). Die Spieler der verteidigenden Mannschaft dürfen sich an der Torraumlinie aufstellen, auch wenn dabei der Abstand weniger als 3 m beträgt.

10:5 Der Einwurf kann beim Gegner nicht unmittelbar (Kommentar 4:4) zu einem Tor führen (Abwurf, 12:1b).

Regel 11 – Eckwurf

11:1 Auf Eckwurf wird entschieden, wenn der Ball vor dem Verlassen der Spielfläche über die Torlinie außerhalb des Tores einen Spieler der verteidigenden Mannschaft zuletzt berührt hat (siehe jedoch 5:11). Der Torwart im Torraum unterliegt nicht dieser Bestimmung (Abwurf 12:1a).

11:2 Der Eckwurf wird nach Anpfiff des Feldschiedsrichters (17:7) in beliebiger Richtung im Schnittpunkt der Torlinie mit der Seitenlinie auf der Seite des Tores ausgeführt, an der der Ball die Torlinie überschritten hat (Ausführung 16:1, 2, 5–9)
Die Spieler der verteidigenden Mannschaft dürfen sich an der Tor-

raumlinie aufstellen, auch wenn dabei der Abstand weniger als 3 m beträgt.

Kommentar

■ *Ein Fuß des Werfers muß im Schnittpunkt stehen, bis der Ball die Hand des Werfers verlassen hat (Freiwurf). Es ist jedoch erlaubt, den anderen Fuß wiederholt vom Boden anzuheben und wieder hinzusetzen, sowohl innerhalb als auch außerhalb des Spielfeldes.*

11:3 Der Eckwurf kann unmittelbar (Kommentar 4:4) zu einem Tor führen.

Regel 12 – Der Abwurf

12:1 Auf Abwurf wird entschieden:
a) wenn der Ball von der angreifenden Mannschaft oder vom Torwart der verteidigenden Mannschaft, der sich innerhalb seines eigenen Torraumes befindet, über die Torlinie außerhalb des Tores gespielt worden ist (5:11);
b) wenn der Ball beim Anwurf (4:4), Einwurf (10:5) oder Abwurf (12:4) unmittelbar (Kommentar 4:4) in das gegnerische Tor gespielt worden ist.

12:2 Der Abwurf muß durch den Torwart aus dem Torraum über die Torraumlinie ausgeführt werden (Freiwurf); (Ausführung 16:1, 3, 6–8,10).

Kommentar

■ *Der Abwurf gilt als ausgeführt, wenn der vom Torwart geworfene Ball die Torraumlinie passiert hat.*
Versucht der Torwart den Abwurf außerhalb des Torraumes auszuführen, so ist er von den Schiedsrichtern zu korrigieren und muß nach Anpfiff den Abwurf aus dem Torraum innerhalb 3 Sekunden ausführen (Freiwurf).
Ausholen über die Torlinie, auch zwischen den Torpfosten ist erlaubt.

12:3 Der Abwurf kann beliebig ausgeführt werden.

12:4 Der Abwurf kann nicht unmittelbar (Kommentar 4:4) zu einem Tor führen (Abwurf, 12:1b).

12:5 Die Gegner dürfen beim Abwurf die Freiwurflinie weder berühren noch überschreiten (Freiwurf); (16:8).

Regel 13 – Der Freiwurf

13:1 Auf Freiwurf wird entschieden:
a) bei regelwidrigem Spielerein- und -austritt (3:1, 3, Kommentar 5, 6–7 erster Abschnitt; 8:14);
b) bei fehlerhaftem Anwurf (4:2, 3; 16:2, 5, 6, 8, Kommentar 9);
c) bei Fehlern beim Spielen des Balles (5:4, 8–10);
d) bei absichtlichem Spielen des Balles über die Seiten- oder Torlinie außerhalb des Tores (5:11);
e) bei Fehlern im Verhalten zum Gegner (6:4–9);
f) bei Fehlern der Feldspieler im Torraum (7:2a, b; 4);
g) bei absichtlichem Spielen des Balles in den eigenen Torraum (7:7c);
h) bei Fehlern des Torwartes (8:5–10, 13; 12:2; 16:10);
i) bei falschem Verhalten beim Einwurf (10:4; 16:4; 16:5, 6, 8) Kommentar 9, 10);
k) Bei falschem Verhalten beim Eckwurf (Kommentar 11:2; 16:1, 2, 5, 6, 8; Kommentar 9);
l) bei falschem Verhalten der angreifenden Mannschaft beim Abwurf (12:5; 16:6, 8);
m) bei falschem Verhalten beim Freiwurf (13:2, 3; 16:4, 5, 6, 8, Kommentar 9, 10);
n) bei falschem Verhalten beim 7-m-Wurf (14:2, 3, 5c; 16:2, 5, 6, 8);
o) bei falschem Verhalten beim Schiedsrichterwurf (15:3);
p) bei Spielunterbrechung (3:7; 4:8 zweiter Abschnitt: Kommentar 15:1);
q) bei unsportlichem Verhalten (17:13, 14 fünfter Abschnitt);
r) bei passivem Spiel (17:21).

13:2 Der Freiwurf erfolgt ohne Anpfiff der Schiedsrichter (siehe jedoch 16:10), an der Stelle, wo der Fehler begangen wurde (Ausführung 16:1, 3, 5–9). Liegt die Stelle bei einem Freiwurf der angreifenden Mannschaft zwischen Torraum- und Freiwurflinie, so ist dieser Freiwurf von der nächsten Stelle unmittelbar außerhalb der Freiwurflinie auszuführen.
Befindet sich der Freiwurfausführende mit dem Ball in der Hand an der richtigen Stelle, ist kein Niederlegen und Wiederaufnehmen oder Prellen des Balles durch ihn erlaubt (Freiwurf, siehe auch 16:9).

13:3 Bei der Ausführung des Freiwurfs dürfen die Spieler der angreifenden Mannschaft die Freiwurflinie weder berühren noch überschreiten (Freiwurf).

Kommentar

■ *Befinden sich während der Ausführung des Freiwurfs Mitspieler des Werfers zwischen Torraum- und Freiwurflinie, müssen die Schiedsrichter diese fehlerhaften Stellungen korrigieren, falls sie Einfluß auf das Spiel haben. Alsdann pfeifen sie das Spiel an (13:2; 16:3).*

13:4 Bei der Ausführung des Freiwurfs an der Freiwurflinie dürfen sich die Spieler der verteidigenden Mannschaft an der Torraumlinie aufstellen.

13:5 Der Freiwurf kann unmittelbar (Kommentar 4:4) zu einem Tor führen.

13:6 Die Schiedsrichter dürfen bei Vergehen der verteidigenden Mannschaft nicht auf Freiwurf entscheiden, wenn dadurch die angreifende Mannschaft benachteiligt wird. Wird der Spieler der angreifenden Mannschaft durch eine Regelwidrigkeit derart benachteiligt, daß seine Mannschaft den Ball verliert, ist immer wenigstens auf Freiwurf zu entscheiden.
Wenn trotz der Regelwidrigkeit der Spieler der angreifenden Mannschaft unter voller Ball- und Körperkontrolle bleibt, darf nicht auf Freiwurf entschieden werden.

Regel 14 – Der 7-m-Wurf

14:1 Auf 7-m-Wurf wird entschieden:
a) bei groben Verstößen im Verhalten zum Gegner innerhalb der eigenen Hälfte der Spielfläche (6:4–10);
b) bei regelwidrigem Vereiteln einer klaren Torgelegenheit auf dem ganzen Spielfeld (3:3, 6, 7; 6:4, 5, 7–10);
c) bei absichtlichem Betreten des eigenen Torraums zum deutlichen Zwecke der Abwehr (7:2c);
d) bei absichtlichem Spielen des Balles an den eigenen in seinem Torraum sich befindenden Torwart (7:7b);
e) beim Hereinholen des Balles in den Torraum durch den Torwart (8:11, 12);
f) beim Vereiteln einer klaren Torgelegenheit durch den Torwart auf der gegnerischen Hälfte der Spielfläche (8:13);
g) bei falschem Torwartwechsel (8:14).

14:2 Bei der Ausführung des 7-m-Wurfes darf der Werfer die 7-m-Linie weder berühren noch überschreiten (Freiwurf); (Ausführung 16:1, 5, 6, 8, 9).

Kommentar

■ *Zurufe an den Werfer sind in keiner Art und Weise erlaubt. Verwarnung, eventuell Hinausstellung, Ausschluß (17:14, 16, 20) für Feldspieler und Torwart sowie Disqualifikation für Auswechsel- und hinausgestellte Spieler und Offizielle (17:18). Wird ein Torerfolg durch solche Zurufe verhindert, erfolgt eine Wiederholung des 7-m-Wurfes.*

137

Falls ein hinausgestellter Spieler das Spielfeld betritt und den 7-m-Wurf ausführt, muß der Wurf wiederholt werden. Der nicht berechtigte Werfer ist zu disqualifizieren (17:18).

14:3 Der 7-m-Wurf ist nur als Torwurf auszuführen (Freiwurf).

14:4 Bei der Ausführung des 7-m-Wurfs dürfen sich außer dem Werfer keine Spieler zwischen der Torraum- und Freiwurflinie befinden.

14:5 Berührt oder überschreitet ein Spieler der angreifenden Mannschaft die Freiwurflinie, bevor der Ball die Hand des Werfers verlassen hat, wird wie folgt entschieden:
   a) Wiederholung des 7-m-Wurfs, wenn der Ball ins Tor gelangt;
   b) Abwurf, wenn der Ball am Tor vorbeigeht;
   c) Freiwurf für die verteidigende Mannschaft, wenn der Ball vom Torwart oder von der Latte in das Spielfeld zurückgelangt;
   d) Abspiel, wenn der Ball vom Torwart gehalten wird oder im Torraum bleibt.

14:6 Berührt oder überschreitet ein Spieler der verteidigenden Mannschaft die Freiwurflinie, bevor der Ball die Hand des Werfers verlassen hat, wird wie folgt entschieden:
   a) Tor, wenn der Ball ins Tor gelangt;
   b) Wiederholung des 7-m-Wurfs in allen anderen Fällen.

14:7 Der Torwart darf sich beim 7-m-Wurf frei bewegen. Er muß jedoch mindestens 3 m vom Werfer entfernt sein, das heißt, er darf die im Torraum gezogene Linie (1:3) oder ihre Verlängerung nicht betreten, überschreiten oder in der Luft überspringen, bis der Ball die Hand des Werfers verlassen hat. Bei falschem Verhalten des Torwartes wird der 7-m-Wurf wiederholt, sofern kein Tor erzielt worden ist.

14:8 Die Schiedsrichter dürfen bei Vergehen der verteidigenden Mannschaft nicht auf 7-m-Wurf entscheiden, wenn dadurch die angreifende Mannschaft benachteiligt wird. Wird eine klare Torgelegenheit durch eine Regelwidrigkeit derart verringert, daß kein Tor erzielt wird, ist immer wenigstens auf 7-m-Wurf zu entscheiden.
Wenn trotz der Regelwidrigkeit der Spieler der angreifenden Mannschaft unter voller Ball- und Körperkontrolle bleibt, darf nicht auf 7-m-Wurf entschieden werden.

Regel 15 –
Der Schiedsrichterwurf

15:1 Auf Schiedsrichterwurf wird entschieden:
   a) wenn Spieler beider Mannschaften auf dem Spielfeld gleichzeitig einen Fehler begehen;
   b) wenn der Ball die Decke oder festgemachte Geräte über der Spielfläche berührt;
   c) wenn das Spiel unterbrochen wird, ohne daß ein Regelverstoß vorliegt und keine Mannschaft im Ballbesitz ist (4:8 vierter Abschnitt); (6:11);
   d) wenn die erste Halbzeit zu früh abgepfiffen worden ist und die Spieler bereits die Spielfläche verlassen haben (4:8 fünfter Abschnitt).

Kommentar

■ *Wird das Spiel, ohne daß ein Regelverstoß vorliegt, unterbrochen und ist eine der Mannschaften im Ballbesitz, wird das Spiel an der Stelle, an der sich der Ball bei der Unterbrechung befand, mit Freiwurf nach Anpfiff von der ballbesitzenden Mannschaft wieder aufgenommen (13:2-5; 16:1, 4-9).*

15:2 Der Feldschiedsrichter (17:7) wirft ohne Anpfiff (siehe jedoch 4:8) den Ball senkrecht an der Stelle auf den Boden, an der sich der Ball im Augenblick der Spielunterbrechung befand. Liegt diese Stelle zwischen Torraum- und Freiwurflinie, wird der Schiedsrichterwurf von der nächsten Stelle unmittelbar außerhalb der Freiwurflinie ausgeführt.

15:3 Bei der Ausführung des Schiedsrichterwurfs müssen alle Spieler mindestens 3 m vom werfenden Schiedsrichter entfernt sein, bis der Ball den Boden berührt hat (Freiwurf).

Regel 16 –
Die Ausführung der Würfe

16:1 Vor der Ausführung aller Würfe muß der Ball in der Hand des Werfers liegen; alle Spieler müssen die der betreffenden Regel entsprechende Stellung eingenommen haben (siehe jedoch 16:8).

Kommentar

■ *Nur der Werfer darf während der Ausführung des Wurfs den Ball berühren (Fehler müssen von den Schiedsrichtern korrigiert werden).*

16:2 An-, Eck- und 7-m-Wurf sind nach Anpfiff des Feldschiedsrichters (17:7) in beliebiger Richtung (ausgenommen 7-m-Wurf, 14:3) innerhalb von 3 Sekunden auszuführen, kein Niederlegen und Wiederaufnehmen oder Prellen des Balles ist erlaubt (siehe auch 16:9); (Freiwurf 4:2; 11:2; 14:2).

16:3 Ein-, Ab- und Freiwurf sind grundsätzlich ohne Anpfiff der Schiedsrichter auszuführen (10:3, 4, 12:2, 3; 13:2). Werden diese Würfe ausgeführt, bevor alle Spieler die den Regeln entsprechenden Stellungen eingenommen haben, und wird dadurch das Spiel beeinflußt, müssen die Schiedsrichter die falschen Stellungen korrigieren und danach das Spiel anpfeifen (16:10).

16:4 Bei Wiederaufnahme des Spiels nach Spielzeitunterbrechung laut Kommentar 4:6, bei Schiedsrichterwurf nach Spielzeitunterbrechung, nach Verwarnung, Hinausstellung (17:13, 14, 16), Disqualifikation (17:18) oder Ausschluß (17:20) oder nach Korrektur eines Spielers muß das Spiel wieder angepfiffen werden.

16:5 Bei der Ausführung des An-, Ein-, Eck-, Frei- und 7-m-Wurfs muß ein Teil eines Fußes ununterbrochen am Boden bleiben (Freiwurf). Es ist jedoch erlaubt, den anderen Fuß wiederholt vom Boden abzuheben und wieder hinzusetzen (4:2; 10:4, 11:2; 13:2; 14:2).

16:6 Nach An-, Ein-, Eck-, Ab- und Freiwurf darf der Werfer den Ball erst wieder berühren, nachdem dieser einen anderen Spieler, Torpfosten oder Latte berührt hat. (Freiwurf)
Beim 7-m-Wurf darf der Ball erst wieder gespielt werden, wenn er Torwart, Torpfosten oder Latte berührt hat (14:3) (Freiwurf).

16:7 Beim Eck-, Ab- und Freiwurf ist das Ausholen über die Grenze der Spielfläche erlaubt, solange der Werfer auf der Spielfläche steht (11:2; 12:2; 3; 13:2).

16:8 Jeder Gegner hat sich bis zur Ausführung aller Würfe mindestens 3 m vom werfenden Spieler (bei Abwurf 3 m von der Torraumlinie) aufzuhalten (Freiwurf); (siehe jedoch 10:4; 11:2; 13:4).
Eine falsche Ausgangsstellung des Gegners darf von den Schiedsrichtern nicht korrigiert werden, wenn der werfenden Mannschaft bei sofortiger Ausführung ein Vorteil erwächst. Trifft diese Bedingung nicht zu, ist die falsche Ausgangsstellung zu korrigieren.
Wenn der Gegner durch Zunahestehen oder sonstige Regelwidrigkeiten die Ausführung eines Wurfs verzögert, ist er zu verwarnen und im Wiederholungsfalle mit Hinausstellung oder Ausschluß zu bestrafen. (17:13, 14, 20).

Kommentar

■ *Pfeifen die Schiedsrichter die Ausführung trotz falscher Aufstellung eines Gegners an, so ist der in der falschen Ausgangsstellung befindliche Spieler voll aktionsfähig und darf nachträglich nicht bestraft werden.*

16:9 Grundsätzlich gelten alle Würfe als ausgeführt, wenn der Ball die Hand des Werfers verlassen hat (siehe jedoch Kommentar 12:2).

Kommentar

■ *Bei der Ausführung aller Würfe muß der Ball vom Ausführenden geworfen werden und darf nicht einem Mitspieler übergeben werden (Freiwurf).*

16:10 Bei Verzögerung in der Ausführung des Abspiels, des Ein-, Ab- und Freiwurfs müssen die Schiedsrichter den Wurf anpfeifen, worauf der Ball innerhalb von 3 Sekunden zu spielen ist (Freiwurf).

Regel 17 – Die Schiedsrichter, der Sekretär und der Zeitnehmer

17:1 Jedes Spiel wird von zwei gleichberechtigten Schiedsrichtern geleitet, denen ein Sekretär und ein Zeitnehmer als Gehilfen zur Seite stehen.
Im Bereich des DHB können Spiele im notwendigen Fall von einem Schiedsrichter geleitet werden.

17:2 Die Aufsicht über das Verhalten der Spieler beginnt für die Schiedsrichter mit ihrem Betreten und endet mit ihrem Verlassen der Wettkampfstätte (17:15).

17:3 Die Schiedsrichter prüfen vor dem Spiel den Zustand der Spielfläche.

17:4 Grundsätzlich muß das Spiel von denselben Schiedsrichtern geleitet werden. Sie wachen über die Innehaltung der Spielregeln, und beide haben die Pflicht und das Recht, Regelverstöße zu pfeifen.

17:5 Das Losen wird von einem der Schiedsrichter vor Beginn des Spiels in Gegenwart des anderen Schiedsrichters und der beiden Mannschaftsführer vorgenommen. Die gewinnende Mannschaft wählt Seite oder Anwurf.

17:6 Ein Schiedsrichter plaziert sich bei Spielanfang als Feldschiedsrichter in der Hälfte des Spielfeldes, in der sich die anwerfende Mannschaft befindet. Er eröffnet das Spiel mit einem Anpfiff.
Wenn nach Beginn des Spiels die nichtanwerfende Mannschaft in Ballbesitz gelangt, wird er Torschiedsrichter an der Torlinie in seiner Spielfeldhälfte.
Der andere Schiedsrichter beginnt als Torschiedsrichter an der anderen Torlinie und wird Feldschiedsrichter, wenn die Mannschaft seiner Spielfeldhälfte angreifende Mannschaft wird.
Während des Spiels müssen die Schiedsrichter die Seiten wechseln.

17:7 Der Feldschiedsrichter überwacht das Spielgeschehen im Spielfeld und hält sich möglichst in der Nähe des Balles auf.
Grundsätzlich hat er zu pfeifen:
a) Spielbeginn;
b) Regelverstöße (siehe jedoch 13:6 und 14:8);
c) Überschreiten der Seitenlinie durch den Ball auf seiner Seite (10:1);
d) Ausführung des An-, Eck- und 7-m-Wurfs sowie Ausführung des Abspiels, des Ab-, Ein-, Frei- (16:10) und Schiedsrichterwurfs nach Spielzeitunterbrechung;
e) unsportliches Spiel (17:13);
f) unsportliches Verhalten gegenüber Schiedsrichtern, Funktionären, Offiziellen und Spielern (17:14).
Der Feldschiedsrichter führt den Schiedsrichterwurf aus.

17:8 Der Torschiedsrichter hat grundsätzlich zu pfeifen:
a) Betreten des Torraumes von Feldspielern beider Mannschaften (7:2);
b) Torgewinn (9:1);
c) Überschreiten der Seitenlinie durch den Ball auf seiner Seite (10:1);
d) Überschreiten der Torlinie außerhalb des Tores durch den Ball (11:1); (12:1a).

17:9 Wenn beide Schiedsrichter bei einem Regelverstoß gegen dieselbe Mannschaft pfeifen und gegensätzlicher Auffassung über die Bestrafung sind, gilt immer die strengere Strafe.

17:10 Wenn beide Schiedsrichter bei einem Regelverstoß pfeifen, aber gegensätzlicher Auffassung über die zu bestrafende Mannschaft sind, gilt immer der Entscheid des Feldschiedsrichters.

17:11 Beide Schiedsrichter sind für das Zählen der Tore verantwortlich. Außerdem notieren sie Verwarnungen, Hinausstellungen, Disqualifikationen und Ausschlüsse.

Kommentar

■ *Die Schiedsrichter sollten nur eine Verwarnung je Spieler geben.*

17:12 Beide Schiedsrichter haben das Recht, das Spiel zu unterbrechen und abzubrechen.
Ihre Tatsachenentscheidungen auf Grund ihrer Beobachtungen sind unanfechtbar.
Gegen Entscheidungen, die im Widerspruch zu den Regeln stehen, darf Einspruch erhoben werden.
Nur der Mannschaftsführer hat das Recht, Einspruch gegen Entscheidungen der Schiedsrichter zu erheben.

17:13 Bei unsportlichem Spiel und bei absichtlich wiederholten Regelwidrigkeiten müssen die Schiedsrichter auf Freiwurf beziehungsweise 7-m-Wurf entscheiden und den schuldigen Spieler gleichzeitig auch verwarnen.
Im Wiederholungsfall ist der Spieler hinauszustellen (17:16) oder auszuschließen (17:20).
Bei groben Vergehen braucht der Hinausstellung oder dem Ausschluß keine Verwarnung vorauszugehen.

Kommentar

■ *Wenn ein Spieler oder ein Offizieller verwarnt wird, müssen die Schiedsrichter deutlich sichtbar die „gelbe Karte" zeigen. Die „gelbe Karte" besteht aus einem leichten Karton und sollte ein Format von etwa 6 x 11 cm haben.*

Nur gültig für den Bereich des DHB:
*Wenn ein Spieler ausgeschlossen wird, müssen die Schiedsrichter **deutlich sichtbar** die „rote Karte" zeigen.
(Qualität und Format wie „gelbe Karte".)
Eine Mitteilung gemäß Regel 17:20 Abs. 3 entfällt.*

17:14 Bei unsportlichem Verhalten müssen die Schiedsrichter den schuldigen Spieler auf der Spielfläche oder außerhalb derselben verwarnen (17:13).
Im Wiederholungsfall ist der sich auf der Spielfläche befindende Spieler hinauszustellen (17:16) oder auszuschließen (17:20), während der sich außerhalb der Spielfläche befindende Spieler zu disqualifizieren (17:18) ist.
Die Schiedsrichter haben ebenfalls das Recht, einen Offiziellen, der sich auf der Auswechselbank oder im Auswechselraum befindet, zu verwarnen und im Wiederholungsfalle zu disqualifizieren (17:18).
Bei schweren Vergehen, das heißt, unsportlichen Handlungen, die den Spielfluß hemmen, braucht der Hinausstellung (17:16), der Disqualifikation (17:18) oder dem Ausschluß (17:20) keine Verwarnung vorauszugehen.
Wird das Spiel auf Grund unsportlichen Verhaltens unterbrochen, so ist es mit Freiwurf nach Anpfiff von der nicht fehlbaren Mannschaft an der Stelle, wo sich der Ball bei der Spielunterbrechung befand, wieder aufzunehmen.
Bei unsportlichem Verhalten während der Zeitspanne einer Spielunterbrechung ist das Spiel mit dem Wurf, der dem Grund der Unterbrechung entspricht, wieder aufzunehmen.

17:15 Unsportliches Verhalten der Spieler oder der Offiziellen auf der Wettkampfstätte gegenüber den Schiedsrichtern ist wie folgt zu bestrafen:

a) vor dem Spiel: Verwarnung (17:13) oder Disqualifikation (17:18). (Die Mannschaft darf jedoch mit 12 Spielern das Spiel beginnen);
b) während der Pause: Verwarnung (17:13) oder Disqualifikation (17:18);
c) nach dem Spiel: schriftliche Meldung.

17:16 Die erste und zweite Hinausstellung erfolgen für 2 Minuten, und der hinausgestellte Spieler darf während der Hinausstellungszeit nicht ersetzt werden.
Die dritte Hinausstellung erfolgt für 2 Minuten, und der Spieler ist zu disqualifizieren (17:18). Die Mannschaft darf bis zum Ablauf der Hinausstellungszeit nicht ergänzt werden.
Ist die Hinausstellungszeit bei Schluß der ersten Halbzeit nicht beendet, hat der hinausgestellte Spieler den Rest der Hinausstellungszeit vom Beginn der zweiten Halbzeit an nachzuholen. Bei Spielverlängerungen (4:9) muß der Rest der Hinausstellungszeit ebenfalls nachgeholt werden.
Hinausgestellte Spieler müssen während der Zeit der Hinausstellung auf der Auswechselbank bleiben.
Die Hinausstellungszeit ist dem fehlbaren Spieler und dem Zeitnehmer durch Hochhalten eines gestreckten Armes mit zwei erhobenen Fingern deutlich anzuzeigen. Die Hinausstellungszeit beginnt beim Wiederanpfiff des Spiels.

17:17 Der Zeitnehmer gibt das Ende der Hinausstellungszeit dem Mannschaftsbetreuer bekannt.

17:18 Die Disqualifikation eines Spielers sowie eines Offiziellen gilt immer für den Rest der Spielzeit, und Spieler wie Offizieller müssen sowohl Spielfläche als auch Auswechselraum verlassen.
Bei einer Disqualifikation wird die Mannschaft um einen Spieler reduziert, es ist aber erlaubt, mit der Spielfläche mit derselben Anzahl von Spielern wie vor der Disqualifikation weiterzuspielen, ausgenommen der Fall, wo der Spieler laut 17:16 für die dritte Hinausstellung disqualifiziert worden ist.
Die Disqualifikation muß dem fehlbaren Spieler, seinem Mannschaftsbetreuer und dem Sekretär direkt mitgeteilt werden.

17:19 Wird der Torwart hinausgestellt oder ausgeschlossen, so ist es erlaubt, den Auswechseltorwart einzusetzen, wobei gleichzeitig ein Feldspieler die Spielfläche verlassen muß.

17:20 Der Ausschluß gilt immer für den Rest der Spielzeit. Der ausgeschlossene Spieler darf nicht ersetzt werden und muß den Auswechselraum verlassen.

Bei groben Vergehen braucht dem Ausschluß keine Hinausstellung vorauszugehen.
Der Ausschluß muß dem fehlbaren Spieler, seinem Mannschaftsbetreuer und dem Sekretär direkt mitgeteilt werden.

17:21 Bei passivem Spiel, bei dem jeglicher Versuch zum Torwurf zu gelangen unterlassen wird, erfolgt Freiwurf von der Stelle, wo sich der Ball bei der Spielunterbrechung befindet (13:1r).

Kommentar

■ *Das passive Spiel ist ein unsportliches Spielverhalten, bei dem die ballbesitzende Mannschaft versucht, unter Verzicht auf Torerfolg möglichst lange in Ballbesitz zu bleiben.*
Erkennbar ist das passive Spiel am vielfachen Zuspiel mit mehreren Laufbewegungen vor der verteidigenden Mannschaft ohne Versuch des individuellen Durchbruchs, Torwurfs oder Zuspiels in Richtung Torkreiszone, sowie ohne Verwirklichung klarer Torchancen.

17:22 Spielverzögerung ist als unsportliches Verhalten zu bestrafen (17:14).

17:23 Die schwarze Spielkleidung ist den Schiedsrichtern vorbehalten.

17:24 Der Sekretär kontrolliert die Spielerliste (nur die bei Spielbeginn eingetragenen Spieler sind spielberechtigt) und mit dem Zeitnehmer das Eintreten der Spieler. Er führt weiterhin das Spielprotokoll mit den dazu erforderlichen Angaben (Zeit, Tore, Verwarnungen, Hinausstellungen, Disqualifikationen, Ausschlüsse).

17:25 Der Zeitnehmer kontrolliert:
a) die ordnungsgemäße Besetzung der Auswechselräume (3:1 dritter Abschnitt);
b) die Zeit (das Anhalten und Weiterlaufen der Uhr veranlassen die Schiedsrichter: siehe jedoch 4:6 und Kommentar);
c) das Ein- und Austreten der Auswechselspieler;
d) die Zeit der hinausgestellten Spieler;
e) mit dem Sekretär das Eintreten der Spieler.

Bei Halbzeit und Spielende schließt der Zeitnehmer mit einem deutlichen Signal das Spiel (siehe jedoch 4:6–8). Auf nationaler Ebene ist es erlaubt, die Aufgaben von Sekretär und Zeitnehmer zu vereinigen.

Ausführungsbestimmungen für das 7-m-Werfen

Muß bei Entscheidungsspielen der Sieger nach den Bestimmungen des § 18 Ziffer 2 der DHB-Spielordnung ermittelt werden, ist wie nachstehend aufgeführt zu verfahren:
Jede Mannschaft benennt 5 Spieler, die im Wechsel mit dem Gegner je einen Wurf ausführen. Die Torwarte können ausgewechselt werden, die für die Würfe benannten Spieler nicht.
Durch Los wird bestimmt, welche Mannschaft mit den Würfen beginnt. Ist auch hierdurch keine Entscheidung herbeigeführt, wird das 7-m-Werfen in der Weise wiederholt, daß die Spieler der Mannschaften abwechselnd einen Wurf ausführen, bis eine Mannschaft nach einem Wurfwechsel mit einem Tor führt.

Erläuterungen:
a) Die benannten Spieler der Mannschaften führen im ersten Durchgang die einzelnen 7-m-Würfe abwechselnd aus.
b) Wird nach unentschiedenem Verlauf des ersten Durchgangs ein weiteres 7-m-Werfen bis zur Entscheidung erforderlich, bedarf es keiner weiteren Nominierung von Werfern, da sich hierbei unter Umständen sämtliche Feldspieler (bis zur Entscheidung) beteiligen müssen. Jeder Spieler darf zunächst nur einen Wurf ausführen. Zum zweiten 7-m-Wurf im zweiten Durchgang darf ein Spieler erst wieder antreten, wenn sämtliche Mitspieler bereits geworfen haben. (Beispiel: Mannschaft A hat acht Feldspieler, Mannschaft B neun Feldspieler zur Verfügung. Der jeweilige Zweitschütze darf bei Mannschaft A den neunten, bei Mannschaft B den zehnten Wurf ausführen.) Die Reihenfolge der Werfer ist den Mannschaften freigestellt.
c) Ausgeschlossen vom 7-m-Werfen sind die Torwarte (Nr. 1 und 12) sowie ausgeschlossene oder disqualifizierte Spieler.
d) Schwere Vergehen während der Zeit des 7-m-Werfens sind in allen Fällen durch Disqualifikation zu ahnden. Bei der Disqualifikation eines Werfers während des ersten Durchgangs darf ein Ersatzwerfer benannt werden.
e) Die Schiedsrichter bestimmen das Tor, auf das geworfen wird.
f) Während des 7-m-Werfens halten sich die übrigen Werfer und nicht beteiligten Spieler im Auswechselraum auf.
g) Ein Ergänzen der Mannschaft gemäß Regel 3:2, 3 ist nur bis zum Ende der Spielzeit einschließlich Verlängerungen möglich.

Die Zeichensprache des Schiedsrichters

Umklammern und festhalten

Schritt- und Zeitfehler

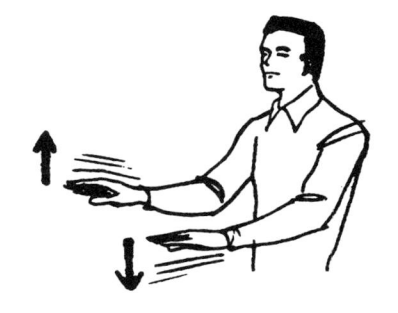

Fang-, Prell- und Schrittfehler

Im DHB-Bereich:
Verwarnung = gelbe Karte
Ausschluß = rote Karte

Hinausstellung (2 Minuten)

DHB-Bereich:
Disqualifikation

Abwurf aus dem Torraum

Einwurf

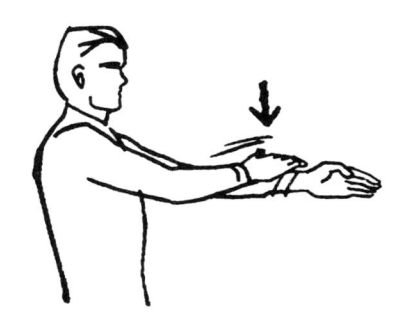

Schlagen

Eckwurf	Betreten des Torraumes	Nichtbeachten des Drei-Meter-Abstandes
Torgewinn (Feldschiedsrichter)	Torgewinn (Torschiedsrichter)	Freiwurf – Ausführungsort
Spielzeitunterbrechung	Passives Spiel	Stoßen, anrennen, anspringen – Stürmerfoul

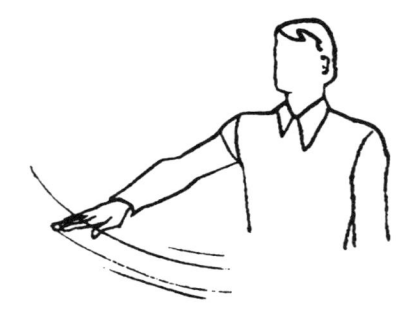

Die Welt des Sports

Sportwissen in Kompaktform

Jeder Band 96 Seiten mit der umfassenden Darstellung eines Sports, den Porträts der Großen dieser Sportart und kompletter Statistik. Unterhaltung und Information.

Band 1

Die ideale Kombination des informierenden Lexikons mit dem unterhaltenden Lesebuch. Neben den biographischen Daten von über 300 Spielern die ausführlichen Biographien von mehr als 100 Superstars der Fußballgeschichte; angefangen von dem Schweizer Wirbelwind Xam Abegglen über Franz Beckenbauer, Ferenc Puskas, Heiner Stuhlfauth, Fritz Walter, Billy Wright bis Ricardo Zamora.

Band 2

Dieses Buch schildert die dramatischen Kämpfe um die Boxweltmeisterschaft aller Klassen, das Millionenspiel um den höchstdotierten Titel des Sports. Es enthält Biographien aller Weltmeister im Schwergewicht und darüber hinaus alle WM-Titelkämpfe in allen übrigen Gewichtsklassen des Berufsboxsports.

Band 3

Die Geschichte des Zehnkampfs und die Biographien der Könige der Leichtathletik sind hier zusammengefaßt in einem Buch über die faszinierendste Disziplin der Leichtathletik. Ein Report von übermenschlichen Energieleistungen und von menschlicher Tragik. Auch ein Spiegelbild der gewaltigen Leistungssteigerungen im Hochleistungssport.

Band 4

Ski alpin — das ist die Geschichte des alpinen Skirennsports und seiner schillernden Superstars. Dieses Buch enthält neben der historischen Beschreibung bis in die aktuelle Gegenwart Porträts aller großen Rennläufer und alle Ergebnisse der Weltmeisterschaften, des Weltcups und der olympischen Rennen.

Band 5

Dies ist das Buch über eine der härtesten Sportarten der Welt, eine Darstellung der Strapazen, die jene Supermänner des Straßenrennsports auf sich nehmen, die in Belgien, Frankreich und Italien vergöttert werden: die Giganten der Landstraße, von Bartali bis Merckx, von Altig bis Thurau.

Band 6

Vom laufenden, schwimmenden, fahrrad fahrenden Menschen über Motorrad- und Automobil-Geschwindigkeitsrekorde bis zu Rekorden der Weltraumfahrer — die Superlative des Sports in allen Disziplinen, in denen Geschwindigkeiten gemessen werden können. Ein Buch über Rekorde und über Menschen, die sie realisierten.

Band 7

Der ebenso faszinierende wie gefährliche Motorradrennsport wird hier von einem Experten packend dar- und seine schillerndsten Figuren — von Schorsch Meier und Geoff Duke bis zu den Superstars Giacomo Agostini und Kenny Robertson — vorgestellt. Ausführliche Statistiken runden das Buch zu einer wertvollen Dokumentation des Motorradrennsports ab.

Band 9*

Eine Geschichte der Fußball-Weltmeisterschaft — von 1930 in Uruguay bis Argentinien 1978. Bekannte Journalisten und Experten haben Geschichte und Geschichten, Ergebnisse und Episoden zusammengefaßt zu einem ebenso unterhaltenden wie spannenden Buch. Mit den Ergebnissen und Mannschaftsaufstellungen aller Endrundenspiele.

Band 10

Hier wird in unterhaltender Form die Entwicklung des Schwimmsports geschildert, werden seine legendären Figuren und seine aktuellsten Stars vorgestellt. Ein faszinierender Beitrag zur Geschichte des modernen Leistungssports, in dem auch die menschliche Seite nicht zu kurz kommt.

In Vorbereitung: **Das Buch der Olympiasieger**
Helden des Grand Prix

* Doppelband

Ein Leckerbissen für den Fußballfreund:

Fußball-Weltgeschichte

Dieses kostbare Buch darf mit Recht ein Standardwerk der Sportliteratur genannt werden. Auf 456 Seiten sind nicht nur alle bedeutsamen Ereignisse der Fußball-Geschichte mit vielen bislang unveröffentlichten Bildern zusammengetragen. Vielmehr vereinigen sich die vielfältigen Elemente dieses großformatigen Werks zu einer Fußball-Enzyklopädie von internationaler Gültigkeit. Bekannte Autoren aus aller Welt haben die Entwicklung des Fußballspiels von der Antike bis zur Gegenwart beschrieben, stellen an die 100 Fußball-Größen der Vergangenheit und Gegenwart vor, beschreiben die großen Fußball-Wettbewerbe von der Weltmeisterschaft bis zum englischen Pokal und skizzieren die großen Fußball-Nationen. Beiträge über den Fußball-Star, Trainer und Training, ein Lexikon der wichtigen Fußball-Begriffe und das komplette Fußball-Regelwerk vervollständigen das repräsentative Buch im Format 22×30,5 cm.